Christoph Schubert-Weller

SPRICHT GOTT DURCH DIE STERNE?

Astrologie, Gesellschaft und christlicher Glaube

CLAUDIUS
KONTUR

Die Reihe Claudius Kontur
wird herausgegeben von Bernhard Wolf.

*Horoskop von Erhard S. Schön,
von Leonard Reymanns Nativität Kalender,
Nürnberg 1515*

Die Deutsche Bibliothek – CIP-Einheitsaufnahme
Schubert-Weller, Christoph:
Spricht Gott durch die Sterne? : Astrologie, Gesellschaft und christlicher Glaube / Christoph Schubert-Weller. – München : Claudius Verl., 1993
(Claudius Kontur)
ISBN 3-532-64002-3

Umschlaggestaltung: Werner Richter
Gestaltung: Dorothee Bauer
Satz: Fotosatz Amann, Aichstetten
Druck: Druckerei G.J. Manz AG, München/Dillingen

ISBN 3-532-64002-3

Inhalt

Einleitung

Die Aktualität der Astrologie

Die Astrologie hat eine grandiose Geschichte hinter sich. Könige und Päpste haben selbstverständlichen Gebrauch von ihr gemacht. Melanchthon, Weggefährte Martin Luthers und Verfasser des »Augsburger Bekenntnisses«, war nicht nur Theologe, sondern auch Astrologe. Papst Gregor XIII. übte die Astrologie auch während seines Pontifikates aus. Die Notwendigkeit verläßlicher Zeitangaben in der Astrologie veranlaßte ihn 1582 zu einer Kalenderreform. Auf ihr beruht der heute noch gültige »gregorianische Kalender«. Wallensteins Bezug zur Astrologie ist weithin bekannt. Der tragische Feldherr des Dreißigjährigen Krieges, in seinen jüngeren Lebensjahren übrigens Mitglied der alten »Brüder-Unität« der böhmisch-mährischen Brüder, ließ sich von Johannes Kepler das Horoskop stellen und deuten. Dieser war der berühmteste und bedeutendste Astronom und Astrologe seiner Zeit.

Diese wenigen Beispiele zeigen nicht zuletzt die einstmals enge Verbindung zwischen Christentum und Astrologie. Die Astrologie war eingebettet in die christliche Kultur des mittelalterlichen und neuzeitlichen Europa. Freilich war das Verhältnis zwischen Astrologie und Christentum nie spannungsfrei.

Nach Jahrhunderten des Niedergangs nahm die Astrologie in Europa und Amerika seit Beginn des 20. Jahrhunderts einen bedeutenden Aufschwung. Alte, zum Teil antike Überlieferungen der Astrologie wurden neu belebt. Aber die Tradition wurde nun auch unter wissenschaftlichen Perspektiven kritisch gesichtet und revidiert. Um die Jahrhundertwende kannte vielleicht einer von 5000 Menschen »sein« Tierkreiszeichen, das Sonnenzeichen seiner Geburt. Dieses Wissen gehört mittlerweile, zum Ende des Jahrhunderts, fast zum selbstverständlichen Bildungsbestand. Der Aufschwung der Astrologie hält auch in der Gegenwart ungebrochen an. Neuere Umfragen belegen, daß die Astrologie von rund 30 % der Deutschen als mögliches Denk- und Deutungsmodell akzeptiert wird. Bei jungen Leuten bis 25 Jahren liegt die Zustimmungsrate schon jenseits der 40 %.[1]

Viele derjenigen, die der Astrologie positiv gegenüberstehen, begnügen sich freilich mit der Lektüre der Sonnenstandshoroskope in Zeitungen und Illustrierten. In dieser armseligen Form der Vulgärastrologie ist die Astrologie heute am weitesten verbreitet. Und sie wird noch immer in der Regel an dieser ihrer billigsten und unzulänglichsten Erscheinungsform gemessen und – verurteilt.

Eine sich selbst als seriös verstehende Astrologie grenzt sich zu Recht scharf von aller Vulgärastrologie ab. Seriöse Astrologie hat nicht nur eine grandiose Geschichte hinter sich. Sie dürfte auch eine große Zukunft vor sich haben. Bislang ist die Zahl der haupt- oder nebenberuflich arbeitenden Astrologen in Deutschland freilich noch verhältnismäßig gering. Nach realistischen Schätzungen arbeiten gegenwärtig etwa 2000 gewerbliche Astrologinnen und Astrologen in Deutschland. Hinzu kommt eine kaum abzuschätzende Zahl von Interessierten, die die Astrologie als Hobby oder rein zur Forschung betreiben. Astrologische Fachpublikationen erreichen in Deutschland gegenwärtig eine Auflage von etwa 4–6000 Exemplaren. Allerdings steigt der astrologische Beratungsbedarf, und damit auch der Bedarf an gut ausgebildeten, fähigen Astrologen. Die überregionalen deutschen Astrologie-Vereinigungen waren bis in die Siebziger Jahre durchweg kleine Außenseitergruppen, deren Arbeit gänzlich unbekannt blieb. Inzwischen hat ihre Mitgliederstärke insgesamt deutlich zugenommen. Gleichzeitig ist das Durchschnittsalter der Mitglieder erheblich gesunken: Eine junge Generation, die durchweg auch über akademische Bildung verfügt, repräsentiert mittlerweile die deutsche Fachastrologie. Die Bemühungen der astrologischen Vereinigungen, fundierte astrologische Ausbildung anzubieten bzw. durch ihre Mitglieder zu gewährleisten, wurden in den letzten Jahren erheblich intensiviert.

Eine Folge dieser Entwicklung in der Fachastrologie der letzten Jahre sind die mittlerweile kaum mehr zu überschauenden Versuche, Astrologie in popularisierender Form darzubieten. Es waren in den Achtziger Jahren wohl zuerst Frauenmagazine, die wenigstens zum Jahreswechsel einer neuen Form der »Silvesterastrologie« Raum boten. Die zum Jahreswechsel unvermeidliche Frage, was denn die Sterne »im nächsten Jahr bringen« würden, wurde nicht mehr nur in der seichten Weise vulgärastrologischer Prognosen abgehandelt. Die Voraussagen wurden neuerdings von durchaus seriösen Darstellungen der Tierkreiszeichen und wichtiger Elemente im Horoskop begleitet.

Ende der Achtziger Jahre ging der BURDA-Verlag mit JUPITER, dem »deutschen Astrologie-Magazin«, auf den Markt. Zuvor hatte es lediglich billige Wahrsageblätter im Zeitungsformat gegeben. JUPITER erschien dann von 1990 bis 1992 unter dem Namen ASTRO-JUPITER in einem anderen Verlag. Seit Herbst 1992 wird die Zeitschrift unter dem neuen Titel ASTRO-VENUS herausgegeben und hat zusätzlich an Profil gewonnen.

Private Rundfunk- und Fernsehanbieter nehmen mehr und mehr Sendungen mit astrologischer Unterhaltung, Information und Beratung in ihre Programme. Die »Entdeckung« der Astrologie durch den Medienmarkt ist vielleicht das deutlichste Zeichen dafür, daß die Astrologie in der Öffentlichkeit den Charakter des »Außenseiterwissens« zunehmend ablegt.

Ohne Zweifel ist die Entdeckung und Vermarktung der Astrologie durch die Unterhaltungsmedien seit den Achtziger Jahren eine Herausforderung für die seriöse Fachastrologie. Denn Astrologie läßt sich nicht beliebig als »Unterhaltung« präsentieren, ohne daß die Seriosität leidet. »Unterhaltsam« ist das komplexe Symbolgefüge der Astrologie, welches auf zwölf psychologischen Grundtypen basiert. Diese werden in nahezu unendlichen Mischungen und Nuancierungen verwirklicht, wie sie jeweils aus dem individuellen Geburtshoroskop hervorgehen. »Unterhaltsam« kann die Wiederentdeckung dieses Typischen in sehr individuellen und oft alltäglichen Regungen und Verhaltensweisen sein und kann nicht zuletzt (astro-)psychologische Aha-Erlebnisse vermitteln.

Freilich endet das Unterhaltsame an der Astrologie da, wo sie am individuellen Horoskop auch bittere und unbequeme Seiten von Charakter und Schicksal sichtbar macht. Es sind ja gerade die Bitternisse und Nöte des eigenen Daseins und Soseins, welche die Menschen neben vielen anderen Beratungsangeboten auch astrologischen Rat suchen lassen. Solche Nöte und die diesbezüglichen astrologischen Antwort- und Lösungsversuche können nur ganz bedingt und auf jeden Fall ganz behutsam in den gedruckten oder per Funk ausgestrahlten Medien präsentiert werden. Die Gefahr ist groß, daß dann die astrologische »Unterhaltung« zu einer Art »Reality-TV« verkommt, bei dem die astrologie-interessierten Leser/innen, Zuhörer/innen oder Zuschauer/innen nur noch auf ihre voyeuristischen Instinkte angesprochen werden.

Seriöse Astrologen scheuen deshalb überwiegend den Kontakt mit dem bunten Medienmarkt. Man darf freilich erwarten, daß populäre astrologische Unterhaltung umso intelligenter und seriöser wird, je mehr und je intensiver seriöse, verantwortungsbewußte Astrologen ihre Kenntnisse und ihr Können in den Medien einbringen. Gerade aus dem klugen Unterhaltenwerden erwachsen dem heutigen Menschen auch ernste Lebens- und Sinnfragen.

Unversehens kommt damit der Gegenwartsastrologie auch eine öffentliche pädagogische Aufgabe zu – nämlich im Blick auf ihre Wahrnehmung und ihren »Gebrauch«, den die

Menschen, die »Konsumenten« von ihr machen. Sie hat aber auch pädagogisch im Zusammenhang mit Lebens- und Sinnfragen zu wirken.

Die Umstrittenheit der Astrologie

Astrologie behauptet eine Entsprechung zwischen dem Gang der Planeten und dem irdischen Geschehen. Planetenkonstellationen, Sonne und Mond eingeschlossen, spiegeln symbolisch-abstrakt menschliche Charakter- und Entwicklungsstrukturen wider. Die erste und wichtigste Folgerung aus dieser Grundannahme der Astrologie ist, daß Zeit als ablaufende und sich verbrauchende Zeit nicht nur Quantität ist, sondern auch Qualität hat. Sie hat sogar individuelle Qualität. Und diese Qualität wandelt sich entsprechend der Änderung planetarer Konstellationen.

Dem ausübenden Astrologen sind diese Grundannahmen aufgrundvielfältiger eigener Erfahrung mit Klienten und ihren Horoskopen Gewißheit.

Aber der Verweis auf die eigene Erfahrung kann nicht verdecken, daß es bis heute an einem naturwissenschaftlich triftigen Beweis für die Astrologie fehlt. Statistisch orientierte Beweisführungsversuche haben mittlerweile eine Menge an Forschungsmaterial erbracht, sind aber bislang methodologisch umstritten. Nicht zuletzt ist das symbolische Denken, ist symbolbezogenes Deuten der statistischen Perspektive, die eindeutig-faktische Zuschreibungen einer quantifizierenden Betrachtung unterzieht, nur schwer zugänglich.

Kurzum: Der forschende bzw. beratende Astrologe ist davon überzeugt, daß die Astrologie »funktioniert«. Er kann auch angeben, wie die Astrologie funktioniert. Astrologie ist in einem rationalen Symbolsystem aufgehoben, sie ist mithin erlernbar. Aber kein Astrologe vermag bislang triftig anzugeben, warum die Astrologie funktioniert.

Bei dieser Sachlage (an der sich in absehbarer Zeit nichts ändern dürfte) wird einsichtig, warum der Astrologie im modernen Wissenschaftsbetrieb der Zugang zu den Universitäten bislang verweigert wurde. Bisher sind die Behauptungen der Astrologie mit den zur Verfügung stehenden wissenschaftlichen Methoden nicht valide nachprüfbar. Im Gegenteil, die Behauptungen der Astrologie fordern eine durchaus ernst zu nehmende wissenschaftliche Kritik heraus.

Die astrologische Grundannahme einer Entsprechung zwischen planetaren Konstellationen und menschlichen Charakter-

und Entwicklungsstrukturen bettet den Menschen und alles irdische Geschehen in einen größeren, »kosmischen« Zusammenhang. Daß der Mensch aber vom Gang ferner Planeten abhängig sein soll, das widerspricht dem modernen Ideal individueller Freiheit und Selbstbestimmung. Es widerspricht auch dem modernen Glauben, daß das technisch Machbare jederzeit und an jedem Ort auch tatsächlich zu machen sei. Es scheint aber auch der christlichen Lehre vom freien Willen des Menschen zu widersprechen. Gerade aus freiem Willen heraus soll sich ja der Mensch für Gott und damit zugleich gegen sonstige bindende Mächte entscheiden.

Der Astrologie liegt somit ein kosmisches Welt- und Menschenbild zugrunde, das der wissenschaftlich-rationalen, aber auch der christlichen Weltsicht zuwiderzulaufen scheint. Wissenschaft und Theologie üben darum fundamentale Kritik an der Astrologie. Sie sei unwissenschaftlich, bloßer Aberglaube. Sie betreibe Wahrsagerei und fördere so Abhängigkeit und Fatalismus. Theologie weist zusätzlich darauf hin, daß die Astrologie insgesamt eine Ersatzreligion sei, die sich mit einem christlichen Weltbild nicht vereinbaren lasse.

Die hier kurz benannten Grundprobleme der Astrologie und die aus ihnen folgende Auseinandersetzung sind nichts mehr, was nur Außenseiter auf astrologischer und einige wenige Fachleute auf wissenschaftlicher bzw. kirchlich-theologischer Seite anginge. In der Verbraucher-Öffentlichkeit, gewissermaßen »im Volke« hat die Astrologie ihr Außenseiter-Image bereits abgelegt. Sie gehört zunehmend zum akzeptierten Bestand gesamtgesellschaftlichen Wissens. Sie hat am Markt und damit am öffentlichen Diskurs teil. Darum muß auch die Auseinandersetzung um die Astrologie – ob wissenschaftlich, ob kirchlich-theologisch – öffentlich und nicht nur fachspezifisch geführt werden.

Zur Geschichte der Astrologie

Eine vergleichsweise schmale Publikation, die zur Annäherung an die Gegenwartsastrologie und zur Auseinandersetzung mit ihr einlädt, kann von vornherein nicht viel Platz für eine historische Betrachtung der Astrologie erübrigen. Zwei Dinge sollen vor allem hier in den Blick rücken: einmal die Geschichtlichkeit der Astrologie als solcher, zweitens das Verhältnis zwischen Astrologie und Christentum seit dem Neuen Testament.

Gern wird von Anhängern der Astrologie betont, es handle sich bei der Sternenweisheit um »kosmisches Urwissen«.[2]

Damit wird der Eindruck erweckt, als sei Astrologie irgendwann in vorgeschichtlicher Zeit als vollständiges System gleichsam vom Himmel in den Schoß der Menschheit gefallen. Es ist wohl wahr, daß die Astrologie mit ihrer Beobachtung und deutenden Auswertung zyklischer Planetenbewegungen von vornherein wenig anzufangen weiß mit einem linearen und historisch gerichteten Zeitbegriff. Darin liegt vermutlich auch der Grund, warum Astrologen selbst nur wenig über die Geschichte ihres Faches arbeiten. Die überwiegende Zahl der bedeutsamen astrologiegeschichtlichen Darstellungen stammt aus der Feder von Nicht-Astrologen.[3]

Gleichwohl hat die Astrologie eine Geschichte. Die Astrologie wurde durchaus mühsam erst nach und nach grundgelegt und entwickelt. Sie schreibt Grundlagen und Praxis weiter fort bis auf den heutigen Tag. Wie jedes Wissensgebiet ist die Astrologie also nach vorn hin offen, und gerade das macht ihre Geschichtlichkeit aus. Die astrologische Grundannahme von der Entsprechung zwischen kosmischem und irdischem Geschehen ist sicher schon alt, ebenso die Annahme von der Qualität der Zeit. Dabei ist die Annahme von der Qualität der Zeit nicht notwendig an Himmelsbeobachtung gebunden. Die chinesische »Astrologie« setzt nur sehr bedingt Himmelsbeobachtung voraus und ermittelt Zeitqualitäten weitgehend auf anderen Wegen.[4] Die Himmelsbeobachtung wurde freilich in vielen sehr unterschiedlichen Kulturen als Königsweg zur Ermittlung von Zeitqualität erkannt. Allerdings mußten die Einzelheiten dieses Weges erst gefunden und erarbeitet werden.

Wir sind heute den zwölfteiligen Horoskopaufriß gewohnt – zwölf Tierkreiszeichen, zwölf sogenannte Felder oder Häuser. Die mesopotamische Astrologie arbeitete zunächst mit einem primitiveren achtteiligen Tierkreis. Zeitlich noch vor der mesopotamischen Astrologie lag eine Technik, die sich auf die Mondbeobachtung beschränkte.

Aus Stellung und Gang des Mondes allein wurden Schlüsse über die jeweilige Zeitqualität gezogen. Der Tierkreis, wie wir ihn heute kennen, wurde erst nach und nach in der Zeit zwischen dem 7. und dem 4. vorchristlichen Jahrhundert entwickelt. Erst um etwa 100 v. Chr. war das System der klassischen Astrologie, wie es im Prinzip auch heute noch gilt, technisch ausgebildet: zwölf Tierkreiszeichen, zwölf Felder oder Häuser, Planetenpositionen einschließlich Sonnen- und Mondposition, Aspekte von Sonne, Mond und Planeten untereinander. Hinzu kamen prognostische Techniken, zumal die sogenannten Direktionen.

Die technische Entwicklung der Astrologie aber war mit der Ausbildung des antiken klassischen Systems noch nicht beendet. Guido Bonatus, italienischer Minoritenmönch und Astrologe, der in der zweiten Hälfte des 13. Jahrhunderts lebte, führte erstmals die sogenannten »Halbsummen« ein. In der »Halbsumme« steht ein Horoskopelement arithmetisch genau zwischen zwei weiteren Elementen. Die drei Elemente stehen damit in einer komplexen und entsprechend ausführlich zu deutenden Wechselbeziehung. Bonatus selbst untersuchte lediglich solche Konstellationen, in denen der Aszendent des jeweiligen Horoskops in einer »Halbsumme« stand. Im übrigen verfolgte die Astrologie die Idee der »Halbsummen« nicht sonderlich intensiv. Der Ansatz wurde erst im 20. Jahrhundert von dem Hamburger Astrologen Alfred Witte (1878–1941) wieder aufgegriffen, nun aber ausgefeilt und erheblich erweitert. Die Technik der »Hamburger Schule«, die von Witte entscheidend inspiriert ist, stellt insgesamt eine bedeutende Fortentwicklung der Astrologie dar. Wir werden uns im folgenden hauptsächlich auf die Darstellung der klassischen Astrologie in ihrer modernen »revidierten« Form beschränken, werden aber auch kurz auf nichtklassische Ansätze wie die »Hamburger Schule« zurückkommen.

Auch die Grundlagen und Absichten der astrologischen Deutung haben sich im Lauf der Geschichte gewandelt. Die bescheidene Mondastrologie in den mesopotamischen Anfängen versuchte, aus der Himmelsbeobachtung ein günstiges oder ungünstiges Omen für Volk und Land zu erschließen. Im ausgebildeten System der klassischen Astrologie wurde und wird versucht, Verhalten, Charakter und Schicksal von einzelnen Personen auszudeuten bzw. vorauszusagen. Aus den Horoskopen Regierender wurde sehr lange auch zugleich auf das Geschick des Landes und der Regierten geschlossen.

Diese starke Schicksals- und Ereignisorientierung der Astrologie trug durch bis ins 20. Jahrhundert. Es war genau diese Ereignisorientierung, die während des Ersten Weltkriegs Alfred Witte dazu veranlaßte, die astrologische Technik erheblich zu erweitern. Ihm war aufgefallen, daß kriegsbedingte Schicksale in den Horoskopen der Betroffenen mit den klassischen Techniken allein nicht auszumachen waren. Hinter Wittes Forschungsinteresse aber stand genau die traditionelle – und heute mit einigem Recht umstrittene – astrologische Auffassung, daß man im Prinzip jede Lebensregung, jedes Handeln und jedes zufallende Geschick auch im Horoskop wiedererkennen könne.

Nach einem Höhenflug in der Renaissance ging es mit der Astrologie stetig bergab – ein Niedergang, der praktisch bis an die Schwelle des 20. Jahrhunderts anhielt. Aber schon während des Niedergangs der Astrologie nach der Renaissance gab Jean Baptiste Morin de Villefranche (1583–1656) in seiner »Determinationslehre« wichtige Impulse für die detaillierte astrologische Deutung. Morins System beruht auf bestimmten inhaltlichen Analogien zwischen Sonne, Mond und Planeten einerseits und den zwölf Tierkreiszeichen andererseits. Hieraus leitete Morin ein komplexes System von »Würden« und »Schwächen« von Sonne, Mond und Planeten je nach ihrer Stellung im individuellen Horoskop ab. Eine sehr viel feinere Deutung wurde damit möglich.

Im ersten Viertel des 20. Jahrhunderts erhielt die Ereignisorientierung der Astrologie durch die Entwicklung von Psychologie und Psychoanalyse einen empfindlichen Stoß, der jedoch zum fruchtbaren Anstoß wurde. Auf dem Hintergrund von Psychologie und Psychoanalyse wurde die traditionelle klassische Astrologie im Blick auf ihre Deutungsprinzipien und Deutungsmethoden grundlegend revidiert. Diese Revision beeinflußte die gesamte Astrologie nachhaltig – moderne Astrologie tritt uns in aller Regel als die sogenannte »revidierte Klassik« entgegen. Mit der Revision der traditionellen klassischen Astrologie trat deren Ereignisorientierung zugunsten charakterologischer und psychologischer Deutung zurück. Entwicklungsprozesse wurden jetzt mit berücksichtigt. Die fatalistische und determinierende Tendenz, die einer ereignisorientierten astrologischen Deutung eben auch innewohnt, wurde von einer offenen, veränderungsorientierten und nicht zuletzt psychologischen und pädagogischen Weise der Horoskopinterpretation abgelöst.

Nicht zuletzt haben die Entwicklungen in der Astronomie immer wieder befruchtend auf die Astrologie eingewirkt. Spätestens seit der Entwicklung des naturwissenschaftlichen Denkens im 18. und 19. Jahrhundert waren Astronomie und Astrologie völlig voneinander geschieden. Heute gehören ja gerade die Astronomen mit zu den vehementesten Gegnern der Astrologie. Sie werfen der modernen Astrologie vor, daß sie einem alten und längst als falsch erwiesenen vorkopernikanischen Weltbild anhänge.

Richtig ist, daß die antike und die mittelalterliche Astrologie das alte geozentrische Weltbild vertraten. Richtig ist aber zugleich, daß die Grundperspektive der Astrologie, die die Veränderungen am Himmel relativ zur Erde und der auf ihr lebenden Menschen betrachtet, auch in der nachkopernikanischen heliozentrischen Weltsicht darstellbar ist. Johannes Kepler (1571–1630), als Astronom wohl der wichtigste Vollender der »kopernikanischen Wende«, fand gerade durch seine genaue Berechnung der Planetenbahnen neue Evidenzen für die Astrologie.

Die Entdeckung der transsaturnischen Planeten Uranus (1781), Neptun (1846) und Pluto (1930) durch die Astronomie ließ die Astrologie keineswegs unberührt. Die moderne Astrologie hat die transsaturnischen Planeten in ihre Systematik eingefügt. Sie kann rationale, konsistente und nachvollziehbare Deutungsprinzipien für diese »neuen« Planeten angeben. Daß damit die Systeme und Überzeugungen, wie sie zuvor galten, überprüft und revidiert wurden, war für die Astrologie selbstverständlich. Nach der Entdeckung der Transsaturnier konnten beispielsweise die Analogiebildungen zwischen Tierkreis und Planeten, wie Morin sie vorgeschlagen hatte, so nicht mehr gehalten werden. Die Moderne hat zum Teil ganz von der Morin'schen Systematik Abschied genommen. Teils hat man aber auch mit gewissem Erfolg versucht, die neuen Planeten in die Morin'sche Deutungslehre einzufügen.[5]

Diese wenigen Hinweise mögen genügen, um die Geschichtlichkeit der Astrologie und ihre jeweiligen zeit- und wissenschaftsbezogene Einbindung zu dokumentieren. Gerade diese Einbindung – und eben nicht der esoterische Verweis auf ein »kosmisches Urwissen« – birgt die Chance auf fortwährende Überprüfung, Revision und Aktualisierung der Astrologie.

Es sollte zu denken geben, daß die Geburt Jesu im Neuen Testament mit einem astronomisch-astrologischen Datum verknüpft wird. Die Weisen aus dem Morgenland haben »seinen Stern« gesehen und kommen, um dem neugeborenen König zu huldigen und ihn anzubeten (Matth. 2, 1–12). Der Beginn eines neuen, des bedeutendsten Abschnitts in Gottes Heilsgeschichte soll in himmlischen Konstellationen seine angemessene Entsprechung finden.

Freilich, Erscheinung und Lehre von Jesus Christus passen kaum zu den astrologischen Überzeugungen um die Zeitenwende. Astrologie in antiker Manier vertritt die Lehre von der Naturnotwendigkeit alles Geschehens. Sie ist in der Tat schicksalsgläubig, fatalistisch. Jesus aber lehrt Freiheit und Erlösung. Ist der Glaube an die völlig determinierende Macht der Sterne vereinbar mit dem Glauben an Gottes Macht, mit der christlichen Idee von der Willensfreiheit des Menschen? Aus dieser Frage rührt die Spannung her, in der sich Astrologie und Christentum bis heute zueinander verhalten. Es macht keinen Sinn, diese Spannung zu leugnen oder als unwesentlich abzutun. Solange die Astrologie ereignisbezogen dachte und damit eine deterministische und fatalistische Sicht auf Leben und Schicksal zumindest begünstigte, war solche Spannung unvermeidlich. Das hinderte eine Reihe von Päpsten nicht, sich Hofastrologen zu halten oder gar selbst Astrologie zu betreiben. Es hindert auch Christen und christliche Theologen bis heute nicht, sich mit der Materie zu beschäftigen.

In der Person Philipp Melanchthons und seinem Verhältnis zu Martin Luther lassen sich die Spannung, aber auch die Lösung dieser Spannung treffend sichtbar machen. Melanchthon war, wie bereits erwähnt, nicht nur Theologe, sondern auch Astrologe. Eines Tages warnte er Luther davor, ein Boot zu besteigen und einen Fluß zu überqueren, da Luther an diesem Tage schlechte Planetenkonstellationen habe. Luther pflegte regelmäßig über die astrologischen Neigungen seines Freundes zu lästern. Die Überlieferung besagt, daß er ungeachtet der Warnung Melanchthons mit dem Ausruf »Domini sumus« in das Boot sprang und über den Fluß fuhr.

»Domini sumus«: Das können wir übersetzen mit »Wir sind die Herren«, aber auch mit: »Wir sind des Herrn«. Luthers schlagfertige und sinnvoll-doppelsinnige Antwort auf Melanchthons astrologisch begründete Warnung markiert genau die christliche Kritik an der fatalistisch begriffenen Astrologie. »Wir sind die Herren«, denn wir haben einen freien Willen. Und »wir sind des Herrn«, weil über uns die Allmacht Gottes steht und nicht irgendeine Sternenmacht.

Luther wußte sehr wohl, wo ihm Abgrenzung wichtig war. Der Bruch mit Rom war nicht von vornherein gewünscht. Aber er wurde dann um der Sache willen in allen Konsequenzen hingenommen. Man darf eigentlich schließen, daß Luther mit seinem Freund Melanchthon gebrochen hätte, wenn die Astrologie, der sich Melanchthon nun einmal hingab, in Luthers Augen tatsächlich den christlichen Bekenntnisbestand berührt hätte. Luther gehörte zu denen, die die Astrologie für unwissenschaftlich hielten. Er steht damit in einer Tradition, die bis auf die Kirchenväter Hippolyt von Rom und Origenes im dritten nachchristlichen Jahrhundert zurückgeht. Aber Luther konnte seine Auseinandersetzung um Sinn bzw. Unsinn der Astrologie gelassen führen. Er wäre nicht auf den Gedanken gekommen, Melanchthon oder andere christliche Astrologen als Anhänger einer »Ersatzreligion« oder gar als »okkult belastet« zu bezeichnen.

Die moderne Astrologie hat mit den Astralmythen der alten babylonischen Astrologie nichts mehr zu tun. Die moderne Astrologie steht mit ihrem Abrücken von der Ereignisorientierung auch längst nicht mehr unter dem Vorhalt des Fatalismus. Der Vorwurf der »Ersatzreligion« oder der »okkulten Belastung« kann – von einzelnen Fällen vielleicht abgesehen – die Astrologie als Ganzes nicht mehr treffen. Luthers Gelassenheit, die eine

Vereinbarkeit christlichen und astrologischen Denkens nicht von vornherein ausschloß, ohne deswegen die objektiven Spannungen zu ignorieren, könnte auch für einen künftigen christlichen und theologischen Umgang mit der Astrologie beispielgebend sein.

Spricht Gott durch die Sterne?

Ein Drittel der Bundesbürger, in manchen gesellschaftlichen Gruppen auch nahezu die Hälfte, hält Astrologie für möglich oder geht von der Triftigkeit der Astrologie aus. Die Christen in Deutschland gehören keineswegs nur zu den anderen zwei Dritteln bzw. zur anderen Hälfte. Angesichts der gesellschaftlichen Akzeptanz und Aktualität der Astrologie und angesichts ihrer zunehmenden öffentlichen Bedeutung müssen sich Christen der Auseinandersetzung stellen. Dies kann nicht mehr in pauschaler Abwehr geschehen. Es erfordert sorgsame Prüfung, die eine behutsame und verstehende Annäherung an astrologisches Denken und Deuten voraussetzt.

Spricht Gott durch die Sterne? Diese Frage läßt sich nicht einfach mit einem entschiedenen Ja oder Nein beantworten. Zunächst einmal sind die Sterne, die Planeten, Sonne und Mond Teil von Gottes Schöpfung. Sie sind von Gott gesetzt, um »Zeichen, Zeiten, Tage und Jahre« zu geben (1. Mose 1, 14). Und wenn alles »seine Zeit« hat »und alles Vorhaben unter dem Himmel seine Stunde« (Pred. 3, 1), dann ist der astrologische Grundgedanke von der Qualität der Zeit, welche durch den Gang der Planeten angezeigt ist, wohl nicht von vornherein widergöttlich. Freilich, Christus ist größer als der Tierkreis. Gott steht über aller möglichen und vielleicht wahrscheinlichen Astrologie.

Doch Gott offenbart sich in Seiner Schöpfung. Seine Schöpfung weist auf ihn zurück. Die Schöpfung ist nicht von vornherein die Domäne widergöttlicher Mächte, auch die Sterne nicht, auch die Astrologie nicht. Gott spricht durch die Sterne, wie er durch Seine ganze Schöpfung spricht und so den Menschen anleitet, mehr und mehr zu begreifen, wie denn Gott ihn gemeint wissen will. Wo freilich der Mensch einen selbstsüchtigen Gebrauch von der Schöpfung macht, finden widergöttliche Mächte Einlaß. Das gilt auch vom selbstsüchtigen Gebrauch der Astrologie.

Es geht im folgenden nicht darum, der Astrologie neue Anhänger, neue »Gläubige« zu gewinnen. In des »Vaters Haus sind viele Wohnungen« (Joh. 14, 2): Gottes Schöpfung hält viele Mittel, Wege und Hilfen bereit. Und nicht alle Mittel und Hilfen entsprechen dem einzelnen in gleicher Weise. Es geht im folgenden zunächst einmal darum, die gegenwärtige Astrologie in ihren Grundzügen und ihrer hauptsächlichen Praxis kennen zu lernen und dann zu prüfen, inwieweit sie ein ernsthaftes oder eben auch zweifelhaftes Angebot für Christen sein kann.

Vulgärastrologie

Ein Mangel der meisten astrologiekritischen Publikationen ist, daß sie die Astrologie pauschal aburteilen und dabei die armseligen Zeitungshoroskope mit den durchschnittlich intelligenten Popularisierungsversuchen mancher Astropublizistik und schließlich mit der Arbeit seriöser astrologischer Berater in einen Topf werfen. Niemandem würde es einfallen, eine billige Hausapotheke mit der Mayo-Klinik zu verwechseln. Die Kritiker vergeben sich nichts, wenn sie, statt pauschal zu urteilen, die bestehenden Unterschiede wahrnehmen und insoweit der Astrologie Gerechtigkeit widerfahren lassen.

Betrachten wir also zunächst jene durchaus peinlichen Erscheinungen, die wir »Vulgärastrologie« nennen können. Am bekanntesten sind die Tages- oder Wochenhoroskope in Zeitungen und Magazinen. Die Entwicklung der Medien hat aber mittlerweile zu vulgärastrologischen Angeboten auch im Videotext und bei telefonischen Informationsdiensten geführt. »Vulgär« ist nicht zuletzt das astrologische Angebot, das mit Hilfe von rasch zusammengeschriebenen Textverarbeitungsprogrammen in der Grauzone des kommerzialisierten New Age gemacht wird.

Allen vulgärastrologischen Angeboten gemeinsam ist die weitgehende technische und inhaltliche Reduktion der Astrologie selbst. Vulgärastrologie begnügt sich in der Regel mit einer platten Tierkreispsychologie. »Sein« Tierkreiszeichen, nämlich den Stand der Sonne im Tierkreis zum Datum der eigenen Geburt, kann inzwischen fast jedermann auf Anhieb sagen. Alljährlich »steht« die Sonne vom 21. April bis zum 20. Mai im Tierkreiszeichen Stier. Daß sich von Jahr zu Jahr geringfügige Verschiebungen ergeben und somit der Zeichenwechsel der Sonne von Stier zum Folgezeichen Zwillinge in manchen Jahren erst am 21. oder 22. Mai erfolgt, wird im allgemeinen unterschlagen. Der »Stier« hat gute und schlechte »typische« Eigenschaften. Er ist treu, ausdauernd, geduldig, gemüthaft, humorvoll – aber er ist auch genußsüchtig, konservativ, stur. In diesem simplen Rahmen bewegt sich die Vulgärpsychologie für alle zwölf Tierkreiszeichen. Kein Wort davon, daß im Individualhoroskop außer der Sonne auch noch eine Reihe anderer Elemente nach Stellung in Tierkreiszeichen und außerdem nach Stellung in den sogenannten Häusern gedeutet wird. Bei diesem reduzierten technischen und inhaltlichen Zugriff kann eine Prognose, wie man sie eigentlich in einem Tages- oder Wochenhoroskop erwartet, vielleicht gerade noch mit Hilfe des jeweils aktuellen Mondstandes im Vergleich zum jeweiligen Sonnen-, d.h. Tierkreiszeichen geleistet werden. Eine technisch akkurat ausgeführte, seriöse astrologische Prognose berücksichtigt wenigstens 20 bis 30 Konstellationen – auch da, wo es sich nur um eine Tages- oder Wochenprognose handelt.

Vulgärastrologisch bleibt das Angebot auch da, wo die einzelnen Tierkreiszeichen zusätzlich noch in »Dekaden« unterteilt werden, wo in der Prognose vielleicht noch die Positionen von Jupiter und Saturn mit berücksichtigt werden. Es ist schon viel, wenn manche Anbieter bei den neuerdings aufgekommenen telefonischen Informationsdiensten die anrufenden Kunden nach dem individuellen Geburtsdatum fragen. Aber ohne die Angabe des Geburtsortes und der genauen Geburtszeit ist das Tagesdatum astrologisch nur sehr begrenzt verwertbar. Eine auch nur halbwegs individuelle Prognose ist so nicht möglich.

Mit dem zunehmenden Interesse an Astrologie hat leider auch die Vulgärastrologie zugenommen. Sie profitiert einerseits von dem breiten, wenn auch großenteils oberflächlichen Interesse an esoterischen und humanistisch-psychologischen Therapien und Beratungsangeboten, wie sie im sogenannten »New Age« zusammengefaßt sind (vgl. dazu unten S. 48ff.). Dieses Interesse wird teilweise hemmungslos kommerzialisiert. Die neueren vulgärastrologischen Angebote liegen durchweg in diesem Trend, von den Zeitungshoroskopen einmal abgesehen.

Zeitungshoroskope

Die »Horoskopspalten« in Tageszeitungen kamen zuerst in den zwanziger Jahren in Nordamerika auf und waren seinerzeit als reine Unterhaltung ohne jeden seriösen Anspruch gedacht. Längst freilich hat sich diese »Unterhaltung« verselbständigt. Die Leser nehmen zu einem nicht geringen Teil die täglichen Horoskope in der Zeitung ernst. »Unsere Leser wollen das«, ist immer wieder aus Zeitungsredaktionen zu hören, wenn sie auf den Unfug der täglichen Horoskopspalte angesprochen werden.

Der Verdacht liegt nahe, daß in den Zeitungsredaktionen irgendwelche Mitarbeiter für das tägliche Horoskop »zuständig« sind, die einfach jeden Tag ohne jede astrologische Kenntnis plausibel klingende Texte zusammenschreiben. Meist werden die Tageshoroskope ohne Autorennamen publiziert, und wenn doch, dann kann man davon ausgehen, daß sich die betreffenden Autoren in der seriösen Astrologie bisher nicht ausgewiesen haben. Entsprechendes gilt für die Wochen- und Monatshoroskope in den Magazinen der Regenbogenpresse.

Eine Ausnahme macht die BILD-Zeitung. Hier ist »Manfred Gregor« für die tägliche Horoskopspalte zuständig. »Manfred Gregor« ist das Pseudonym für einen Astrologen namens Manfred Groeger, der vor Jahren als seriöser Astrologe nicht ganz unbekannt war. »Gregor« hat unter anderem beim »Deutschen Astrologen-Verband«, dem größten und ältesten Fachverband in Deutschland, die verbandsintern angebotene Prüfung zum »geprüften Astrologen DAV« abgelegt. Diese Prüfung ist keineswegs leicht. Wer sie bestanden hat, kann durchaus als geschulter, seriöser Astrologe gelten. Der Umstand freilich, daß die BILD-Zeitung einen ausgebildeten Astrologen für ihre Horoskopspalte eingekauft hat, macht das BILD-Horoskop nicht besser. »Gregor« muß sich dem Gesetz des Mediums, muß sich der »Textform« der Horoskopspalte unterwerfen. Auf der Strecke bleibt dabei von vornherein jedwede ernst zu nehmende Astrologie.

So bedauerlich es ist, daß sich ein ehemals seriöser Astrologe für die Abfassung von platten Zeitungshoroskopen hergibt, so sehr darf betont werden, daß »Gregors« Fall für die seriöse Fachastrologie wenigstens in Deutschland eine Ausnahme darstellt.

Computerhoroskope

Seit den Achtziger Jahren hat auch in der Astrologie der Computer Einzug gehalten. Inzwischen gibt es eine Unzahl leistungsfähiger Berechnungsprogramme, die die astrologietechnischen Bedürfnisse auch der seriösen Anbieter befriedigen können. Lediglich die Technik der sogenannten Geburtszeitkorrektur, d.h. die Überprüfung der Geburtszeitangabe am Horoskop im Rückschluß von Lebensereignissen des Horoskopeigners her, läßt sich bislang nicht in ein triftiges Berechnungsprogramm fassen.[1]

Hinzu kommen mehr oder minder gute astrologische Deutungsprogramme. Die richtige Deutung – sei es eines Geburtshoroskops, sei es einer aktuellen Prognose aus dem Geburtshoroskop – erfordert viel Einfühlung. Gleichwohl gibt es zu jeder möglichen astrologischen Konstellation gewissermaßen eine standardisierbare Grunddeutung. Da die Zahl der möglichen astrologischen Kombinationen – beispielsweise »Sonne in Stier«, »Venus im 12. Haus« usw. – begrenzt ist, kann ein komplettes Lexikon aller möglichen Standard-Deutungen gespeichert werden. Mit Hilfe eines guten Textverarbeitungsprogramms werden die für ein konkretes Horoskop in Frage kommenden astrologischen Kombinationen und die zugehörigen standardisierten Grunddeutungen dem Gesamtlexikon entnommen und zu einem einheitlichen Text verbunden. Ein solches Deutungsprogramm erreicht jedoch nicht das Niveau eines guten Astrologen. Dieser fügt ja nicht nur standardisierte Grunddeutungen zusammen, wie sie vielleicht in diesem oder jenem Deutungsbuch stehen. Er muß überdies abwägen, muß verschiedene Konstellationen inhaltlich aufeinander beziehen und aufgrund vorliegender Konstellationen entscheiden, ob eine Standarddeutung nach dem Deutungsbuch eher wahrscheinlich oder eher unwahrscheinlich ist. Er muß überdies jenseits von Standarddeutungen entscheidend seine eigene Erfahrung einbringen.

Gleichwohl kann eine computerisierte Horoskopdeutung eine erste, durchaus gute Näherung zu einer wirklich individuellen Horoskopdeutung sein. Die Computerastrologie als solche ist also keineswegs von vornherein als vulgär einzustufen.

Vulgär ist freilich manches Angebot im Umkreis der Computerastrologie. »Pegastar«[2] beispielsweise bietet unter dem Motto »Entdecken Sie Ihre Persönlichkeit« eine Reihe astrologischer und nicht-astrologischer »Computer-Persönlichkeits-Analysen« an. Nur für die mit einem Uhrensymbol gekennzeichneten Analysen auf dem Bestellblatt bedarf es der Geburtszeit. So ist es auf dem Bestellblatt vermerkt. Für die »Astrologische Geburtsanalyse«, also die charakterologische Deutung des Geburtshoroskops, soll eine Geburtszeit angegeben werden. Hier wird der Verbraucher eine mehr oder weniger gute Deutung seines Geburtshoroskops aus dem Computer erwarten dürfen. Die »Astrologische Berufsanalyse«, das »Gesundheits-Horoskop«, das »Flirt- und Erotikhoroskop« beispielsweise jedoch werden bei »Pegastar« ohne Geburtszeit erstellt. Eine seriöse, individuelle Analyse ist da nicht zu erwarten.

Anbieter wie »Pegastar« gibt es inzwischen mehrere. Wo der Anbieter Analysen lediglich aufgrund des Geburtsdatums ohne Geburtszeitangabe und ohne Geburtsort-Angabe erstellt, muß das Angebot als unseriös betrachtet werden. Allerdings kann eine pauschale Be- bzw. Verurteilung der computerastrologischen Angebote diesen nicht gerecht werden. Der interessierte Verbraucher muß im Einzelfall sorgfältig prüfen.

Das grundsätzliche Problem bei solchen Angeboten wie »Pegastar« ist freilich die fehlende persönliche, fachastrologische Betreuung des Kunden. Wer unter Namen wie »Pegastar« oder »Cosmosoft« usw. astrologische Computeranalysen anbietet, hat in der Regel die zugehörigen Programme und Texte nicht selbst geschrieben. Er ist häufig Lizenznehmer, hat eine Vertriebslizenz für nicht ganz billiges Geld erworben und muß nun zusehen, daß sich der Lizenzerwerb möglichst rasch amortisiert. Der

Lizenznehmer kann meist nicht selbst ein Horoskop berechnen und deuten. Aber er kann einen Computer bedienen. Und er ist aufgrund der Lizenznahme darauf angewiesen, sein Produkt gut und womöglich hemmungslos zu vermarkten. Aber er ist nicht in der Lage, sein Angebot durch individuelle, fachbezogene und vertiefende Kunden- und Klientenpflege auszubauen und abzusichern.[3] »Vulgär« an derartigen Angeboten ist letztlich die systematische Entindividualisierung. Die individuelle Deutung aus dem Computer mag noch leidlich sein; aber jede individuelle Deutung wirft beim Klienten Fragen auf. Die aber kann ihm der Anbieter nicht beantworten, weil er selbst nichts von der Sache versteht.

Der interessierte Verbraucher muß also auch prüfen, ob die Anbieter von Computerhoroskopen neben den computerisierten Textanalysen auch einen individuellen, persönlichen Service offerieren. Dies sollte schon aus dem Angebot bzw. aus dem Bestellcoupon hervorgehen. Leider gibt es nicht viele Anbieter von astrologischen Computer-Analysen, die zugleich einen individuellen Service im Programm haben. Umgekehrt aber offerieren manche beratende Astrologen auch Computeranalysen. Diese ermöglichen dem Interessierten und Neugierigen für vergleichsweise geringes Geld eine erste Näherung an die Astrologie überhaupt. Wenn das für eine astrologische Computeranalyse verwendete Deutungsprogramm gut ist, kann eine solche Analyse trotz ihrer prinzipiellen Mängel einen sinnvollen Einstieg in die Astrologie bedeuten.

Telefonische Informationsdienste

Der Markt privater telefonischer Informationsdienste ist in Deutschland noch recht neu. Die Telekom vergibt unter der Vorwahl 01 90 Lizenzen für »interaktive telefonische Sprachdienste«. Der Anrufende »spricht« mit einem Sprachcomputer, um diesem seine individuellen Informationswünsche mitzuteilen. Von Kochrezepten bis zur Erziehungsberatung sind alle nur möglichen Informationsdienste denkbar. Kein Wunder, daß auf diesem Markt inzwischen auch astrologische Informationsdienste vertreten sind.

Wer beispielsweise die Telefonnummer 01 90/27 77 77 anwählt, wird mit der Stimme der Hattinger Astrologin Hanna Winter verbunden. In einem etwa fünfminütigen Telefonat wird dem Anrufenden auf der Basis seines Geburtsdatums das Tageshoroskop durchgegeben, außerdem die persönlichen Glückszahlen und einige allgemeine Gesundheitstips. Ein solcher Anruf unter 01 90 kostet alle 12 Sekunden eine Gebühreneinheit.

Technisch läuft das folgendermaßen: Der Computer verfügt über eine ausreichend große Anzahl vorgesprochener Sätze. Nach der Begrüßung wird der Anrufer aufgefordert, sein Geburtsdatum ziffernweise durchzugeben, also etwa »Null–Drei–Eins-Zwei–Fünf–Neun« für den 3. Dezember 1959. Auf dieser Grundlage berechnet der Computer die aktuelle Prognose. Diese besteht aus einer bestimmten Auswahl aller möglichen astrologischen Kombinationen. Der Computer wählt die zugehörigen Deutungssätze aus seinem »Lexikon« ohne wahrnehmbare Unterbrechungen aus und liest sie dem Anrufer vor.

Was Hanna Winter auf der Grundlage des Geburtsdatums als astrologische Information anbietet, darf in dieser Branche als schon recht weitgehender Service bezeichnet werden. Noch primitiver als die Voraussage nach persönlichem Geburtsdatum sind Angebote wie das folgende: »Horoskop Telefon 1993. Werden Sie 1993 die wahre Liebe finden? Hören Sie die Vorhersage Ihres astrologischen Sternbilds für das nächste Jahr, indem Sie jetzt anrufen! 00611/41 4928«.[4]

Über Intelsat ruft der Kunde dann in Australien (!) für 3,12 DM pro Minute an. Die maximale Dauer eines solchen Gesprächs beträgt sechs Minuten. Eine Reihe solcher Primitivanbieter, auch für astrologische Informationsdienste, hat sich unter australischen Telefonnummern etabliert. Gegebenenfalls hat jedes einzelne Tierkreiszeichen eine spezielle Telefonnummer.

Die Probleme und Möglichkeiten dieser »Astrophones« sind im wesentlichen denen der Computerastrologie gleich. Auch hier wird im Prizip auf ein astrologisches Rechen- und Textverarbeitungsprogramm zurückgegriffen. Erschwerend wirkt der Zeitfaktor. Eine seriöse Tagesprognose, die die astrologischen Tageskonstellationen in Rückbezug auf das individuelle Geburtshoroskop interpretiert, hat ihre zwei Seiten Deutungstext. Die aber sind in einer Gesprächsdauer von fünf Minuten nicht unterzubringen. Allein Begrüßung und Eingangsdialog zur Feststellung der Geburtsdaten benötigen 30 und mehr Sekunden.

Denkbar ist aber auch bei diesem Medium eine seriöse Annäherung. Der Sprachcomputer kann den Anrufer auch auffordern, seine persönlichen Geburtsdaten einschließlich genauer Geburtszeit und Geburtsort zu nennen. Da der Computer neben den Ziffern 1 bis 10 nur einige wenige Steuerwörter (»Halt«, »Weiter«, »Zurück« etc.) versteht, gibt man vom Geburtsort kurzerhand dessen Postleitzahl an. Damit verlängert sich natürlich der Eingangsdialog. Will man eine Gesprächsdauer von vier bis fünf Minuten nicht überschreiten, bleibt allenfalls noch Zeit für eine Kurzprognose. Diese kann seriös gestaltet werden – im Prinzip nach dem Muster computerisierter Analysen und Prognosen. Sie sollte freilich als »Kurzprognose« ausgewiesen sein. Überdies sollte der Hinweis auf die vertiefenden Möglichkeiten einer persönlichen mündlichen oder schriftlichen Beratung nicht fehlen.

In der Schweiz arbeitet der astrologische Telefondienst des Boulevardblattes »BLICK« in diesem Sinne seriös. In Deutschland ist diesbezüglich bislang nur der Karlsruher Anbieter ISI-CALL (01 90/369###) positiv hervorzuheben.

Für den Interessierten ist es kaum möglich, die wirklich seriösen Angebote unter den »Astrophones« auf Anhieb herauszufinden. Auszusondern sind freilich von vornherein diejenigen Anbieter, die eine Analyse oder Prognose auf der Grundlage des »Sternzeichens« offerieren. Bei den übrigen Anbietern müßte man sich wohl oder übel auf den Eingangsdialog einlassen und gegebenenfalls drei oder vier Telefoneinheiten opfern. Ein Indiz freilich ist auch die Art der Werbung, die für die telefonischen Informationsdienste gemacht wird. Diese Dienste laufen ja nicht von selbst, sondern nur aufgrund permanenter Hinweise und Annoncen in Tageszeitungen, Anzeigenblättern usw. Bereits diese Annoncen sollten Auskunft über Genauigkeit und Umfang der zu erwartenden Informationen geben. Noch einmal: Unabdingbare Voraussetzung für jede seriöse astrologische Beratung ist das Geburtshoroskop mit Geburtsdatum, Geburtsort und genauer Geburtszeit.

Wahrsagerei

»Vulgär« im übelsten Sinn ist Astrologie da, wo sie sich als Wahrsageangebot gibt. Seriöse Astrologie hat – wir werden das noch sehen – nichts mit Wahrsagung oder dergleichen zu tun. Seriöse Astrologie macht charakterliche und biographische Grundstrukturen sichtbar und versucht auf dieser Grundlage eine realistische Einschätzung jeweils aktuellen Strebens und Verhaltens beim Individuum. Eine solche Einschätzung darf durchaus konkret-beispielsbezogen sein, aber sie kann sich nicht zur konkretistischen Voraussage im Sinn einer »WAHR-Sagung« versteigen.

Genau dies aber gibt vulgäre Astrologie vielfach zu leisten vor: »Wahrsagerin aus Ungarn blickt in Ihre Zukunft, geschäftlich und privat, Kartenlegen, Handlesen, Horoskop, Partnerzusammenführung, Beratung, Magie, persönlich und telefonisch!« Das »Horoskop« ist bei dieser »Wahrsagerin aus Ungarn« eingebunden in eine Palette magischer und wahrsagerischer Angebote. – Oder: »Echtes Weissagen am Telefon ohne Hilfsmittel, ohne Angaben DM 120,–. Durch Presse bek. Seher gibt Sofortauskunft, Kraft und Rat speziell bei besonders bedrängenden seelischen oder materiellen Belastungen. Ohne Magie. KEINE VORAUSZAHLUNG. Schriftl. Astrol.-, Psychol.-, + Karma-Analyse (kein Computerausdruck).«

Man mag dem Anbieter, der diese Annonce veröffentlicht hat, zu seinen Gunsten unterstellen, daß sich sein Angebot »ohne Hilfsmittel, ohne Angaben« nicht auf die auch offerierten »schriftlichen astrologischen Analysen« erstreckt. Theoretisch ist auch denkbar, daß dieser Anbieter mit der astrologischen Technik des »Augenblickshoroskops« arbeitet. Dieses wird auf den Ort und den Zeitpunkt berechnet, da eine Frage oder ein Problem gestellt wird. Dann braucht der betreffende Berater zunächst in der Tat keine weiteren Angaben. Seriös wäre diese Technik des Augenblickshoroskops freilich nur in Ergänzung und Vertiefung anderer prognostischer Techniken, die doch wiederum auf das Geburtshoroskop zurückgreifen müssen. – Wie auch immer: das astrologische Angebot wird hier wiederum überwuchert von der Suggestion »echter Weissagung« und »wahren« (d. h. durch die Presse bekannten) Sehertums.

Als vulgär schließlich sind Angebote der folgenden Art einzuschätzen: »Probleme? Wissen Sie nicht weiter? Berufsastrologe beantwortet jede Frage. Pro Frage 30 DM, Prognose für 12 Monate 100 DM. Individuelle Beratung nach Vereinbarung.« – Es wäre seriös durchaus möglich, ein individuelles Horoskop in bezug auf eine aktuelle Frage zu untersuchen und daraus eine Einschätzung abzuleiten. Man müßte hierfür nicht das Horoskop komplett deuten. Aber auch ein versierter Astrologe bräuchte für die Horoskopberechnung, die gezielt-einschlägige Deutung und die sich anschließende telefonische oder schriftliche Beratung alles in allem eine Stunde Zeit. Da nicht anzunehmen ist, daß der »Berufsastrologe« ein schlechter Geschäftsmann ist, muß man schließen, daß die angebotene Leistung dem Honorarsatz von 30 DM entspricht – mithin von vornherein nichts taugen und nicht seriös sein kann. Vor Billigangeboten ist also unbedingt zu warnen. Dies kann natürlich nicht den falschen Umkehrschluß nahelegen, daß jede teure Offerte Seriosität garantiere. Im Gegenteil: Grundsätzlich ist zu Nüchternheit, Skepsis und sorgfältiger Prüfung zu raten.

Die vorstehend zitierten Annoncen von Astrologen bzw. Wahrsagern sind den Anzeigenseiten der ASTRO-VENUS, Heft

2/1993 entnommen. Es heißt dazu lapidar in einem Hinweis der Redaktion: »Für Inhalte und Angebote im Esoterik- und Astrologiemarkt sind ausschließlich nur die Inserenten verantwortlich. Dieser Heftteil gibt nicht die Meinung des Verlages wieder.«

Horoskopamulette

Daß die Astrologie in ihrer primitiven Form einer zwölfteiligen tierkreisorientierten Zuschreibung von guten und schlechten Charaktermerkmalen zum festen Bestand des öffentlichen Volkswissens gehört, belegen die vielfältigen Schmuck- und Gebrauchsgegenstände mit Hinweisen und Darstellungen zu den Tierkreiszeichen. Ob auf Zuckerwürfeln oder als Anhänger am Kettchen – die Tierkreiszeichen sind inzwischen nahezu allgegenwärtig. Die Symbolik des Tierkreises schickt sich damit an, gleichsam das gesamte gesellschaftliche Bewußtsein zu durchdringen. Dabei ist in vielen Fällen kaum daran gedacht, überhaupt im engeren Sinn astrologisches Denken oder astrologische Information zu verbreiten.

Der Münzen-, Briefmarken- und Telefonkartenhändler Göde beispielsweise bietet seinen Kunden eine Sonderprägung an, »Sternzeichen-Taler edel vergoldet«. Für jedes Tierkreiszeichen ist eine spezielle Prägung vorgesehen, für jedes Tierkreiszeichen ist ein zugehöriger Edel- oder Halbedelstein auf die Münze gesetzt: »Weisheit der Sterne. Ein unverwechselbarer Spiegel Ihrer Persönlichkeit und ein Kleinod von magischer Schönheit. Der exclusive Sternzeichen-Taler ist mit Ihrem ›Glücksstein‹ besetzt. Er bündelt und stärkt Ihre individuelle Aura.«

Es gibt tradierte Zuordnungen von Edelsteinen zu Tierkreiszeichen, aber diese Traditionen sind nicht eindeutig. Daß ein Edelstein die »individuelle Aura« stärke, ist fragwürdig zu nennen. Die sich selbst ernst nehmende Edelsteintherapie argumentiert meist anders. Auf die grundsätzliche Problematik kann hier nicht eingegangen werden.[5] Anbietern wie Göde geht es um nichts anderes, als mit pseudo-esoterischen Mystifikationen Geschäfte zu machen.

Das gilt umso mehr für die, die noch weit stärker als etwa Göde auf die Aberglaubensbereitschaft der Käufer setzen. Der »Esoterik-Versand Hercher« in Glückstadt beispielsweise bietet »Tierkreis-Steine«, »Monats-Steine«, »Planeten-Steine« an: »Tierkreis-Stein: Soll vor Kummer, Sorgen, Problemen schützen. Soll die Lebensqualität verbessern, Selbstbewußtsein, Intelligenz, Persönlichkeit stärken, Berufserfolg, Aufstieg bringen. –

Monats-Stein: Beeinflußt Liebe, Ehe, Treue, Freundschaft, Hemmungen, Erröten, Unsicherheit, Materielles Glück, Geld und Gut, Wohlstand und Reichtum, Lotto, Toto, Lotterie, Ratespiele. – Planeten-Stein: Beeinflußt Gesundheit–Krankheit, Konzentration, Lernschwäche, Zank, Streit, Mißgunst, Neid, Hetze, Unterdrückung. Angriffe von bösen Nachbarn, Geistern, schwarze Magie. Die Steine werden einzeln, oder zusammen, oder auch abwechselnd getragen. Zu jedem Stein gehört eine schöne, vergoldete, diamantierte Kette. Ein Stein kostet DM 39,50. Gleichgültig, ob Tierkreis-Stein oder Monats-Stein oder Planeten-Stein. 2 Steine kosten zusammen nur DM 69,–. (Sie sparen also 10,– DM). Alle Steine zusammen kosten nur DM 93,50. (Sie sparen also genau 25,– Mark). Unbedingt Geburtsdatum angeben.«[6]

Zwar ordnet die traditionelle Astrologie nahezu alle Dinge und Erscheinungen der Welt und des Lebens jeweils einem Tierkreiszeichen oder Planeten zu. Auf solchen Zuordnungen beruht beispielsweise die Bezeichnung des Silbers als »Mondmetall« oder des Eisens als »marsisch«. Entsprechende Zuordnungen gibt es für Edel- und Halbedelsteine. Auch das Angebot von Göde macht von Zuordnungen Gebrauch. Aber diese Zuordnungen sind keineswegs eindeutig. Wer ernsthaft »therapeutisch« – ein höchst problematischer Begriff! – mit diesen Zuordnungen und darum mit entsprechenden Steinen arbeiten wollte, müßte zunächst einmal ein individuelles Horoskop in seiner ganzen Komplexität wahrnehmen. Wiederum kann es also nicht darum gehen, nach einer simplen Zuschreibung – »Ich bin Widder, Du bist Jungfrau« – diesen oder jenen Edelstein im Fingerring oder an der Halskette zu tragen. »Edelsteintherapeuten«, die häufig auch mit astrologischen Entsprechungen arbeiten, gehen davon aus, daß diese oder jene Horoskopkonstellation mit entsprechenden Steinen gleichsam resonant verstärkt wird. Und wenn an diesen Zuordnungen und den unterstellten Resonanzen etwas dran wäre, dann ginge es sicher nicht pauschal und gewissermaßen magisch um den Schutz vor Kummer und Sorgen oder die Steigerung von Intelligenz. Es würde dann zunächst einfach darum gehen, eine bestimmte Haltung oder Begabung, wie sie in einer oder mehreren Horoskopkonstellationen symbolisch zum Ausdruck kommt, zu begünstigen. Das hätte nichts mit »zauberkräftigen Amuletten« und damit mit Magie zu tun, wie sie beim »Esoterik-Versand Hercher« im Angebot sind. Es hätte allenfalls zu tun mit einem unorthodoxen »therapeutischen« Ansatz, der seine eigene Problematik hat und eigens zu prüfen wäre.[7]

»Metaphysik der dummen Kerle«

Theodor W. Adorno, einer der wohl bekanntesten deutschen Sozialwissenschaftler, Mitbegründer der »Frankfurter Schule« der Soziologie, hat den Okkultismus als »Metaphysik der dummen Kerle« gebrandmarkt. Auch die Dummen haben »metaphysische« Bedürfnisse. Wer sich der Primitivastrologie hingibt und auf ihre Aberglaubensangebote hereinfällt, der mag wohl zu den »dummen Kerlen« gehören.

Adorno hat Anfang der Fünfziger Jahre die Horoskopspalte der »Los Angeles Times« untersucht und recht treffend herausgearbeitet, wie eigentlich Zeitungshoroskope getextet werden: »Wenden zahlreiche spezialisierte Magazine sich an Adepten, so sieht der Zeitungsastrologe, der für den Tag schreibt, einer weniger scharf umgrenzten, dafür vermutlich weit zahlreicheren Leserschaft mit den divergentesten Interessen und Sorgen sich gegenüber. Der Rat muß bereits an sich den Lesern etwas wie stellvertretende Hilfe und Tröstung gewähren; im Innersten erwarten sie kaum, daß der Schreiber des Horoskops ihnen wirklich hilft. Nicht unähnlich dem Demagogen, der jedem etwas verspricht und herauszufinden hat, was seine Zuhörer jeweils am meisten bedrückt, kennt der Zeitungsastrolog nicht die einzelnen, für die er schreibt, nicht ihre besonderen Wünsche und Klagen. Die Autorität jedoch, aus der er redet, nötigt ihn, so zu tun, als kenne er sie alle, und als gewähre die Konstellation der Sterne hinreichende, unzweideutige Antwort. Er kann es sich einerseits nicht erlauben, seine Leser zu enttäuschen, indem er überhaupt auf nichts sich festlegt; andererseits darf er die magische Autorität, auf der sein Verkaufswert beruht, nicht durch allzu unsinnige Auskünfte kompromittieren. So steht er vor der Quadratur des Zirkels. Er muß ein Risiko eingehen und zugleich die Gefahr danebenzugreifen auf ein Minimum einschränken. Das verweist ihn auf starre Wendungen und Stereotypien. Häufig etwa werden Ausdrücke verwandt, wie ›Folgen Sie Ihrer Eingebung‹ oder ›Beweisen Sie Ihren scharfen Verstand‹. Sie suggerieren, daß der Schreiber, wohl durch astrologische Intuition, genau wisse, was für ein Mensch der einzelne, der zufällig das Horoskop liest, ist oder zu einer bestimmten Zeit war. Aber solche scheinbar spezifischen Bestimmungen sind kunstvoll zugleich so allgemein gehalten, daß sie auf einen jeden in jedem Augenblick einigermaßen sich beziehen lassen. Der Schreiber entwindet sich seiner Aporie durch Pseudo-Individualisierung. Tricks wie dieser allein vermögen freilich die grundsätzlichen Schwierigkeiten des Zeitungsastrologen nicht fortzuräumen. Durchweg muß er ebenso mit typischen Konflikten in der modernen Gesellschaft vertraut sein wie mit charakterologischen Faustregeln. Er konstruiert eine Reihe von Standardsituationen, die der überwiegende Teil seiner Anhänger jederzeit durchleben mag. Vor allem muß er Probleme ausfindig machen, die der Leser aus eigener Kraft nicht bewältigen kann, so daß er nach Hilfe von außen späht.«[8]

Da viele, die der Astrologie aufgeschlossen gegenüber stehen, sich mit dem Konsum der Zeitungshoroskope begnügen, ist Adornos Aufklärung über die Entstehungsbedingungen des Zeitungshoroskops bitter nötig. Adorno freilich berücksichtigt nicht, daß die gesamte Erfindung der Horoskopspalten aus der Unterhaltungsbranche herrührt. Allenfalls vage spricht er von Berufsastrologen, deren Konsultation den Konsumenten von Zeitungshoroskopen ohnehin zu teuer komme[9], macht aber im übrigen keinen Unterschied zwischen der Zeitungshoroskopie und seriöser Astrologie: »Heute aber widerspricht der fortgeschrittene Stand der Naturwissenschaften, etwa der Astrophysik, kraß dem Glauben an Astrologie. Wer beides nebeneinander toleriert oder gar zu vereinen trachtet, hat bereits eine intellektuelle Regression vollzogen ...«[10]

Dieses Urteil ist an einer Unterscheidung von seriöser Astrologie und Vulgärastrologie von vornherein nicht interessiert. Astrologie als Ganzes ist dem Kritiker unwissenschaftlich – und darum insgesamt dumm und primitiv. Da spricht der ungetrübte Glaube an den »fortgeschrittenen Stand der Naturwissenschaften« und an den okzidentalen Rationalismus überhaupt. Über vierzig Jahre nach Adornos Analyse ahnen wir immerhin um die irrationalen Züge dieses Glaubens, auf den wir noch näher zu sprechen kommen werden.

Popularisierte Astrologie

Noch in den siebziger Jahren gab es zwischen der Primitiv- und Vulgärastrologie der Horoskopspalten und Wahrsageblätter einerseits und einer sich selbst als seriös verstehenden Astrologie andererseits so gut wie keine populäre Darstellung von Astrologie, die ernsthaften Ansprüchen genügt hätte. Eine Ausnahme bildete allenfalls Herbert A. Löhleins »Handbuch der Astrologie«, das seit den fünfziger Jahren hohe Auflagen erlebte. Die Tierkreisbücher, die in gewissen Abständen in verschiedenen Taschenbuchverlagen erschienen, waren und sind einer ernstzunehmenden Popularisierung einer seriösen Astrologie nicht zuzurechnen. Dasselbe gilt für die teilweise hohen Auflagen der »Kalender« (»Lorcher Astrologischer Kalender«, »Huters Astrologischer Kalender« usw.), die kaum etwas anderes als Wahrsageblättchen in Buchformat darstellen.

Gegenwärtig erleben wir jedoch einen zunehmenden Trend, Astrologie zu popularisieren. Dieser Trend wird ganz entscheidend durch die Entwicklung auf dem Medienmarkt gefördert. Während sich die öffentlich-rechtlichen Funk- und Fernsehanstalten den Grenzgebieten, so auch der Astrologie, bislang allenfalls in abwehrend-kritischer Haltung näherten, sind die privaten Sender einer Darstellung der Astrologie und sonstiger Grenzgebiete gegenüber viel offener. Damit bietet sich einerseits grundsätzlich die Möglichkeit, Astrologie und ähnliche Grenzgebiete in seriöser Weise öffentlich vorzustellen und verständlich zu machen, andererseits ist natürlich die Gefahr groß, um hoher Einschaltquoten willen doch wieder der Vulgarisierung zu verfallen und damit Aberglauben zu fördern. Die Zunahme des öffentlichen Interesses an Themen der Esoterik und der Parawissenschaften hat sich auch auf den Buch- und Zeitschriftenmarkt ausgewirkt. Insgesamt hat sich damit zwischen die Vulgärastrologie und eine sich selbst als seriös verstehende Astrologie ein neuer, eigener Bereich geschoben. Diese Popularisierung der Astrologie steht grundsätzlich in einem Spannnungsfeld von Seriosität, Unterhaltung, Verflachung und Aberglauben. Die Grenzen sind hier durchaus fließend. Umsomehr wären die Medien auf die Mitarbeit seriöser Fachleute angewiesen, wenn sie nicht nur billige Unterhaltung produzieren wollen. Andererseits stekken natürlich die inneren Strukturgesetze des jeweiligen Mediums den Rahmen für die Darstellung ab.

Nun umfaßt die Astrologie zwar, wie wir noch sehen werden, ein ziemlich komplexes Gebiet, das sich dennoch verhältnismäßig einfach in Bausteine gliedern und zu größeren thematischen Zusammenhängen zusammenfügen läßt. Didaktisch würde sich Astrologie beinahe optimal dafür eignen, unter den Möglichkeiten der Medien Funk und Fernsehen in Form eines Funk- und Telekollegs präsentiert zu werden. Unter den gegenwärtigen Bedingungen fehlender wissenschaftlicher Akezptanz, die noch näher erörtert werden müssen, bleiben die pädagogischen Möglichkeiten von Funk und Fernsehen für eine dringend notwendige populäre und zugleich fundierte Verbreitung astrologischen Wissens aber vorerst ungenutzt.

Populäre Astrologie in den Funkmedien beschränkt sich überwiegend auf Unterhaltung, für das Fernsehen bleibt in aller Regel die Präsentationsmöglichkeit der Talk-Show. Fundierte, bildungseffiziente Information darf hier jedoch nicht erwartet werden. Es wäre schon viel geholfen, wenn eine einschlägige, über Astrologie debattierende Fernsehrunde ausführlicher auf astrologisches Basiswissen zurückgriffe und die Zuschauer daran teilhaben ließe – etwa mit Hilfe eingeblendeter Informationstafeln. Wirklich ernsthafte Fernsehrunden dieser Art böten die Chance, im Streitgespräch zwischen Astrologen und Vertretern verschiedener wissenschaftlicher und weltanschaulicher Richtungen gerade auch Argumente für eine sinnvolle, forschende Weiterbefassung mit Astrologie herauszuarbeiten. Solche Runden sind jedoch immer noch ein Desiderat.

Die gängigen Talk-Shows sammeln immer wieder dieselben Kontrahenten. Auf astrologischer Seite sind dies Winfried S. Noé, »Starastrologe«, ehemals Herausgeber des JUPITER, sowie Dr. Peter Niehenke, hauptberuflicher astrologischer Berater, ehemals Vorsitzender des Astrologen-Verbandes. Gelegentliche Beiträger waren und sind die Vorsitzenden anderer astrologischer Verbände, sowie die Chefredakteure des Wahrsageblättchens ASTRO-WOCHE, Kurt Allgeier, bzw. der ASTRO-VENUS, Josef Neumayer. Auf der Seite der Astrologiegegner hat sich vor allem der Leiter der Volkssternwarte Paderborn, Reinhard Wiechoczek, einen Namen gemacht. Auch Hoimar von Ditfurth und Heinz Haber, die durch Bücher und Fernsehbeiträge sehr viel für die fundierte und zugleich populäre Darstellung naturwissenschaftlicher Zusammenhänge getan haben, sind bis zu ihrem Tod häufiger als Astrologiegegner bei Fernsehdebatten in Erscheinung getreten. Dr. Niehenke ist wohl der derzeitig gewandteste und profilierteste Teilnehmer solcher Talk-Runden, den die deutschsprachige Fachastrologie aufzubieten hat. Niehenke hat sich ausführlich mit den Problemen möglicher wissenschaftlicher Beweisführungen zur Astrologie befaßt und darüber auch seine Dissertation »Kritische Astrologie« verfaßt, mit der er 1987 im Fachbereich Psychologie an der Universität Bielefeld promoviert hat. Reinhard Wiechoczek hat Niehenkes Dissertation allerdings als »akademischen Tiefflug« bezeichnet. Dieses Urteil ist lediglich durch das Recht auf freie Meinungsäußerung gedeckt, fachlich durch nichts.[2] Es ist aber bezeichnend für den bislang bestimmenden Geist solcher Talk-Runden.

Private Rundfunksender lassen es sich häufig nicht nehmen, jeden Morgen ein mehr oder weniger seichtes »Tageshoroskop« auszustrahlen. Dies kann gar nichts anderes sein als Vulgärastrologie. Daneben hat sich aber bei verschiedenen Sendern eine Form der Magazinsendung entwickelt, die in relativ lockerer Weise Beratung und Information mischt. Ein Beispiel ist die Sendung »ASTRO-TALK« des Ulmer Privatsenders RADIO 7. Solche Sendungen bieten durchaus eine Chance, das Hörerpublikum positiv mit Astrologie vertraut zu machen und ihm nahezubringen, daß Astrologie umfassender, komplexer und unendlich komplizierter ist als bloße Sonnenstandshoroskope, und daß Astrologie durchaus etwas sichtbar machen und helfen kann. Wo in solchen Sendungen Hörer selbst anrufen und ein aktuelles Problem schildern können, ist freilich grundsätzlich zu sagen, daß sich nicht jedes Problem zur öffentlichen Behandlung im Funk eignet, daß sich schon aus rechtlichen Gründen gesundheitsbezogene Ratschläge verbieten und daß überhaupt viele Probleme von vornherein so komplex sind, daß sie seriös weder in 20 Minuten astrologisch untersucht noch in drei Minuten – der üblichen Länge von Wortbeiträgen in Magazinsendungen – beratend behandelt werden können. Gerade wenn man solche Sendungen nicht überhaupt grundsätzlich ablehnen möchte, wird man sich umsomehr gegenwärtig halten müssen, wie leicht die »Hoffnung auf Lebenshilfe im New Age«, die viele Menschen bestimmt, hier mißbraucht werden kann und auch – wie in anderen Zusammenhängen – leider allzuhäufig mißbraucht wird.[3]

Der populäre astrologische Zeitschriftenmarkt

Die in München erscheinende Zeitschrift ASTRO-VENUS ist derzeit in Deutschland das einzige ernstzunehmende überregionale Populärmagazin in Sachen Astrologie. Überregionale Bedeutung hat daneben noch die ebenfalls in München erscheinende ASTRO-WOCHE. Dieses im Zeitungsformat aufgemachte Blatt geht jedoch vielfach wahrsagerisch vor und appeliert vorwiegend an einen naiven Aberglauben.

ASTRO-VENUS zeichnet im Untertitel mit »Horoskope, Prognosen, Reportagen, Trends, Analysen«. Einen wichtigen Hauptteil des Magazins machen ausführliche Prognosen aus. Diese sind zunächst prinzipiell nicht anders aufgezogen als in den vulgären Angeboten der Zeitungshoroskopie, nämlich als Sonnenstandshoroskope. Da eine Zeitschrift nicht für alle potentiellen Leser/innen individuelle Prognosen erstellen und drucken kann, bleibt auch gar keine andere Wahl, wenn man überhaupt eine Prognose erstellen will. Immerhin geht ASTRO-VENUS erheblich über die Zeitungshoroskopie insofern hinaus, als es mit weiteren Differenzierungen arbeitet, z. B. der Unterteilung der Tierkreiszeichen in sogenannte »Dekaden«. Die 12 Tierkreiszeichen bilden zusammen den Tierkreis, der wie jeder Kreis in 360 Grad geteilt ist. Ein Tierkreiszeichen mißt also 30 Grad. Je 10 Grad werden als »Dekade« bezeichnet. Diese Einteilung in »Dekaden«, die in der traditionellen Astrologie auch für die Bewertung des Geburtshoroskops eine wichtige Rolle spielt, erlaubt es, die Sonnenstandsprognosen weniger simpel zu gestalten. Der Deutungstext muß freilich auch hier allgemein bleiben, kann aber gegebenenfalls doch die eine oder andere individuelle Struktur ansprechen. Was substantiell dabei herauskommt, ist freilich noch nicht seriöse individuelle Prognose, sondern verbleibt noch im Bereich des Populären, ja Vulgären. Allerdings sind den Heften der ASTRO-VENUS immer wieder Tabellen, z. B. der Planeten-Aspekte zur jeweiligen Geburtssonne, sowie grundlegende Deutungshinweise beigegeben, die immerhin vermitteln können, daß Astrologie technisch nicht so einfach ist. Anders als etwa beim Informationsdienst der Astrologin Hanna Winter (vgl. S. 23), der dem Interessierten auf astrologietechnisch bescheidener Grundlage lediglich Ergebnisse mitteilt, erhält hier der Interessierte aufgrund der ausführlichen Tabellen einen wenn auch begrenzten Einblick in die technische und interpretatorische Werkstatt des Astrologen. Die ASTRO-VENUS stützt dies durch Sachartikel und Deutungen von Prominentenhoroskopen, bei denen fundiertes astrologisches Wissen ausgebreitet wird. Wer sich freilich nur auf die Lektüre der Sternzeichen-Prognosen beschränken würde, ohne diese verschiedenen Lektürenangebote insgesamt zu verarbeiten, der hätte nicht viel von dem durchaus positiv popularisierenden Effekt der ASTRO-VENUS. Die ASTRO-VENUS ist eben nicht als astrologische Fachzeitschrift konzipiert, sondern will auch und vor allem unterhalten. Dabei ist der Zug zur Esoterik unverkennbar, wenn populäre Psychologie, Esoterik, Zeitgeschehen und Astrologie in einer unterhaltsamen und anregenden Mixtur dargeboten werden. Wer sich mit Astrologie beschäftigt, kann eben in der Regel als aufgeschlossen auch Themen der Esoterik und des »New Age« gegenüber gelten.

Die Verknüpfung von Esoterik und Astrologie ist jedoch nicht zwingend. Historisch gesehen waren es im ausgehenden 19. Jahrhundert vor allem die universalreligiösen Theosophen, die zunächst in England und dann im übrigen Europa den astrologischen Gedanken wiederbelebten.[4] Vor diesem Hintergrund wird die ASTRO-VENUS schwerpunktmäßig mitgeprägt durch Sachartikel zu Themen wie »Der sechste Sinn im Geschäftsleben – Psi und Big Bussines«, zu dem indischen Weisen Babaji oder über »Das neue Zeitalter der Hexen« und »Die unvorstellbare Kraft der Gedanken«.

Je nach eigener weltanschaulicher Einstellung wird man solche Artikel als zusätzliche Informationen begrüßen und sich in ihnen wiederfinden oder aber – als Christ zumal – ablehnen. Was aber das Astrologische anbetrifft, und darum geht es in unserem Zusammenhang, fällt es positiv auf, daß die Autoren der ASTRO-VENUS fast durchweg sachlich schreiben und jeden reißerischen oder orakelhaften Ton vermeiden. Manches freilich ist sowohl aus der Perspektive einer seriös verantworteten Astrologie als auch einer ernsthaften Lebensorientierung, sei sie christlich oder nicht, negativ zu beurteilen. Ein Beispiel sind die sogenannten »Glückskarten«. Jeder Dekade eines jeden Sternzeichens ist für den jeweils geltenden Kalendermonat eine »Glückskarte«, eine Art Mini-Kalender zum Ausschneiden zugeordnet. Drei verschiedenfarbige Kurven werden auf einer Skala zwischen »sehr gut« bis »schwierig« und »herausfordernd« durch den gesamten Kalendermonat geführt, rot für Liebe, violett für Finanzen und grün für Gesundheit. Wer nur diese Glückskarten für sich zur Kenntnis nimmt, erhält nichts anderes als platte Wahrsageastrologie – in der vulgärastrologischen Dreifaltigkeit von Liebe, Geld und Gesundheit.

Die Popularisierung der Astrologie kommt eben auch in den Printmedien nicht ohne Vereinfachungen und Vulgarisierungen aus. Sofern diese nicht überhaupt den Blick auf seriöse Information verstellen und eine sachgemäße Annäherung unmöglich machen, mag man sie vielleicht tolerieren; gutzuheißen sind sie nicht. Aber auch Popularisierungsversuche anderer Disziplinen, etwa der Psychologie, stehen vor ähnlichen Problemen.

Die ASTRO-VENUS findet derzeit rund 100000 Leserinnen und Leser. Davon sind nach Auskunft der Redaktion etwa 1/3 kundige Laien oder sogar mehr oder minder versierte Fachastrologen. Die Zahl derer, die mit Recht als fachlich versierte Astrologen bezeichnet werden können, liegt allerdings mit Sicherheit deutlich darunter: Die in der Einleitung genannten Zahlen – etwa 2000 gewerblich arbeitende Astrologen in Deutschland und Auflagen von 4–6000 Exemplaren bei Fachbuchveröffentlichungen – lassen keinen anderen Schluß zu. Man darf jedoch vermuten, daß im Umfeld von Esoterik und New Age, aber auch auf der Ebene der Fachpsychologie zunehmend auch astropsychologische und astroesoterische Konzepte in die Lebens- und Berufspraxis Eingang finden. Die zunehmende gesellschaftliche Akzeptanz von New Age und Esoterik verursacht auch einen heimlichen Boom der Astrologie, auch wenn sich das nur sehr bedingt auf ein zahlenmäßiges Wachstum der wirklich ausgebildeten Fachastrologen durchschlägt. Das auch unter Akademikern zunehmende Interesse an der Psychologie C. G. Jungs dürfte in Verbindung mit dessen oft zitierter Bemerkung, die Astrologie klopfe vernehmlich an die Pforten der Universitäten, ein übriges zur Ausweitung des Interesses an Astrologie und Astropsychologie und ihrer Popularisierung tun.

Noch einmal: Computerastrologie

Zwar haben wir die Horoskope aus dem Computer bereits unter dem Aspekt der Vulgärastrologie behandelt, dennoch aber ist festzuhalten, daß eine einigermaßen gute Computerdeutung auch eine sinnvolle Annäherung an Astrologie insgesamt darstellen und damit eine wichtige popularisierende Funktion haben kann. Einige Anbieter von astrologischen Computer-Analysen flankieren ihr Angebot zudem mit weiteren Informationen – Ausbildung, persönliche und individuelle Betreuung usw. Im wesentlichen sind hier die Schweizer Anbieter ASTRODATA und ASTRO-DIENST, beide in Zürich, zu nennen. ASTRODATA offeriert auch astrologische Kurse, unterhält einen astrologischen Fachverlag (Edition ASTRODATA) und bringt regelmäßig eine beachtliche Fachzeitschrift heraus (ASTROLOGIE HEUTE). Die Analysen aus dem ASTRODATA-Computer sind nach den Regeln einer sich selbst als seriös verstehenden Astrologie berechnet und gedeutet. Freilich – und das sei noch einmal eigens betont – ist eine Computer-Analyse nur standardisiert zu haben. Keine astrologische Analyse aus dem Computer kann deshalb eine individuelle Beratung bzw. Deutung wirklich ersetzen, zumal ja auch das Angebot standardisiert erfolgen muß. Dennoch aber kann sich ein entsprechend differenziertes Computerprogramm einer guten individuellen Deutung durchaus annähern. Solche Computerdeutungen werden seit Mitte der siebziger Jahre angeboten und sind in den achtziger Jahren laufend verbessert worden. Insbesondere ASTRODATA und ASTRO-DIENST haben sich auf diesem Feld einen guten Ruf erworben. In ihrem Kielwasser treten freilich eine Reihe weiterer Anbieter auf wie jene, die wir bereits im Kapitel »Vulgärastrologie« erwähnt haben. Sie werben in vielfältigster Weise für ihre Angebote, nicht zuletzt auf den Esoterikmessen, die mittlerweile in vielen größeren Städten Europas regelmäßig durchgeführt werden.

Die fließenden Grenzen

Kein Zweifel: der Markt ist unübersichtlich geworden, seit sich eine vielfältig popularisierende Astrologie als dritte Größe neben der Vulgärastrologie und dem Seriosität beanspruchenden individuellen astrologischen Beratungs- und Ausbildungsangebot etabliert hat. Es liegt auf der Hand, daß sich nicht alle Angebote des Marktes hier von vornherein eindeutig einordnen lassen. Dies gilt zumal für die popularisierenden Angebote. Die Monatsprognose für einzelne Sternzeichen in der Zeitschrift ASTRO-VENUS ist durchaus nicht allzuweit entfernt von vulgärer Astrologie. Ein Sachartikel in derselben Zeitschrift über ein technisches Problem bzw. inhaltliches Einzelthema der Astrologie ist dagegen in aller Regel durchaus seriös erarbeitet. Ein anderes Beispiel: Der Privatsender, der jeden Morgen das Tageshoroskop ausstrahlt, verbreitet unzweifelhaft Vulgärastrologie. Im selben Sender kann es aber regelmäßig ein Magazin mit ernstzunehmender astrologischer Beratung und Information geben.

Alle, die mit Astrologie in irgendeiner Weise zu tun haben – sei es als Ausübende, sei es als Ratsuchende, als interessierte Laien oder als Kritiker –, müssen die Uneindeutigkeit und Unübersichtlichkeit des Marktes zur Kenntnis nehmen. Sie alle kommen nicht umhin zu prüfen, wo ein spezielles Angebot vulgär, popularisierend oder »seriös« im fachastrologischen Sinn ist. Ein und derselbe Träger vereinigt mitunter vulgäre, populäre und seriöse Angebote. Jeder Einzelfall bedarf individueller Prüfung.

Wer freilich von vornherein die Astrologie aus weltanschaulichen oder wissenschaftlichen Erwägungen heraus pauschal verurteilt oder – als Astrologiegläubiger – ihre unangreifbare Integrität in einem Elfenbeinturm der »Eingeweihten« behaupten und bewahren will, wird sich auf das schwierige Prüfen im Einzelfall nicht einlassen. Gerecht aber wird er der Astrologie damit nicht.

Gerade die Unübersichtlichkeit und Uneindeutigkeit des astrologischen Marktes zeigt, daß die Astrologie zu einem gesellschaftlichen Phänomen geworden ist, das nicht mehr nur in einer versteckten Nische siedelt. Diese Vergesellschaftung der Astrologie vollzieht sich unbeschadet der gegenseitigen Verurteilungen von Astrologiekritikern und Astrologiegläubigen. Seriös im besten Sinne ist deshalb derjenige Astrologe, der sein Handwerk verantwortlich auszuüben und zugleich dessen gesellschaftliche Bedingungen und gesellschaftliche Bedingtheit wahrzunehmen versucht. Ihm entspricht die Seriosität einer Kritik, in der dieses Bemühen ernsthafte Resonanz findet. Die Vergesellschaftung der Astrologie als öffentlich und deutlich wahrnehmbarer Prozeß dürfte in der Zukunft jedenfalls noch intensiviert werden. Diesen Prozeß wahrzunehmen heißt, seine Vielfalt und Widersprüchlichkeit zu akzeptieren und zugleich zu gestalten. Wenn eine wirklich weiterführende, öffentlich kritische Auseinandersetzung mit der Astrologie im Sinne einer solchen Gestaltung – in christlicher Perspektive zumal – in Gang kommen soll, bedarf es zunächst der unvoreingenommenen Wahrnehmung der Grundlagen und Ziele einer sich selbst als seriös verstehenden Astrologie. Ihr gilt das folgende Kapitel.

Seriöse Astrologie

Wenn wir nun eine kurze, einführende Darstellung der sich selbst als seriös verstehenden Astrologie geben wollen, so handelt es sich im Sinne des bisher Erörterten natürlich um einen popularisierenden Versuch. Eine kurze technische und inhaltliche Einführung kann keine ausschöpfende Gesamtbeschreibung ersetzen. Zudem beschränken wir uns auf die sogenannte revidierte klassische Astrologie; sie stellt die Hauptrichtung dar. Wir werden aber nichtklassische Schulbildungen und Modelle im Anschluß an dieses Kapitel wenigstens kurz erwähnen.

Die »Sprache« der Astrologie

Wir wollen nun die »Sprache«, die »Grammatik« der Astrologie etwas systematisieren – wollen die »Wortarten« und die »Syntaxregeln« angeben. Betrachten wir die folgende Horoskopabbildung. Es handelt sich um ein »weibliches« Horoskop – eine Geborene mit folgenden »Daten«: 18. Mai 1950, 15.50 Uhr Weltzeit, 11.05 Grad östliche Länge von Greenwich, 49.28 Grad nördliche Breite (Nürnberg). Diese Daten – Geburtsdatum, Geburtszeit und Geburtsort – sind für die seriöse und vollständige Horoskopberechnung unverzichtbar.

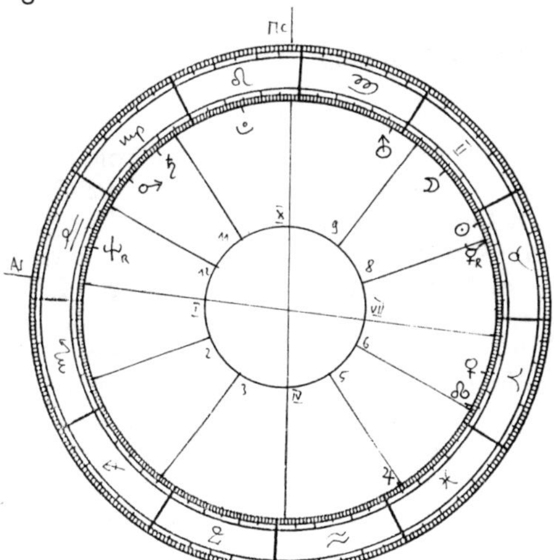

Abb. 1: Weibl. Geburt, 18.5.1950, 15.50 Weltzeit, Nürnberg

Mit diesem komplexen Bild ist auf abstrakt-symbolische Weise die Zeitqualität am 18. Mai 1950 nachmittags um 15.45 Uhr Weltzeit für den Ort Nürnberg dargestellt.

Zur Bestimmung der »Zeitqualität« gehören auch Ortsangaben. Ein Horoskop für dieselbe Zeit, aber für einen ganz anderen Ort, beispielsweise Yokohama (139.38 Grad östliche Länge, 35.25 Grad nördliche Breite), sieht ganz anders aus:

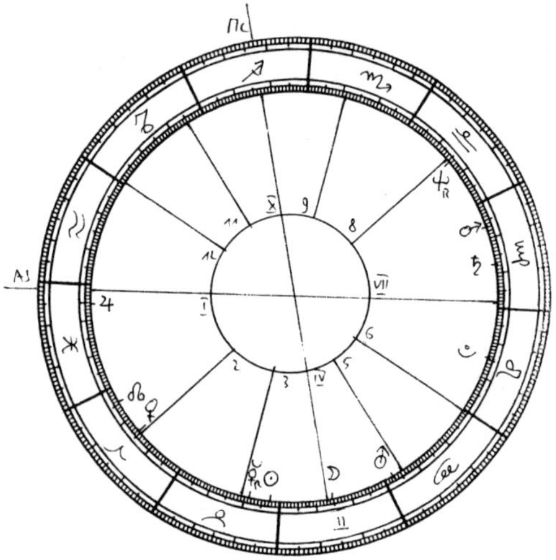

Abb. 2: Fiktives Horoskop: 18. 5. 1950, 15.50 Weltzeit, Yokohama

Zwar sind die Positionen der einzelnen Symbole auf dem Kreisring dieselben. Die Sonne steht bei (genau) 27.08 Grad Stier, der Mond bei 14.50 Grad Zwillinge. Aber in dem Horoskop in Abbildung 1 stehen sie in dem Feld mit der Ziffer 8, in dem anderen Horoskop in der Abbildung 2 in dem Feld mit der Ziffer 3.

In der gebräuchlichen Horoskopdarstellung wird so verfahren, daß die beiden »Achsen«, Medium Coeli (MC) und Aszendent (AS), immer »oben« bzw. »links« stehen. Das Medium Coeli, das »MC«, wie meist abkürzend gesagt wird, ist dabei zugleich der Beginn des 10. Feldes oder Hauses, der Aszendent der Beginn des 1. Feldes oder Hauses. Die Lage von Medium Coeli und Aszendent, und damit die Lage der sogenannten Felder oder Häuser, hängt direkt von der Geburtszeit und dem Geburtsort ab. Für die triftige Deutung des Horoskops ist es ein erheblicher Unterschied, ob die Sonne im 8. Feld oder im 3. Feld steht. Deshalb ist für die korrekte Horoskopberechnung die genaue Orts- und Zeitangabe entscheidend! Dargestellt wird im individuellen Horoskop für ein und denselben Augenblick sowohl eine gegebene Situation am »Himmel«, nämlich die Positionen von Sonne, Mond, Mondknoten und Planeten, gemessen auf dem Tierkreis, als auch eine Situation auf der »Erde«, nämlich die spezielle Perspektive vom Geburtsort zur gegebenen Geburtszeit.

Wir haben damit im Vorbeigehen schon drei wichtige »Wortarten« der astrologischen Sprache kennengelernt. Es sind einmal die Tierkreiszeichen, dann die Felder oder Häuser mit zwei speziell herausgehobenen »Achsen« Medium Coeli und Aszendent, und schließlich die »Planeten«, wobei die Astrologie meist abkürzend auch Sonne, Mond und den Mondknoten als »Planeten« kennzeichnet, weil diese drei Faktoren funktional wie Planeten behandelt werden. Der Mondknoten ist dabei ein reiner Rechenpunkt, nämlich der Schnittpunkt der Mondbahn um die Erde mit der Bahnebene, auf der die Erde um die Sonne kreist.

Wir wollen nun das »Lexikon« unserer Sprache, so wie wir diese bislang kennengelernt haben, vollständig tabellieren und die Symbole mit Namen versehen.

Tierkreiszeichen

♈	Widder	♋	Krebs
♉	Stier	♌	Löwe
♊	Zwillinge	♍	Jungfrau
♎	Waage	♑	Steinbock
♏	Skorpion	♒	Wassermann
♐	Schütze	♓	Fische

Planeten (einschließlich Sonne, Mond, Mondknoten)

☉	Sonne	♃	Jupiter
☽	Mond	♄	Saturn
☋	Mondknoten	♅	Uranus
☿	Merkur	♆	Neptun
♀	Venus	♇	Pluto
♂	Mars		

Häuser, Felder

Die Häuser bzw. Felder zählen von 1 bis 12. Die Spitze des 1. Hauses ist zugleich der Aszendent (als AS symbolisiert), die Spitze des 10. Hauses zugleich das »Medium Coeli« (als MC symbolisiert). Das Medium Coeli ist technisch vom Geburtsort aus gesehen der genaue Südpunkt, projiziert in den Tierkreis zur Zeit der Geburt. Der Aszendent ist entsprechend der genaue Ostpunkt, vom Geburtsort aus gesehen. Das erste und zehnte Haus, und dementsprechend die zugehörigen »Gegenhäuser« (7 bzw. 4) sind durch ihre Lage »an den Achsen« besonders hervorgehoben.

Wie in richtiger Sprache, so werden auch hier die »Wörter« zu »Sätzen« verknüpft. »Mond in Zwillinge«, wie in unseren beiden Beispielshoroskopen gegeben, ist ein solcher »Satz«, ebenso »Sonne im 8. Haus« bzw. »Sonne im 3. Haus«. Solche Verknüpfungen erst, solche »Sätze« werden dann gedeutet. Natürlich haben auch die »Wörter« als solche einen prinzipienartigen Bedeutungsumriß. »Sonne« verweist auf den Lebenskern, die leib-seelische Grundhaltung, die Mentalität sozusagen. Im »Widder« manifestiert sich das Vorwärtsdrängende, Impulsive. Im 10. Haus ist das Verhältnis des Geborenen zur Öffentlichkeit, zu seinem Wirken in der Öffentlichkeit – und damit in der Regel zu seinem Beruf – angesprochen. Die Verknüpfung dieser Prinzipien bildet den inhaltlichen Baustein für das Individualhoroskop. Jedes Horoskop setzt sich aus vielen solcher Bausteine zusammen.

Aspekte

Eine vierte »Wortart« muß noch genannt werden, die »Aspekte«. Planeten stehen zu den »Achsen« bzw. zu Sonne, Mond, Mondknoten, aber auch untereinander in bestimmten Winkelbeziehungen. In unseren beiden Beispielshoroskopen ist die Sonne auf der Position 27.08 Grad Stier, der Mars auf 23.19 Grad Jungfrau. Da jedes Tierkreiszeichen genau 30 Grad mißt – den zwölften Teil eines Kreises –, stehen Sonne und Mars genau 116.17 Grad auseinander. Das ist nahe an 120 Grad. 120 Grad aber markiert einen astrologischen Aspekt. Folgende Aspekte, »Winkel« sind in der Astrologie gebräuchlich:

☌	Konjunktion (0 Grad)	⚹	Sextil (60 Grad)
☍	Opposition (180 Grad)	∠	Halbquadrat (45 Grad)
□	Quadrat (90 Grad)	⚼	Anderthalbquadrat (135 Grad)
△	Trigon (120 Grad)	⚻	Quincunx (150 Grad)

Da die Aspekte selten exakt sind, arbeitet man mit Spielräumen, sogenannten »Orben«. Für die Orben gelten bestimmte Regeln: so soll im allgemeinen der Spielraum nicht größer als 5 bis 7 Grad sein. Sind Sonne bzw. Mond an einem Aspekt beteiligt, darf der Spielraum etwas größer sein. Bei den sogenannten »kleinen« Winkeln Sextil, Halbquadrat, Anderthalbquadrat und

Quincunx geht man von engeren Spielräumen aus – maximal zwei Grad. Die »kleinen« Winkel gelten in ihrer Wirkung auch von vornherein als schwächer. In unserem Beispiel ist der Winkel zwischen Sonne und Mars etwas kleiner als 120 Grad, aber noch innerhalb des zulässigen Spielraums. Es gilt also »Sonne Trigon Mars«.

Je nach Anzahl der »Winkel« hat ein individuelles Horoskop 35 bis 50 solcher »Bausteine« bzw. »Sätze«. Diese Sätze zusammengenommen ergeben das Material für die individuelle Horoskopdeutung. Wir dürfen bei einer seriösen Gesamtdeutung freilich nicht einfach die Deutungen dieser etwa 50 Bausteine aneinanderreihen. Der Astrologe deutet zwar zunächst einmal entscheidend diese »Bausteine«, muß dann aber inhaltliche Schwerpunkte erkennen, bestimmte Grundtendenzen herausarbeiten und evtl. widersprüchliche Tendenzen gegeneinander abwägen.

Die Gesamtzahl der möglichen Bausteine ist, wie man leicht einsehen kann, begrenzt. Hierin unterscheidet sich die astrologische »Sprache« von der natürlichen Sprache. In natürlichen Sprachen können aus einem Lexikon von weit mehr als 50 000 Wörtern mit Hilfe komplexer morphologischer und syntaktischer Regeln im Prinzip unendlich viele Sätze gebildet werden. Die verhältnismäßig enge Begrenzung der Anzahl möglicher astrologischer »Sätze« zeigt aber auch, daß das Horoskop bei aller Indiviudalität »nur« eine Form, eine Struktur ist. Zwar darf man die Deutung der einzelnen »Bausteine« – »Sonne im Stier«, »Mond im 8. Haus«, »Sonne Trigon Mars« usw. – nicht als starr festliegende Bedeutungen mißverstehen. Aber die auf verschiedenen Erfahrungsebenen möglichen Deutungen einer bestimmten Kombination, etwa »Sonne im Stier«, gruppieren sich um einen Deutungskern herum. Es kann dabei einen erwartbaren Standard-Durchschnitt hochwahrscheinlicher Deutung geben. Er muß nicht in jedem Einzelfall so gelten, wird aber in durchweg allen Fällen von den konkreten Umständen wenigstens berührt.

Gerade aber weil astrologische Deutung nicht starr als konkretistische »Bedeutung« festliegt, ist astrologische Deutung nie vollends auszuschöpfen. Mit anderen Worten: im Horoskop als »Form«, mit letztlich unausschöpfbaren Deutungsmöglichkeiten, ist das Individuum nur begrenzt einholbar und rekonstruierbar. Auch mit der besten und einfühlsamsten Deutung werden nicht alle Regungen und Strebungen des Individuums faßlich. Zwar zeigt das Horoskop vom Individuum das »Typische« – und dieses »Typische«, die persönliche »Struktur« als »Persönlichkeitsstruktur« ist durchaus sehr individuell. Gleichwohl ist das

Individualtypische nicht mit dem Individuum und seiner ganz konkreten Geschichte gleichzusetzen. Das Horoskop liefert also keine Wahrsagung über Biographie und Zukunft des Einzelnen.

Da die Zahl der möglichen »Bausteine«, der möglichen Kombinationen in der astrologischen Sprache begrenzt ist, kann ein Gesamtkompendium astrologischer Deutung zusammengestellt werden. Dies geschieht in den astrologischen Deutungsbüchern, die unter Astrologen mit einem Anflug von Selbstironie auch »Kochbücher« genannt werden. Ein astrologisches Deutungsbuch listet alle möglichen Kombinationen systematisch auf und präsentiert zu jeder Kombination charakteristische Deutungshinweise. Manche Deutungsbücher liefern hier allenfalls Stichworte. Ein gutes Deutungsbuch führt bei jeder Kombination in einem Abschnitt von zehn, zwanzig oder mehr Zeilen die Standarddeutung an, erwähnt Konkretionsmöglichkeiten auf verschiedenen Erfahrungsebenen – etwa der psychischen, der körperlichen, der sozialen, der spirituellen Ebene – und reichert die Deutungsvorschläge mit Beispielen aus der Praxis, insbesondere natürlich mit Fallbeispielen, an.

Das Geschäft des Deutens ist auch mit einem guten Deutungsbuch keineswegs einfach. Schon von vornherein gilt, daß auch das beste Deutungsbuch die eigene Deutungserfahrung an konkreten Horoskopen, an konkreten Fallbeispielen nicht ersetzt. Man kann einem Deutungsbuch nichts entnehmen, wenn man es nicht auch in eigener Praxis, im eigenen Studium von Horoskopen erarbeitet hat. Umgekehrt kann ein Deutungsbuch für die eigene Praxis da hilfreich sein, wo es einem noch einen weiteren bedenkenswerten Aspekt, ein zusätzliches triftiges Stichwort bei der Bearbeitung dieser oder jener Kombination zu geben vermag. Astrologisches Deuten ist immer das Kombinieren zweier oder mehrerer prinzipieller Bedeutungsumfelder. »Sonne in Stier« heißt für das Geschäft des Deutens, daß das Bedeutungsfeld von »Sonne« und das Bedeutungsfeld von »Stier« miteinander verbunden werden. Der »Stier« symbolisiert Beharrung, Gestaltungskraft, Fülle, Festigkeit; die »Sonne« symbolisiert Körper, Lebenskraft, Lebenskern, Mentalität. In der Kombination »Sonne im Stier« läßt sich sagen, daß die Lebenskraft des Horoskopeigners mit Sonne im Stier aus dem Vollen schöpft, daß seine Mentalität beharrungsorientiert ist, evtl. genußorientiert.

»Mond im Stier« mag heißen, daß Gefühle (Mond) des Horoskopeigners beharrlich und ausdauernd (Stier) gelebt werden, daß er an Gefühlen und Emotionen festhält. Gefühle werden freilich auch intensiv gestaltet; der Horoskopeigner erlebt seine Gefühlswelt wahrscheinlich recht intensiv, recht reich.

Diese Beispiele zeigen, daß das deutende Kombinieren nicht zu festgelegten Aussagen führt, sondern wiederum im Rahmen eines Bedeutungsumfeldes Raum für verschiedene, wenn auch verwandte Deutungen gibt. Der Anfänger in der Astrologie kann das Deuten eigentlich nur erlernen, indem er zunächst ganz ohne Deutungsbuch immer wieder unter verschiedensten Blickwinkeln die prinzipiellen Bedeutungsumfelder der einzelnen Elemente eines jeweiligen astrologischen »Satzes« oder »Bausteins« miteinander verbindet, verknüpft. Und dann muß der Anfänger in der Realität des lebenden Horoskopeigners nach triftigen Indizien für seine Verknüpfungsversuche schauen. In einem zweiten Durchgang werden dann die Deutungsversuche zu den einzelnen Bausteinen zu einer konsistenten Gesamtdeutung zusammengefügt. In der Regel werden schon aufgrund der individuellen Kombinationen thematische Schwerpunkte im Horoskop sichtbar. Um solche Schwerpunkte herum gruppiert sich dann die Gesamtdeutung. Ebenso aber ist es möglich und sinnvoll, am Horoskop bestimmte charakterologische »Standards« zu untersuchen – Partnerschaft, Erotik, Intellekt, Beruf, Gesundheit, psychische Dispositionen usw. – und das besondere persönliche Verhalten auf diesen Lebensfeldern herauszuarbeiten.

Um hier wenigstens eine Ahnung von den Grundlagen und den Schwierigkeiten astrologischen Deutens zu vermitteln, möchte ich nachfolgend einen knappen lexikalischen Überblick über die prinzipiellen Bedeutungsfelder der einzelnen astrologischen Elemente in den verschiedenen »Wortarten« geben. Hier können lediglich Stichworte genannt werden, die den vertiefenden Umgang mit guter Deutungsliteratur nicht ersetzen.

♈ Widder	*Wille, Tatendrang, Führung, Voreiligkeit*
♉ Stier	*Beharrung, Festigung, Gestaltungskraft, Genuß, Fülle*
♊ Zwillinge	*Vielseitigkeit, Beweglichkeit, Kommunikation*
♋ Krebs	*Gefühlsreichtum, Empfänglich-, Anhänglichkeit*
♌ Löwe	*Selbstvertrauen, Repräsentation, Gestaltung*
♍ Jungfrau	*Sorgfalt, Haushaltung, Ordnung, Kritik*
♎ Waage	*Gerechtigkeit, Ausgleich, Harmonie, Gemeinschaft*
♏ Skorpion	*Zähigkeit, Ausdauer, Tiefgang, Leidenschaft*
♐ Schütze	*Verinnerlichung, Idealismus, Großzügigkeit*
♑ Steinbock	*Ausdauer, Realitätssinn, Ehrgeiz, Nüchternheit*
♒ Wassermann	*Unkonventionalität, Reform, Intuition*
♓ Fische	*Einfühlung, Aufopferung, Entgrenzung, Weichheit*

Über diese prinzipienartigen Zuschreibungen hinaus ist der Tierkreis noch nach mehreren regelmäßigen Ordnungsschemata gegliedert. Die Tierkreiszeichen gelten abwechselnd als »männlich« und »weiblich«, als »aktiv« bzw. »rezeptiv«. Dabei ist Widder in diesem Sinn »männlich, aktiv«, Stier »weiblich«, »rezeptiv«, Zwillinge wieder »männlich« usw. Weiterhin sind die Tierkreiszeichen den vier Elementen Feuer, Erde, Luft und Wasser zugeordnet. Feuer verbindet sich mit der Vorstellung des Aktiven, nach außen Drängenden. Die »irdischen« Tierkreiszeichen gelten als realitätsbezogen, »erdverhaftet«. »Luft« wird als das Element der Beweglichkeit, der Kommunikation empfunden, und Wasser schließlich verweist auf das unbewußt Bindende, das Emotionale, auf das kollektive Unbewußte. Ein weiterer Ordnungstyp des Tierkreises bezieht sich auf die Begriffe der Dynamik, der Statik und der Labilität. Als dynamisch-willensorientiert gelten Widder, Krebs, Waage und Steinbock, wobei Widder und Steinbock sich eher im Materiellen auswirken, Krebs und Waage die Dynamik mehr auf der Beziehungs- und Fühlebene zeigen. Statisch-ausgeglichen zeigen sich Stier, Löwe, Skorpion und Wassermann, wobei der Skorpion insgesamt sehr zu den dynamischen Zeichen und der Wassermann andererseits relativ deutlich zu den »labilen« Zeichen tendiert. Diese Zeichen, auch als intellektuelle, verstandes-orientierte Zeichen mit ausgeprägter geistiger Regsamkeit verstanden, sind Zwillinge, Jungfrau, Schütze und Fische.

Insgesamt zeigt sich so die folgende Strukturierung des Tierkreises:

Zeichen	*Polarität*	*Element/ Temperament*	*Seelische Qualität*
♈ Widder	*männlich*	*Feuer*	*dynamisch*
♉ Stier	*weiblich*	*Erde*	*statisch*
♊ Zwillinge	*männlich*	*Luft*	*labil*
♋ Krebs	*weiblich*	*Wasser*	*dynamisch*
♌ Löwe	*männlich*	*Feuer*	*statisch*
♍ Jungfrau	*weiblich*	*Erde*	*labil*
♎ Waage	*männlich*	*Luft*	*dynamisch*
♏ Skorpion	*weiblich*	*Wasser*	*statisch*
♐ Schütze	*männlich*	*Feuer*	*labil*
♑ Steinbock	*weiblich*	*Erde*	*dynamisch*
♒ Wassermann	*männlich*	*Luft*	*statisch*
♓ Fische	*weiblich*	*Wasser*	*labil*

Nun die prinzipienartige Bedeutung der Planeten, einschließlich Sonne, Mond und Mondknoten:

☉	Sonne	*Körper, Lebenskern, Lebenskraft, Mentalität*
☽	Mond	*Frau, Mutter, Gemüt, Emotion, Laune, Veränderung*
☊	Mondknoten	*Verbindungen, Kontakte zu anderen Menschen*
☿	Merkur	*Intellekt, Gedanken, Bewegung, Handel, Kommunikation*
♀	Venus	*Liebe, Eros, Kunst, Anziehung, Wunsch, (junge) Frau*
♂	Mars	*Energie, Wille, Tat, Tatkraft, Mann*
♃	Jupiter	*Glück, Erfolg, Fülle, Güte, Religion*
♄	Saturn	*Hemmung, Trennung, Konzentration, Härte*
♅	Uranus	*Plötzlichkeit, Spannung, Unruhe, Technik, Innovation*
♆	Neptun	*Unklarheit, Täuschung, Einfühlung, Mystik*
♇	Pluto	*Entwicklung, Wandlung, Veränderung unter Druck*

Eine durchaus wichtige Rolle spielen in der astrologischen Deutung zumal die Analogien zwischen Planeten – Sonne und Mond eingeschlossen – und Tierkreis. Die Planeten, sowie Sonne und Mond, sind inhaltlich bestimmten Zeichen zugeordnet, denen sie in ihrer Bedeutung mehr oder minder entsprechen. Jupiter beispielsweise ist dem Zeichen Schütze zugeordnet, beiden ist das Prinzip der Großzügigkeit, der Ganzheit, der Religiosität zugeordnet. Dem Widder entspricht der Mars, Impulsivität, Tatorientierung, Energie sind ihre gemeinsamen Themen. Dabei dürfen solche Zuordnungen einmal mehr nicht als starre Festschreibungen gelten, etwa im Sinn von mathematischen Gleichungen, sondern als Ähnlichkeiten. Insgesamt gilt folgendes Entsprechungsraster:

Zeichen	*Planet*	*Zeichen*	*Planet*
♈ Widder	♂ Mars	♎ Waage	♀ Venus
♉ Stier	♀ Venus	♏ Skorpion	♇ Pluto
♊ Zwillinge	☿ Merkur	♐ Schütze	♃ Jupiter
♋ Krebs	☽ Mond	♑ Steinbock	♄ Saturn
♌ Löwe	☉ Sonne	♒ Wassermann	♅ Uranus
♍ Jungfrau	☿ Merkur	♓ Fische	♆ Neptun

Schließlich noch die Bedeutung der Häuser und speziell der Achsen Aszendent und Medium Coeli:

Achsen

MC	Medium Coeli	*Persönlichkeit, Ego, Selbst, Stellung in der Gesellschaft, Berufsorientierungen*
AS	Aszendent	*Milieu, Prägung, Auftreten, Einflüsse der engsten Umgebung*

Häuser

1. Haus	*Persönlichkeit, Konstitution, Temperament*
2. Haus	*Stoffwechsel, Umgang mit Ressourcen, Erwerb*
3. Haus	*Analyse, Alltag, Verkehr, sachlicher Bezug zur Umwelt*
4. Haus	*Eltern, Familie, Seßhaftigkeit, Lebensende*
5. Haus	*Sexualität, Kreativität, Kinder, Erziehung, Spekulation*
6. Haus	*Arbeit, Dienst, Krankheit, Hygiene*
7. Haus	*Ehe, Partnerschaft, Öffentlichkeit*
8. Haus	*Grenzbereich, Krankheit, Tod, Erbe*
9. Haus	*Philosophie, Bildung, Ausland, Welt-Anschauung*
10. Haus	*Beruf, soziale Stellung, Öffentlichkeit*
11. Haus	*Freundschaft, Partnerschaft*
12. Haus	*Feindschaften, Abgeschiedenheit, Hemmung, Leid*

Auch die Häuser werden in eine Analogie zu den Tierkreiszeichen gestellt. Danach entspricht das erste Haus dem Zeichen Widder, weil es mit Durchsetzung zu tun hat, das zweite Haus dem Zeichen Stier, mit dem es die materielle Orientierung gemeinsam hat, das dritte Haus dem Zeichen Zwillinge, weil hier die Anregung, die Vielseitigkeit, die Kommunikation das Gemeinsame bilden.

Die Aspekte oder Winkel verknüpfen die Planeten, bzw. Sonne, Mond und Mondknoten untereinander bzw. mit den Achsen. Auch hier werden die jeweiligen Bedeutungsprinzipien miteinander verbunden. Dabei gilt die Kombination mit dem Trigon durchweg als harmonisch, als entspannend, während Quadrat und Opposition eher als anspannend und disharmonisch einzuschätzen sind. Halbquadrat und Anderthalbquadrat sind ebenfalls in ihrer Tendenz anspannend, wirken aber von vornherein schwächer. Das gilt auch für das entspannende Sextil. Beim eher schwach wirkenden Quincunx ist zu beobachten, daß die miteinander verknüpften Elemente nur mühsam und letztlich meist erfolglos miteinander gelebt werden können. Die disharmonischen Aspekte wirken oft durch ihre Herausforderung positiv und veranlassen den Horoskopeigner, an der schwierigen Verbindung der jeweiligen Elemente zu arbeiten, so daß letztlich eine sinnvolle Integration der beiden Elemente erreicht wird. Gerade dies aber mißlingt häufig beim Quincunx. – Harmonische Aspekte gelten in aller Regel als »günstig«. Aber oft wird die Entspannung gleichsam als Laschheit und Antriebsschwäche gelebt und erlebt. Die Bewertung der Spannungs- und Entspannungsaspekte in einem einfachen Schema als »ungünstige« und »günstige« Winkel ist somit zu simpel. Die genaue Bedeutung dieses oder jenes Winkels muß im Einzelfall jeweils neu ermittelt werden. In erster Linie entscheiden die durch Aspekte miteinander kombinierten Elemente selbst über die inhaltliche Bedeutung der Kombination und auch über deren Bewertung. Insbesondere gilt dies für die Konjunktion, also den Winkelabstand von 0 bis maximal 7 Grad.

Wir haben damit die »Sprache« der Astrologie und die wichtigen Deutungsprinzipien wenigstens in Grundzügen kennengelernt. Für die Einzelheiten sei auf die im Anhang angeführte Literatur verwiesen. Wir wollen nun zeigen, was Astrologie praktisch tut und kann. Auch hier ist nur eine einführende, aber keine ausschöpfende Behandlung möglich.

Astrologie praktisch

Die Astrologie macht Strukturen und Strebungen sichtbar. Sie konzentriert sich, wie bereits gesagt, auf das »Typische« im Individuum. Sie zeigt unabhängig von vielen tatsächlich erlebten Einzelheiten die zugrundeliegende Form. Aus der Form wird allenfalls der Rückschluß auf wahrscheinliche Konkretionen versucht – in diesem Sinn kommt es für die einzelnen Kombinationen zu »Standarddeutungen«.

Am häufigsten wird der Astrologe konsultiert, wenn nach dem Horoskop eine Charakterstruktur offengelegt werden soll bzw. wenn lebensnahe Probleme eines Individuums am Horoskop reflektiert werden. Partnerschaft, Gesundheit, evtl. noch die Berufsorientierung – das sind sozusagen die Standardprobleme des Ratsuchenden. Hinzu kommt die prognostische Arbeit des Astrologen. Entgegen landläufiger Meinung ist die Prognose jedoch nicht das einzige Geschäft der Astrologie, ja noch nicht einmal das wichtigste. Aber sie ist ohne Zweifel von Bedeutung. Dabei geht es nicht um den wahrsagerischen »Blick in die Zukunft«, sondern weit unprätentiöser um die Abwägung, wann für ein Vorhaben die Zeit reif sei bzw. wann mit welchen Entwicklungen gerechnet und gearbeitet werden sollte.

Wir wollen nun an unserem Beispielshoroskop (18. Mai 1950, 15.50 Uhr Weltzeit, Nürnberg) die genannten vier Felder praktischer astrologischer Arbeit darstellen.

Charakter

Kaum ein Begriff in der Psychologie und der Astrologie ist so unscharf wie der des »Charakters«. Mal bedeutet er »Haltung«, »Mentalität«, mal eher »Eigenheit«, »Besonderheit«; und man belegt mit der Bezeichnung »charakteristisch« alle Merkmale, die man für individuell zu halten geneigt ist. Freilich, dann ist alles, was aus einem individuellen Horoskop gedeutet wird, Teil des »Charakters«, den der Horoskopeigner hat. Im engeren Sinn jedoch fragt die Charakterkunde nach individualtypischen Grundhaltungen, nach Temperament, nach den geistigen Fähigkeiten und Neigungen, nach den Emotionen und Affekten und nach der allgemeinen psychischen Situation des Individuums. »Charakter« in diesem Sinn durchzieht die gesamte Lebensgestaltung des Individuums. Weitere individuelle Merkmale, die strenggenommen natürlich auch zum Charakter gehören, werden meist erst auf speziellen Lebensfeldern sichtbar. An wenigen Beispielen soll nun gezeigt werden, wie der Astrologe zu »Charakteraussagen« kommt.

Der Aszendent gilt als Hinweis darauf, wie ein Individuum sein Umfeld erlebt und gestaltet. Aszendent in unserem Beispiel liegt in Waage: man vermutet hier eine harmonische, gewissermaßen künstlerische Wahrnehmung und, gegebenenfalls, Gestaltung des eigenen Milieus. Im Medium Coeli zeigt sich die Zielrichtung, die Durchsetzungsfähigkeit im Leben. Das Medium Coeli unseres Beispiels liegt im Zeichen Löwe, das auf Größe, Stärke, Selbstsicherheit hindeutet. Man darf einen gewissen Ehrgeiz unterstellen, man darf vermuten, daß die Horoskopeignerin selbstsicher und souverän ihre Ziele vertritt und verwirklicht.

Natürlich ist nicht jeder, der Aszendent in Waage hat, hervorragend künstlerisch befähigt. Ein solcher, zunächst allgemeiner Hinweis muß durch weitere Indizien im Horoskop erhärtet werden. Wir finden Jupiter im 5. Haus. Jupiter steht für Ganzheit, oft auch für künstlerische Befähigungen, und er steht hier im 5. Haus, das der astrologischen Erfahrung nach auf schöpferische, evtl. auch künstlerische Begabungen hindeutet.

Ebensowenig kehren alle Menschen mit einem »Löwe-MC« Ehrgeiz und Selbstsicherheit hervor. Hier wird diese Vermutung erhärtet durch einige weitere Konstellationen: Sonne im Stier deutet auf eine ausdauernde und beharrende Lebenshaltung hin. Das Trigon zwischen Sonne und Mars verweist auf eine positive und teilweise impulsive, vorwärtsdrängende Haltung. Es gilt auch ein Trigon zwischen Merkur und Mars: Auch das Reden, das »intellektuelle Handeln« (Merkur) ist von gelöstem, sicherem (Trigon) Energieeinsatz (Mars) geprägt.

In diesem Sinn kombiniert der Astrologe bei der individuellen Deutung allgemeinere Zuschreibungen, die mit weiteren Konstellationen belegt und erhärtet werden. So wird aus Einzelaussagen, aus an sich nicht schon individuellen Bausteinen nach und nach die Charakterstruktur des Individuums rekonstruiert. Durch die prinzipienartige Bedeutung der Planeten und Zeichen, aber vor allem auch der »Felder« oder »Häuser« können sehr ins Einzelne gehende Aussagen gemacht werden. Sie tragen gleichwohl den Charakter der Form, die zwar individuell ist, aber nicht einfach identisch mit dem Individuum!

Dieses Vorgehen gilt im Prinzip so auch für alle anderen Lebensbereiche und die sich auf diese beziehende astrologische Deutungsarbeit.

Gesundheit

Das Überraschendste an der Astrologie ist für manchen, daß sie eben nicht nur über psychische und gleichsam geistige Strebungen des Individuums Aussagen macht, sondern auch über seine physischen Dispositionen. In der Astrologie erscheint der Mensch als eine leibseelische Einheit. Auf den verschiedenen Erfahrungsebenen dieser Einheit vermag jeweils auch die Astrologie triftige Aussagen zu machen.

Dies gilt somit auch für gesundheitliche, hygienische und damit letztlich auch medizinische Fragen. Allerdings darf die Astrologie keineswegs als medizindiagnostisches Instrument mißverstanden werden. Wenn im Individualhoroskop auch physische bzw. gesundheitliche Anlagen sichtbar werden, so kann aus diesen Anlagen zwar vermutend auf diese oder jene Krankheitsdisposition geschlossen werden, aber dieser Rückschluß reicht nicht an die diagnostischen Möglichkeiten der Medizin heran. Keineswegs ersetzt eine gesundheitsbezogene astrologische Deutung die medizinische Diagnose! Die gesundheitsbezüglichen Anlagen, die das Horoskop sichtbar macht, veranlassen in aller Regel zu vorbeugender Vorsorge. Daß eine physische Disposition zwingend zum Austrag kommen müsse – in Gestalt dieser oder jener Krankheit –, ist ein Irrglaube, dem freilich mancher »Verbraucher« anhängt, der den Astrologen wegen »Liebe, Finanzen und Gesundheit« befragt. Zweifellos wird solcher Irrglaube auch von manchem unseriösen Astrologen gefördert.

Auf eine einzige Disposition sei hier in unserem Beispielshoroskop näher eingegangen. Das 8. Haus hat, der Überlieferung zufolge, auch mit Krankheit zu tun (in dem Sinn, daß man im 8. Haus gewissermaßen seine physischen Grenzen erfährt). Im 12. Haus erleben wir die Gesellschaft als Problem, als uns feindlich gesonnen usw. – oder aber erfahren unsere eigene Distanz und Abwehr gegenüber der Gesellschaft. In unserem Beispiel finden wir Mond im 8. Haus, Neptun im 12. Haus. Neptun verweist auf das Unklare, verweist auch auf veränderte Bewußtseinszustände, auf Bewußtseinstrübungen. Bei Alkohol- und Drogenmißbrauch steht Neptun nicht selten markant und disharmonisch. Die Position von Neptun im 12. Haus legt an sich schon die Gefahr eines Alkohol- oder Drogenmißbrauchs nahe: Die eigene Abkehr bzw. Abwehr von Gesellschaft, von Normen usw. wird auf dem Weg der »Bewußtseinstrübung« realisiert. Mond im 8. Haus mag nun darauf hindeuten, daß Gefühle und Emotionen (Mond) bis an die Grenzen (8. Haus) ausgekostet werden oder aber bis an Grenzen führen, d.h. als extrem erlebt werden. Hier liegt die Vermutung der seelischen Labilität auf der Hand – und seelische Labilität mag die Gefahr eines Drogen- oder Alkoholmißbrauchs noch verstärken. Zusätzlich verstärkend wirkt aber auch, daß Mond und Neptun direkt durch ein Trigon miteinander verknüpft sind. Wiederum kommt der Astrologe zu einer individuellen Gesamtaussage, indem er verschiedene »Baustein-Aussagen« miteinander verbindet, indem er bestimmte inhaltliche Verweise durch weitere einschlägige Verweise erhärtet.

Partnerschaft

Die Astrologie deutet das individuelle Horoskop auch im Blick auf die Partnerfähigkeit des Horoskopeigners. Die individuellen Wünsche an einen möglichen Partner können herausgearbeitet werden, ebenso die erotischen Dispositionen und Strebungen. Eine Partnerschaft kann aber auch konkret durch direkten Horoskopvergleich gedeutet und eingeschätzt werden. Nach bestimmten Regeln werden die Horoskope der beiden Partner aufeinander bezogen. Diese Bezugsetzung macht Nähe und Distanz, harmonische und disharmonische Verhaltensweisen der beiden Partner zueinander sichtbar; damit eine Partnerschaft halten kann, müssen auch im Verhältnis der beiden Partnerhoroskope bestimmte Voraussetzungen gegeben sein. Diese lassen sich im astrologischen Partnervergleich technisch ermitteln.

Wir wollen an unserem Beispielshoroskop zunächst individuell hinsichtlich der Partnerschaftsfähigkeit der Horoskopeignerin deuten. Anschließend soll ein Konstellations-Beispiel aus dem direkten astrologischen Partnervergleich erörtert werden.

Im Blick auf das Verhalten in einer Partnerschaft interessiert in der Regel die grundsätzliche Bindungsfähigkeit eines Individuums. Hier achtet der Astrologe zunächst auf das 7. Haus, das in der Tradition geradezu als »Haus der Ehe« bezeichnet wird, aber auch auf das 11. Haus (das »Haus der Freunde« oder, allgemeiner, das Haus der Mitmenschen, der verschiedenen »Partner«).

Unsere Horoskopeignerin zeigt keine Position im 7. Haus. Dessen »Spitze« freilich liegt im Zeichen Widder: Die Beziehung zum Gegenüber wird aktiv (Widder) gesucht. Mars, der »Herrscher« von Widder, steht dabei im 11. Haus. Die Aktivität (Mars) bezieht sich insgesamt auf Freunde, auf Mitmenschen. Nun kann eine solche Aktivität ja auch ein Strohfeuer sein. In unserem Fall verweist Saturn, ebenfalls im 11. Haus, darauf, daß die aktive Bindungsbereitschaft gepaart ist mit Beharrung, mit Ausdauer, mit Konzentration, mit »Treue«. Die Horoskopeignerin sucht aktiv Bindung und Beziehung; aber es soll sich dabei auch um feste, dauerhafte Bindung handeln! Eine ganz andere Konstellation unterstreicht dies übrigens, nämlich das Trigon von Mondknoten zum Medium Coeli. Kontakte, Bindungen allgemeiner Art (Mondknoten) werden harmonisch (Trigon) erlebt und gestaltet (Medium Coeli).

Im astrologischen Partnervergleich werden nun technisch die Horoskope zweier Partner »übereinandergelegt«. So wird sichtbar, welche Elemente aus dem einen Horoskop mit welchen Elementen aus dem anderen Horoskop »Aspekte« bilden bzw. welche Elemente aus dem einen Horoskop in welche Häuser aus dem anderen Horoskop fallen. Diese wechselseitigen Beziehungen, die ja wiederum astrologische »Sätze« formen, werden gedeutet – aber auf der Folie einer bestehenden (bzw. unterstellten) Partnerschaft.

Wir betrachten ein weiteres Horoskop, nämlich von einem Lebenspartner jener Horoskopeignerin, die uns hier als Beispiel dient. Der Partner ist geboren am 5. Januar 1952 um 17.00 Uhr Weltzeit in München (11.34 Grad östl. Länge, 48.08 Grad nördliche Breite):

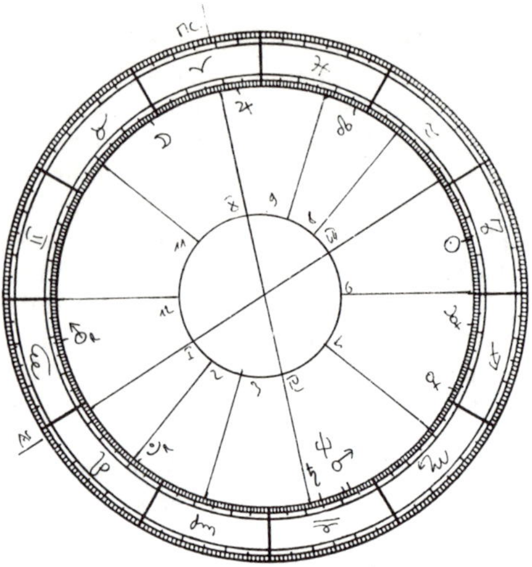

Abb. 3: Männl. Geburt, 5. 1. 1992, 17.00 Weltzeit, München

Bei einem seriösen Partnervergleich analysiert der Astrologe zunächst bei jedem der Partner dessen grundsätzliche Fähigkeiten und Haltungen bzw. Fehlhaltungen im Blick auf Partnerschaft. Erst auf diesem Hintergrund sollte der direkte Vergleich, wie eben beschrieben, vorgenommen werden.

Wir wollen hier nur zwei Vergleichskonstellationen betrachten und uns dabei den Deutungsweg zum »Partnervergleich« klar machen. – Wir sehen, daß das Medium Coeli des männlichen Partners (im Zeichen Widder) nahe bei der Venus der Frau steht. Die erotischen Wünsche aus dem weiblichen Horoskop (Venus), die übrigens nicht ganz schwach sind (Venus im aktiven Zeichen Widder), kommen beim männlichen Partner sozusagen sehr persönlich »an«. Das Medium Coeli ist ja ein ausgesprochen individueller Punkt.

Beim Horoskopvergleich zweier Lebenspartner erwartet man im allgemeinen, daß Punkte wie Sonne, Mond, Mondknoten, Venus, evtl. auch noch Mars aus dem einen Horoskop eine Konjunktion oder Opposition zu den Achsen (Aszendent, Medium Coeli) des Partnerhoroskops bilden. Jeweils ein bis zwei solcher Beziehungen sollten wechselseitig vorliegen, wenn eine Partnerschaft auf Dauer angelegt ist. Die Persönlichkeit eines Menschen, die astrologisch durch die Achsen insbesondere manifestiert ist, sollte durch wichtige Elemente aus dem Horoskop des Partners direkt angesprochen sein.

Im Vergleich sehen wir freilich auch, daß Venus aus dem weiblichen Horoskop in Opposition zum Saturn aus dem männlichen Horoskop steht. Diese Konstellation verweist auf Schwierigkeiten der Partnerbeziehung. Die Wünsche des »Venus-Partners«, also hier der Frau, werden vom »Saturn-Partner« unter Umständen nicht wahrgenommen oder aber nicht berücksichtigt. Gegenseitige Zuneigung kann gegebenenfalls bald abkühlen.

Wiederum wird hier Baustein für Baustein eine individuelle Aussage zum Charakter einer Beziehung aufgebaut. Um die wechselseitige Venus-Saturn-Opposition recht zu bewerten, muß der Astrologe natürlich nach weiteren einschlägigen Problemkonstellationen Ausschau halten. Neptun aus dem männlichen Horoskop am Aszendenten des weiblichen Horoskops könnte eine derartige Problemstellung sein: Der männliche Partner verwirrt (Neptun) den anderen, irritiert ihn, versagt sich ihm (Saturn Opposition Venus). So könnte eine Gesamtaussage aus den beiden Konstellationen lauten.

In einer Gesamtcharakteristik einer Partnerschaft muß der Astrologe die Bindungskonstellationen und die »Konfliktkonstellationen« gegeneinander abwägen. Nicht selten wird der Astrologe konsultiert, wenn es eine noch sehr neue Partnerschaft zu bewerten gilt. Dann kommt eine besondere Verantwortung auf den Astrologen zu. Nicht zuletzt muß der Astrologe für sich entscheiden, ob er eine »schwierige« Partnerschaft »geschehen« lassen soll oder ob er warnend eingreift. Das kann nur von Fall zu Fall geklärt werden.

Prognose

Die klassische Astrologie kennt mehrere Prognosetechniken. Grundlage aller astrologischen Prognosetechniken sind jeweils für einen kürzeren oder längeren Zeitraum »aktuelle Konstellationen«, die mit den Gegebenheiten des Geburtshoroskops in Beziehung gesetzt werden. Zwar ist es möglich, auch aus den jeweils aktuellen und künftigen Planetenkonstellationen als solchen prognostische Einschätzungen zu geben, die sogenannte »mundane«, d.h. auf die Welt, die gesamte Erde bezogene Prognose. Doch sind derartige Mundanprognosen schwierig (weil eben ein individuelles Bezugshoroskop fehlt). Und selbst wenn eine richtige Tendenz erahnt wird, so trägt eine Mundanprognose konkret und für eine bestimmte Weltgegend, einen Staat, eine Region usw. unter Umständen wenig bis nichts aus. Die immer wieder auch von sich selbst ernst nehmenden Astrologen aufgrund »kosmischer Verspannungen« prognostizierten Weltuntergänge, zuletzt noch am 6./7. April 1993, zeigen etwas von der Schwierigkeit und von der weitgehenden Vergeblichkeit solcher Prognoseversuche. Die Welt, obwohl keineswegs in einer aussichtsreichen Globallage, bleibt regelmäßig auch ungeachtet von Untergangsprognosen erhalten, und auch die prognostizierenden Astrologen sind ohne weiteres bereit, auch über ein kritisches Datum hinaus Klienten anzunehmen und Termine zu machen. Die Verheißung Gottes nach der Sintflut, daß Er nicht noch einmal die Erde um der Menschen willen verfluchen wolle und daß, solange die Erde stehe, der geregelte Wechsel im Jahreslauf nicht aufhören solle (1. Moses 8, 21–22), ist eine weitere Anfrage an derartige Prognosen.

Für unsere Darstellung wollen wir lediglich die einfachste Prognosetechnik heranziehen. Sie ist freilich auch die bekannteste. Viele Astrologen kommen mit ihr allein aus. Es handelt sich um die »Transite«. Für ein bestimmtes Prognosedatum oder einen Prognosezeitraum werden die aktuellen Stände von Sonne, Mond, Mondknoten und Planeten ermittelt und zusätzlich in das untersuchte Geburtshoroskop eingetragen. Die »laufenden« Planeten (sowie Sonne, Mond und Mondknoten) halten sich nun in bestimmten Häusern des Geburtshoroskops auf, bilden bestimmte Aspekte zu den Planetenörtern im Geburtshoroskop und »lösen« so entsprechende, einschlägige Stimmungs- und Ereignisbildungen bzw. mittel- und längerfristige Entwicklungen aus.

Dabei haben die einzelnen Faktoren des Horoskops je nach Entfernung von der Sonne sehr unterschiedliche Umlaufzeiten. Sie wandern entsprechend schnell oder langsam durch den Tierkreis bzw. durch die Häuser eines Individualhoroskops. Entsprechend unterschiedlich ist ihre veranschlagte »Wirkungsdauer« und ihre Bedeutung, ihr »Gewicht« in einer Prognose.

Der Mond mit seiner Umlaufbahn um die Erde durchquert einmal im »Monat« den kompletten Tierkreis. Er hält sich etwa zweieinhalb Tage in einem Tierkreiszeichen bzw. Horoskopfeld auf. Die Dauer exakter Winkelbildungen des laufenden Mondes mit den als feststehend gedachten Positionen des Geburtshoroskops mißt sich nach Stunden. Entsprechend »schwach« wird die Wirkung des Mondes in der Prognose veranschlagt. Gleichwohl wird häufig beobachtet, daß der laufende Mond am Tag eines für einen Geborenen wichtigen Ereignisses durch dasjenige Haus läuft, das inhaltlich mit dem Ereignis zu tun hat – also beispielsweise durch das 7. Haus (Partnerschaft, Ehe) oder das 11. Haus (Freundschaft, Gemeinschaft), wenn eine mehr als nur flüchtige Bekanntschaft oder Freundschaft beginnt usw. Freilich läßt sich diese Beobachtung praktisch nur im nachhinein triftig so machen; in einer freien Prognose nach »vorn« ist der Mondstellung nur schwer ein Verweis auf eine ganz bestimmte Ereignis- oder Stimmungsbildung zu entnehmen. Zeitgleich müßten dann noch andere »einschlägige« Transite gelten.

Nehmen wir im Unterschied zum »schnellen« Mondumlauf den Umlauf des Saturn. Er braucht für seinen Gang durch den ganzen Tierkreis etwa 29½ Jahre. Somit bleibt er in einem Tierkreiszeichen etwas weniger als 2½ Jahre und entsprechend in einem Haus etwa 2–3 Jahre. Beim Transit des Saturn unterstellen die Astrologen eine sehr starke Wirkung. Meist bringt Saturn das mit dem »transitierten« Faktor des Geburtshoroskops verbundene inhaltliche Thema deutlich und zugleich unter seinen problematischen und hemmenden Aspekten ins aktuelle Bewußtsein. Saturn im Gang durch das 5. Haus etwa konzentriert Bewußtsein und Perspektivik des Horoskopeigners auf biologisch-reproduktive bzw. kreative Belange. Nachkommenschaft, Familienvergrößerung, aber auch pädagogische Aufgaben im weiteren Sinn werden in der Zeit, da Saturn durch das 5. Haus geht, für den Horoskopeigner bedeutsam. Der laufende Saturn in einem »großen« Aspekt (Konjunktion, Opposition, Quadrat, Trigon) zum Mars-Ort im Geburtshoroskop setzt starke, mitunter auch schädigende Energie (Mars) frei. Ein solcher Transit ist oft zeitgleich mit starken Anstrengungen, die manchmal auch zu stark und damit wiederum schädigend sein können.

Eine wichtige Frage ist, wie lange Transit-Konstellationen »wirken«. Durchschnittliche Erfahrungswerte besagen, daß ein Transit durch ein gegebenes Horoskophaus bereits dann anfängt zu wirken, wenn der transitierende Planet etwa 5 Grad vor der Spitze des betreffenden Hauses steht und dann in das neue Haus übergeht. Die einschlägige Wirkung entfaltet sich besonders stark in der ersten Hälfte des betreffenden Hauses. Ein Transit zu einem Aspekt von einem Horoskopelement beginnt etwa ein bis anderthalb Grad vor der exakten Fälligkeit zu wirken, d.h. bevor der durch den transitierenden Planeten gebildete Winkel exakt ist. Er wirkt bis etwa ein, anderthalb Grad auch nach der exakten Fälligkeit. Die »Orben«, mit denen wir bei den Winkelbildungen im Geburtshoroskop gearbeitet haben, die »Spielräume«, werden bei der Transitbeobachtung also in Zeit übersetzt. Der Transit eines schnell laufenden Planeten mag so nur einige Tage wirken, der Transit eines Langsamläufers wie Jupiter, Saturn und die noch weiter von der Sonne entfernten Planeten kann mehrere Wochen oder Monate bestimmend sein. Die Transite der langsamen, sonnenfernen Planeten durch das Geburtshoroskop bilden damit den langsamer sich wandelnden Hintergrund der jeweiligen Lebensgeschichte. Die Transite der schneller laufenden, sonnennahen Planeten beziehen sich auf den markanteren, häufig auch in kurzen Abschnitten sich vollziehenden Wechsel vor diesem Hintergrund.

Betrachten wir ein bestimmtes Lebensdatum in unserem Beispielshoroskop. Hierzu zeigt die folgende Abbildung noch einmal das Beispielshoroskop selbst (18.5.1950, 15.50 Uhr Weltzeit, Nürnberg). Außen auf dem Tierkreisring sind die Positionen der laufenden Planeten für den 22. Mai 1981 eingetragen. Die Planeten wandern pro Tag nur eine geringfügige Strecke. Auch die »Schnell-Läufer« wie Merkur und Venus bewegen sich pro Tag nur ein bis zwei Grad weit. Eine Ausnahme bildet der Mond. Er durchwandert, wie gesagt, ein Tierkreiszeichen in etwa zweieinhalb Tagen. Also sind das täglich rund 12–15 Grad! Am 22. Mai 1981 bewegt er sich von etwa 4 Grad bis 16 Grad Steinbock, was in unserer Abbildung entsprechend durch eine Linie gekennzeichnet ist.

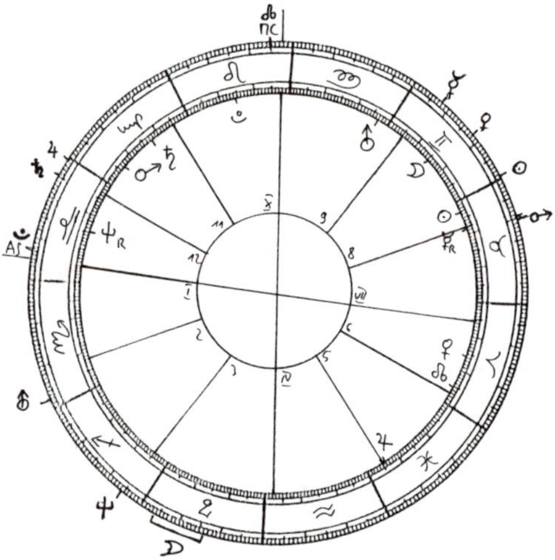

Abb. 4: Weibl. Geburt, 18.5.1952, 15.50 Weltzeit, Nürnberg. Außen: Transite, 22. Mai 1981

Der Ereignistag 22. Mai ist einige Tage nach dem Geburtstag der Horoskopeignerin. Die »laufende« Sonne ist deshalb nur um wenige Grade von der Geburtssonne entfernt. Wir finden relativ deutlich das 8. Haus von Transiten betroffen – laufender Mars an dessen Spitze, Sonne und Venus im 8. Haus, weiterhin das 12.

Haus (laufender Jupiter an der Spitze, Saturn im 12. Haus), ebenso das 3. Haus (laufender Mond und laufender Neptun).

Wer genau hinschaut, kann einige Winkelbildungen der transitierenden, der laufenden Planeten, zu den Positionen des Geburtshoroskops ausmachen, wobei natürlich der zulässige Spielraum – etwa eineinhalb Grad zu beiden Seiten um den exakten Winkel herum – mit zu beachten ist: laufender Mond am Ereignistag Quadrat Venus, Quadrat Neptun, Trigon Staurn; laufende Venus Konjunktion Mond, Quadrat Saturn; laufender Neptun Quadrat Mars.

Es läßt sich für den aktuellen Lebenshintergrund, für dessen Ausdeutung wir vorwiegend die »Langsamläufer« ab Jupiter, Saturn usw. heranziehen, folgende Interpretation bzw. »Prognose« (das Datum gehört ja bereits der Vergangenheit an) geben: Seit längerem sind Bindungen und Kontakte von großer persönlicher Bedeutung. Sie definieren zu einem Gutteil die eigene Darstellung in der Öffentlichkeit, haben wahrscheinlich auch berufsbezogene Bedeutung (laufender Mondknoten – Mondknoten-t (= Mondknoten-transit) im 10. Haus). Der berufliche Bezug dürfte sich nicht zuletzt in einer veränderten, womöglich derzeit angespannten finanziellen Lage zeigen (Uranus-t in 2, Opposition Sonne); gerade hier sind offenbar auch (neue) Verbindungen wichtig. Dabei erscheint die persönliche Lebenssituation insgesamt nicht sonderlich einfach. Die Geborene muß sich persönlich zurücknehmen, womöglich unterordnen, sie kann nur mehr im Verborgenen wirken, muß evtl. auch bislang wichtige berufliche und persönliche Tätigkeitsfelder aufgeben und Muße und Kraft für neue Bereiche sammeln (Jupiter-t und Saturn-t in 12). Die Gestaltung des täglichen Lebens wird nach und nach auf eine neue Basis gestellt, eine Basis, die weniger fest, weniger sicher ist als zuvor. Ungewißheiten und Risiken dürften vermehrt eine Rolle spielen (Neptun-t in 3). Um den Ereignistag herum spielen existentiell wichtige Entwicklungen eine Rolle, die Grenzbereiche des Lebens werden berührt; evtl. ist auch eine erotisch gefärbte Angelegenheit von größerer Bedeutung (Besetzung des 8. Hauses). Allgemein ist der Start zu einer recht weitgehenden Veränderung des gesamten Lebensgefüges angezeigt (Pluto Spitze 1. Haus).

Eine solch »offene« Prognose beschreibt zunächst weit eher die Bildung und Entfaltung gewisser Rahmenbedingungen, beschreibt innere Stimmungsbildungen. Es geht gar nicht um die Voraussage bestimmter, konkreter Ereignisse. »Ereignisse« sind im Rückschluß von den prognostizierbaren und prognostizierten »Rahmenbedingungen« her lediglich im Ton der Wahrscheinlichkeit vorhersagbar.

Die »Schnell-Läufer« am und um den Ereignistag selbst verweisen auf die folgende Deutung der aktuellen Situation: Geht es schon insgesamt um Kontakte und Bindungen im persönlichen und beruflichen Bereich, gerade auch solche, die langfristig und fest sein sollen (Mondknoten-t in 10, Trigon Mondknoten, Saturn-t Opposition Mondknoten), so zeigt sich am Ereignistag selbst das Bindungs- und Beziehungsthema besonders markant. Viel Gefühl und sogar Zärtlichkeit, Zuneigung spielen eine Rolle (Venus-t Konjunktion Mond, Mond-t Quadrat Venus, Quadrat-Neptun). Die Gefühle, so stark und »überflutend« sie wohl sind, werden aber dennoch geordnet und ein Stück weit gezügelt (Mond-t Trigon Saturn, Venus-t Quadrat Saturn) und in eine (äußere) Form gebracht. Dies freilich geschieht auf dem Hintergrund mancher Spannung und Auseinandersetzung (Mars-t Konjunktion Merkur, Saturn-t Quadrat Uranus, Uranus-t Opposition Sonne), die bei der Geborenen nicht zuletzt Verwirrung und Hilflosigkeit erzeugen (Neptun-t Quadrat Mars).

Was konkret am Ereignistag geschah: Die Geborene ging inmitten einer Zeit größerer beruflicher Umorientierungen eine Ehe ein. Die Ehe wird als spannungsreich erlebt, hält aber: Nähe und Distanz bleiben im Gleichgewicht. Für beide Partner ist es die zweite Ehe. Der oben beschriebene Partner (geboren am 5. 1. 1952) ist der Partner einer ersten, beendeten Ehe.

Mit diesen Beispielen soll die Darstellung der Grundlagen und der Praxis der Astrologie abgeschlossen werden. Einige weitere praktische Anwendungen der Astrologie seien aber wenigstens erwähnt. Häufig wird der Astrologe konsultiert für die prognostische Einschätzung konkreter Vorhaben. Eine diesbezügliche Prognose ist dann nicht in dem oben gedachten Sinn »offen«. Das Vorhaben, das gewünschte bzw. geplante »Ereignis« ist bekannt, und der Astrologe soll aufgrund aktueller Konstellationen eine Tendenz in bezug auf Gelingen oder Scheitern, auf glatte oder hemmnisreiche Verwirklichung usw. angeben. Dicht bei dieser Art der von vornherein sachgebundenen Prognose sind Entscheidungsfragen angesiedelt, für die der Astrologe ebenfalls häufig konsultiert wird. Ein mögliches Vorhaben wird genannt, der Astrologe soll dann aufgrund der aktuellen Konstellationen im Individualhoroskop entscheiden, ob die Verwirklichung des Vorhabens sinnvoll ist oder nicht. Bei diesen sachgebundenen Prognosen kann der astrologische Rat selbstverständlich immer »nur« Entscheidungshilfe sein. Die Entscheidung muß der Klient letztlich selbst treffen. Oft genug wird der Astrologe als »Bratenwender des Schicksals« (H. Heine) mißverstanden, der dem Klienten alle Mühe abnimmt und womöglich noch vorher gemachte Fehler ausgleicht. Die Haupttätigkeit des Astrologen besteht aber zuerst darin, Strukturen und Strebungen sichtbar zu machen. Dies wurde nun schon mehrfach betont. In der Prognose macht der Astrologe gemeinsam mit dem Ratsuchenden dessen aktuelle Strukturen sichtbar, versucht letztlich gemeinsam mit dem Klienten die sinnvollste Perspektive, die sinnvollste Entscheidung herauszuarbeiten, welche inhaltlich in die sichtbar gemachten Strukturen sich einfügt.

Eine wichtige Anwendung der Astrologie ist noch die sogenannte Geburtszeitkorrektur. Nicht selten ist einem Klienten die eigene Geburtszeit nur ungefähr, beispielsweise innerhalb eines Spielraums von einer Stunde bekannt. Damit aber ist die genaue Position der Achsen Medium Coeli und Aszendent und des ganzen Systems der 12 Häuser im individuellen Horoskop unbekannt. So kommen unter Umständen verschiedene Varianten – Sonne im 8. Haus oder im 9. Haus usw. – von Kombinationen in Frage. Insbesondere die möglichen Winkelbildungen zu den Achsen bleiben ungeklärt. Die Geburtszeitkorrektur nun geht davon aus, daß das individuelle Horoskop als Strukturbild nicht nur eine Art Psychogramm ist, eben ein »Charakterbild«, sondern auch ein Rhythmogramm.

Die wichtigen Entwicklungs- und Ereignispunkte einer Biographie sind im Horoskop gleichsam implizit markiert und können mit Hilfe prognostischer Techniken sichtbar gemacht werdne. Hat man nun aber das richtige Horoskop nicht bzw. nur ungefähr, so kann man von real geschehenen Ereignissen in Umkehrung der prognostischen Techniken rückschließen auf das korrekte Horoskop und damit auf die richtige Geburtszeit.

Astrologie in der Beratung

Beratende und gutachterliche Tätigkeit machen den überwiegenden Anteil in der Arbeit des praktischen Astrologen aus.

Die Angebotsliste eines hauptberuflichen Astrologen mag etwa so aussehen:

1. Horoskopberechnung und Horoskopzeichnung
2. Überprüfung bzw. Korrektur bei nicht oder nur ungenau bekannter Geburtszeit
3. Ausführliche Charakter- und Lebensanalyse
   schriftlich / mündlich
4. Jahresprognose
   schriftlich / mündlich

5. Charakter-Kurzanalyse
   schriftlich / mündlich
6. Partnerschaftsanalyse
   schriftlich / mündlich
7. Kurzgutachten zu Einzelfragen

Daneben mag es auf einer derartigen Angebotsliste noch den Hinweis auf die Möglichkeit fernmündlicher Beratung nach vorheriger Terminvereinbarung geben, evtl. noch den Hinweis, daß die Beratung nach individuellen Problemstellungen und Wünschen vorgenommen wird.

Nicht alle Astrologen bieten schriftliche Gutachten an. Zumal lebenskundlich-therapeutisch orientierte Astrologen offerieren lediglich mündliche Beratung.

Ein astrologisches Gutachten vermerkt üblicherweise die mitgeteilten Horoskopdaten, evtl. weitere Daten (Ereignis- und Entwicklungsdaten, sonstige Informationen) und geht dann anhand der ermittelten astrologischen Konstellationen auf die Problemstellung ein. In manchen Gutachten werden die astrologischen Konstellationen selbst noch aufgeführt. Dies macht Sinn bei Klienten, die selbst einen gewissen Einblick in die Technik der Astrologie haben. Ansonsten genügt es, eine Horoskopzeichnung anzufertigen und dem Gutachten beizugeben, nebst einer Informationshilfe, die die in der Zeichnung vorfindlichen Symbole »übersetzt«. Von einem Gutachten erwartet man Sachlichkeit und Ehrlichkeit. Wo der Astrologe eine präzise, eindeutige Aussage für vertretbar hält, sollte er sie auch so formulieren. Wo der Astrologe sich einer eindeutigen Interpretation nicht gewiß sein kann, sollte er die verschiedenen Deutungsmöglichkeiten und -wahrscheinlichkeiten nennen und auch seine Abwägungsprobleme offenlegen. Immer jedoch sollte deutlich gemacht werden, daß der Astrologe eine Struktur zu beschreiben versucht, die zwar sehr individuell ist, die aber nicht einfach identisch ist mit dem Individuum.

Leider neigen viele Astrologen dazu, unter möglichst allen Umständen recht behalten zu wollen. Deswegen werden auch präzise Aussagen – für den Fall, daß sie eben doch unzutreffend sind – allzu oft mit den adverbialen Umstandsbestimmungen sprachlichen Gewundenseins »verziert«: wahrscheinlich, vielleicht, möglicherweise usw. Hierher gehört auch der verschwenderische Gebrauch des Konjunktivs, des Irrealis in astrologischen Gutachten. Die notwendige Arbeit des Abwägens wird so auf unzulässige Weise an Stil und Sprache delegiert, statt daß sie entscheidungsorientiert wirklich erfüllt wird. Und weil diese Arbeit oft nicht oder nur unzureichend geleistet wird, sind Astrologen gegebenenfalls fein heraus. Da sie es vermieden haben, sich festzulegen, können sie sich herausreden und behalten somit recht.

Dieser Trick gereicht den Astrologen, die sich seiner bedienen, nicht zur Ehre. Meist erwartet ein Klient eindeutige Einschätzungen. Der Astrologe sollte, um diese Erwartung zu erfüllen, keineswegs simplifizieren, aber doch in klarer Sprache reden. Sachlichkeit, Ehrlichkeit – und Klarheit und Schnörkellosigkeit in den Formulierungen: das sind die Kennzeichen eines astrologischen Gutachtens, das Seriosität beanspruchen möchte.

In fast jedem astrologischen Gutachten müssen auch schwierige Dinge angesprochen werden. Gerade auch bei problematischen Charaktereigenschaften, bei wenig angenehmen Prognosen sollte der gutachtende Astrologe klar und eindeutig reden und schreiben. Das aber bedeutet zugleich, daß der Astrologe aus dem Horoskop auch Lösungsmöglichkeiten, Kompensationsmöglichkeiten usw. erarbeitet und im Gutachten vorschlägt. Beides hängt zusammen: die klare, eindeutige Einschätzung und die pädagogische und therapeutische Arbeit des Lösungsangebots. Wer grundsätzlich im Uneindeutigen und Unpräzisen verbleibt und letztlich alles für möglich hält – oder wenigstens den Eindruck erweckt, daß alle Möglichkeiten offen seien –, der braucht sich von vornherein nicht um die tatsächliche Befindlichkeit des Ratsuchenden zu kümmern und läßt ihn mit den etwa real aufkommenden Problemen allein. Wer die Probleme präzise benennt und seine Arbeit in diesem Zusammenhang ernst nimmt, macht sich auch Gedanken um Lösungen.

Daß der Astrologe Strukturen, gewissermaßen Formen beschreibt, wurde schon mehrfach betont. Dennoch deutet und gutachtet er für einen Klienten, der existentiell in diese oder jene gedeutete Struktur eingebunden ist. Insofern übernimmt der Astrologe Verantwortung und Fürsorge für den Klienten und macht sich zugleich mit den realen Befindlichkeiten seines Klienten vertraut. Denn aus diesen Befindlichkeiten resultieren ja die Fragen an die »eigene« horoskopische Struktur. Lösungsvorschläge haben wiederum zu tun mit dem Klienten und seiner Befindlichkeit. Sie müssen real und realistisch sein. Sie haben, ganz streng genommen, nur mehr wenig mit Astrologie zu tun. Aber sie haben viel mit der astrologischen Praxis zu tun. Schon deshalb braucht der Astrologe nicht nur hervorragendes Fachwissen, sondern auch eine gute und aktuelle Allgemeinbildung. Dazu gehören insbesondere sozialpolitische, sozialpädagogische und nicht zuletzt juristische Grundkenntnisse.

Damit sind die wesentlichen Kriterien für ein seriöses astrologisches Gutachten benannt. Die Einzelheiten des Aufbaus von Gutachten, die ganze »Gutachtentechnik«, mit deren Hilfe man astrologische Einzelaussagen zu sinnvoller Synthese bringt, müssen wir hier nicht erörtern. Hierzu gibt es einige Arbeitshilfen.[1] Letztlich muß auch jeder Astrologe, der Gutachten anbietet, seine eigene Form finden.

Ein Großteil astrologischer Gutachten wird »blind« erstellt, d.h. der Astrologe kennt den Klienten, für den er ein Gutachten anfertigt, nicht persönlich. Der normale Erstkontakt des Klienten mit dem Astrologen geschieht per Telefon. Das, was der Astrologe außer den »Daten« vom Klienten erfährt, beschränkt sich auf die Informationen, die im Rahmen eines oder vielleicht zweier Telefonate gegeben werden. Viele Astrologen lehnen die Erstellung von »Blindgutachten« ab und verlangen schon für den Erstkontakt die persönliche Begegnung, mit dem vernünftig klingenden Argument, daß in keinem Modell der Lebensberatung Ferndiagnosen seriös möglich und sinnvoll seien.

Ich halte diese Einstellung dennoch für unangemessen und gewissermaßen weltfremd. Vorweg: Der persönliche Kontakt liefert selbstverständlich von vornherein ein Mehr an Informationen und Eindrücken, die fruchtbar für jede Art der Beratung eingesetzt werden können. Persönlicher Kontakt zwischen Astrologe und Klient ist immer sinnvoll und für beide Seiten von sachlichem Vorteil. Andererseits ist die Astrologie ein Mittel der Diagnose von Strukturen, die technisch aufgrund bestimmter »Daten« (Geburtsdatum, Geburtsort, Geburtsminute) bzw. aufgrund bestimmter prognostischer Techniken erarbeitet werden. Ein geschulter Astrologe muß in der Lage sein – korrekte »Daten« vorausgesetzt –, die in einem telefonischen Kontakt genannten grundsätzlichen und aktuellen Fragen und Probleme eines Klienten in dessen horoskopischer Struktur wiederzuerkennen und entsprechend einzuschätzen. Dies setzt natürlich auch voraus, daß der Klient wahrheitsgemäß und nicht allzu knapp informiert hat. Aber umgekehrt darf man auch von einem kundigen Berater erwarten, daß er beim Klienten nachfragt, solange eine Problemstellung nicht klar ist. Wenn überhaupt etwas an der astrologischen Grundannahme der Entsprechungen zwischen Mensch und Kosmos dran ist, dann muß dies unabhängig von persönlichen Begegnungen gelten. Dann aber sind auch »Blindhoroskope« von individuellem diagnostischem Wert.

Weltfremd ist die unbedingte Forderung schon eines persönlichen Erstkontaktes insofern, als sie kaum die eingebürgerten Kommunikationsstrukturen berücksichtigt. Ein Großteil von

Kontakten und Beratungen wird inzwischen telefonisch, schriftlich, neuerdings auch per Fax abgewickelt. Gerade weil die Astrologie aufgrund ihrer prinzipiellen Hypothesen die Möglichkeit der Ferndiagnose einschließt, eignet sie sich von vornherein gut für moderne Kommunikationsstrukturen, in denen Telefon bzw. Fax oder Briefpost bevorzugte Medien sind. Selbstverständlich wird ein Arzt eine telefonische Diagnose abhlehnen; ohne eine Untersuchung am Körper des Individuums kommt er nicht aus. Schon in der psychologischen Beratung kann und darf es auch anders aussehen; man denke an die vielfältigen Formen der Telefonseelsorge. Die Astrologie arbeitet in dieser Hinsicht durchaus ähnlich. Und die astrologischen Beratung ist keine sozialfürsorgerische Beratung, bei der – häufig aus latenten oder offenen Motiven der sozialen Disziplinierung – die persönliche Anwesenheit der Klienten gefordert wird.

Ideal ist, wenn ein beratender Astrologe sowohl die (blind-) gutachterliche wie die persönliche Beratung anbietet und die Beratungsform – schriftlich oder telefonisch oder eben persönlich – auch von den Wünschen und Möglichkeiten des Klienten abhängig macht. Um ein durchaus komplexes Beispiel zu bilden, das häufig genug auch in der Realität vorkommt: Eine Frau Ende 20 ruft beim Astrologen an und bittet um eine Partnerberatung, weil es in ihrer Ehe kriselt. Der Ehemann ist ausgezogen, aber es besteht weiterhin verhältnismäßig enger Kontakt, nicht zuletzt wegen der Erziehung eines gemeinsamen Kindes, das gerade im Kindergartenalter steht.

In diesem speziellen Fall würde der verantwortliche Astrologe zu einer *gemeinsamen persönlichen* Beratung der beiden Ehepartner drängen. – Die Frau ist einverstanden und sagt zu, daß sie ihren Ehemann darum bittet, an einer solchen gemeinsamen persönlichen Beratung mit teilzunehmen. Der Ehemann lehnt ab. – Soll nun der Astrologe eine Einzelberatung der Frau ebenfalls ablehnen? Die astrologische Diagnose der Partnerschaft wird unabhängig von der Form der Beratung dieselbe bleiben. Der Umstand, daß der Ehemann, welcher die gemeinsame persönliche Beratung ablehnt, die notwendige Auseinandersetzung in der Partnerschaft verweigert, kann den Astrologen eigentlich nicht legitimieren, der Ehefrau mögliche weitere Einsichten und Informationen zu einer Auseinandersetzung vorzuenthalten, die im Herzen der Ehefrau längst im Gange ist. Der verantwortliche Astrologe wird in einem solchen Fall eine Einzelberatung oder ein Gutachten anstelle der nicht durchführbaren gemeinsamen Partnerberatung anbieten und sich dabei nach den Wünschen der Klientin richten.

In die persönliche Beratung gehört zunächst all das, was man schon von einem Gutachten erwartet: Verständigung über die mitgeteilten Horoskopdaten und sonstigen Informationen, Verständigung über das anstehende Problem bzw. Problemfeld, klare, eindeutige, schnörkellose Horoskopdeutung bzw. Prognose. Aber in der persönlichen Beratung ist es überdies möglich – und wichtig –, daß der Klient gedeutete Persönlichkeitsstrukturen mit biographischem Material »erfüllt«, verlebendigt. In diesem Material zeigt sich, wie der Klient bislang sein Horoskop »gelebt« hat. Selbstverständlich zieht der Astrologe dieses Material zur weiteren Deutung des Klientenhoroskops mit heran. Ebenso nimmt er in der persönlichen Beratung die unbewußten und halbbewußten körperlichen und psychischen Reaktionen wahr, die der Klient in der konkreten Beratungssituation zeigt. Aus all dem zieht der Astrologe – wie jeder andere gute und einfühlsame Beobachter auch – seine Schlüsse, wie dem Klienten innerlich zumute ist, was als nächster möglicher Schritt verwirklicht werden kann bzw. soll. Vor allem dient das Material in Verbindung mit dem Klientenhoroskop und seiner Deutung einer Aufgabe, die Berater und Klient während der astrologischen Beratung *gemeinsam* bearbeiten müssen: wie nämlich der Klient die ihm mitgegebenen, im Horoskop sichtbaren Persönlichkeitsstrukturen womöglich anders und besser »erfüllen« und verlebendigen kann.

Diese sehr subtile Arbeit kann in einem schriftlichen Gutachten nur sehr begrenzt, wenn überhaupt geleistet werden. Sie wird wohl anhand eines konkreten Problems geleistet, wenn der gutachtende Astrologe nicht nur diagnostische Analyse, sondern auch Problemlösungsvorschläge offeriert. Aber bei einer offenen Charakteranalyse wird der Astrologe selten erkennen, welche Charakterzüge der eigenen Persönlichkeit derzeit eine besonders wichtige Rolle beim Klienten spielen. In der lebenskundlichen und lebenshilfeorientierten astrologischen Arbeit ist die Form der persönlichen Beratung, die einen gemeinsamen Arbeitsweg von Klient und Berater während der Beratung selbst garantiert, die wohl beste Form astrologischer Beratung. Es ist ja nicht ganz selten, daß ein Ratsuchender gerade dann zum Astrologen geht, wenn er – durch Partnerprobleme, beruflichen Wechsel usw. – an einer Lebenswende steht. In einer solchen Lebenswende geht es zwar auch um das unmittelbar anstehende Problem: eine sich dem Ende zuneigende Partnerschaft, die Frage nach einer beruflichen Neuorientierung usw. Aber diese unmittelbaren Probleme ruhen ja auf einer tiefergehenden Verunsicherung, einem tiefergehenden Zug zur Veränderung auf. Das, was da tiefer geht und tiefer liegt, soll nun sichtbar und bewußt gemacht werden. Ein schriftliches Gutachten kann das zwar im Prinzip auch; aber seine monologische Form läßt zunächst einmal das Nachfragen, das schrittweise Sich-Verständig- und Bewußt-Machen nicht zu.

Neben den astrologischen Fähigkeiten, einer guten Beobachtungsgabe und der Fähigkeit der Einfühlung bedarf der Astrologe in der persönlichen Beratung auch einer Technik der Gesprächsführung. Dies ist einer der schwierigen und wunden Punkte des astrologischen Beratungshandelns. Die meisten Klienten und nicht viel weniger Astrologen glauben, daß das Beratungsgespräch durch die Problemstellungen des Klienten und das auszudeutende Horoskop hinlänglich und eindeutig strukturiert ist, daß darum kaum noch Probleme oder Unzulänglichkeiten auftreten können. Weit gefehlt! Die Strukturierung des Gesprächsanfangs, der auf der Seite des Klienten meist von Unsicherheit begleitet ist, die richtige Strategie zur Gesprächseröffnung, die nochmalige Verständigung über die Problemstellungen, das etwaige Festlegen von Zielen in der Beratung und die »Übersetzung« von Problemen und Wünschen des Klienten in konkrete Zielvorstellungen, die etwaigen Sperren und Widerstände des Klienten gegen Deutungs- und Lösungsvorschläge bzw. gegen Zielformulierungen, Zuwendung von Aufmerksamkeit (»Bekräftigen«), Umgang mit Gefühlen und Affekten des Klienten –: all diese Einzelheiten, die in jedem Beratungsgespräch eine Rolle spielen, müssen innerhalb einer Gesprächstechnik reflektiert und handhabbar sein.

Diese Gesprächstechnik hat mit Astrologie wenig bis nichts zu tun. Aber sie ist nötig, damit die wesentlichen Beratungsziele überhaupt definiert und erreicht werden können. Eine noch so richtige Horoskopdeutung kann beim Klienten nicht »ankommen«, wenn dieser sich der affektiven und zugewandten Aufmerksamkeit des astrologischen Beraters nicht ganz sicher sein kann. Eine durchaus richtige astrologische Deutung kann etwaige Widerstände auf Seiten des Klienten nicht überwinden, wenn der Astrologe nicht auf diese Widerstände einzugehen vermag. Eine Gesprächseröffnung, die dem Klienten die Unsicherheit nicht nimmt, sondern sie womöglich noch verstärkt, kann den Klienten im weiteren Verlauf der Beratung kaum dazu animieren, sich gemeinsam mit dem Berater auf seine Probleme und auf etwaige Lösungen einzulassen.

Es ist also wichtig, daß der beratende Astrologe sein eigenes Beratungshandeln auf der Folie einer Gesprächstechnik, einer bestimmten Gesprächsstrategie oder eines Gesprächsaufbaus reflektiert und optimiert. Es bieten sich verschiedene Gesprächstechniken an, die im Lauf der letzten Jahrzehnte im Rahmen der experimentellen humanistischen Psychologie entwickelt worden sind. Die wohl bestbekannten – und gelegentlich auch bei Astrologen angewandten – Techniken sind einmal die klientenzentrierte Gesprächsführung, auch nicht-direktive Gesprächsführung genannt, von Carl R. Rogers und das »TZI«. Rogers entwickelte seine Methode bereits Anfang der Fünfziger Jahre. Er erörterte vor allem die »genaue Einfühlung«, die »Echtheit« und die »nicht an Bedingungen gebundene positive Wertschätzung«, welche das Verhalten des Beraters gegenüber dem Klienten ausmachen sollten. Aufforderungen, »Direktiven« sollten vermieden werden. Rogers konnte zeigen, daß diese Verhaltensweisen des Beraters nicht nur die »therapeutische Beziehung« zwischen Berater und Klient in Gang brachten, sondern auch konstruktive Persönlichkeitswandlungen beim Klienten auslösten.[2]

Eine zweite Technik ist die »Themenzentrierte Interaktion«, kurz als »TZI« bezeichnet. TZI geht aus von einem Gruppen-Interaktionsmodell, bei dem drei Faktoren des Gruppenprozesses gleichwertig miteinander in Interaktion stehen: die einzelne Person (das »Ich«), die Gruppe als Ganzes (»Wir«) und das Thema der Gruppe (das »Es«). Die Aufgabe des Gruppentherapeuten – bzw. des astrologischen Beraters in einer entsprechenden Zweiergruppe von Berater und Klient – ist es, das dynamische Gleichgewicht dieser drei Faktoren zu halten, zu stützen oder aber wiederherzustellen, wenn eine Ungleichgewichtigkeit eingetreten ist. Es geht gewissermaßen um die Balance einer dynamischen Mitte. Dieser Balance sind die drei Grundpostulate von TZI verpflichtet, die wahrscheinlich schon jedem Leser irgendwann einmal begegnet sind:

1. Sei Dein eigener Chairman – d.h. sei für Dich selbst verantwortlich und bestimme innerhalb Deiner Grenzen, auch der Grenzen zu anderen Mitgliedern der Gruppe, wie weit diese Verantwortung reicht. Ich kann geben und nehmen; in der Gruppe ist auch das andere Gruppenmitglied »sein eigener Chairman«, sein eigener »Vorsitzender«, und bestimmt selbstverantwortlich sein Geben und Nehmen. Dieses Grundpostulat sichert in der astrologischen Beratung die Autonomie, die Gleichstellung und die Mündigkeit des Klienten.
2. »Störungen haben Vorrang«. – Störungen der Interaktion sollten umgehend offengelegt und bearbeitet werden. Wo das dynamische Gleichgewicht der drei Faktoren »Ich«, »Wir« und »Es« (Thema) gestört ist, muß sofort aufmerksam reagiert werden.

3. »Sei authentisch und selektiv«. Rein »selektiv« kommuniziert derjenige, der stark von Rollen und Konventionen ausgeht und dann nur noch allgemeingültig formulierte Statements abgibt, was »man« tut oder läßt. »Authentisch« kommuniziert hingegen, wer gleichsam ohne Rücksicht auf die jeweilige Gesprächssituation, ohne Rücksicht auf die momentane Vertrauens- und Verständnisfähigkeit der Gesprächs- und Interaktionspartner seine Gefühle und Stimmungen zum Ausdruck bringt. Das dritte Grundpostulat von TZI verweist wieder auf die Balance in der Mitte: Werde Dir dessen bewußt, was Du empfindest, aber wähle auch abwägend aus, was Du sagst und tust.

Das TZI-Modell mit seinen drei Grundpostulaten fordert zu einer genauen Reflexion von Gesprächsgängen und Diskussionen. Sein Wert – gerade auch für sachbezogene, »pragmatische« Gesprächssituationen – liegt in der Wahrnehmung der oft nonverbalen »Gefühlslagen« und ihrer konsequenten Verbalisierung. Sind diese Gefühlslagen aber auch Gegenstand der bewußten Gesprächsführung geworden, können die sachbezogenen Absichten eines Gruppenprozesses leichter verwirklicht werden. – TZI wurde ebenfalls in den fünfziger Jahren in Amerika entwickelt, und zwar von der Therapeutin Ruth Cohn.[3]

Viele Beratungsstrategien und Beratungstechniken profitieren in der einen oder anderen Weise von Rogers' klientenzentrierter Gesprächsführung bzw. von Cohns themenzentrierter Interaktion. Eine zunehmende Zahl auch psychologisch gebildeter Astrologen bemüht sich mittlerweile um Fragen der Gesprächs- und Beratungstechnik auch innerhalb der astrologischen Beratung.[4] Gleichwohl ist das fachöffentliche Bewußtsein für die Notwendigkeit von Beratungstechniken und Beratungsstrategien unter Astrologen insgesamt noch wenig ausgebildet.

Astrologie und Therapie

Ihrem Wesen nach ist die Astrologie ein Mittel der *Diagnose*. Sie macht Strukturen, Strebungen, Einstellungen, Verhaltensweisen sichtbar. Sie bietet idealerweise auch Wege und Lösungen an, wo sie problematische Strukturen und Strebungen sichtbar gemacht hat, d.h. sie macht aus dem Individualhoroskop zugleich diejenigen Strukturen sichtbar, mit deren Hilfe der Klient an anderen, eben problematischen Strukturen zu arbeiten vermag.

Diese Arbeit nun muß der Klient zunächst selbst »organisieren« und leisten. Der Astrologe, streng genommen, macht sichtbar und gibt aufgrund seiner Bemühungen sozusagen »Tips«

für eine produktive Veränderung. Aber er »begleitet« den Prozeß der Veränderung nicht, jedenfalls nicht als Astrologe. Allenfalls könnte der Astrologe einen solchen Prozeß anhand von sich verändernden aktuellen Konstellationen im Horoskop des Klienten »begleiten«, nämlich wiederum: sichtbar machen.

Die meisten Astrologen verfahren nach diesem Trennungsmuster: sie diagnostizieren, sie machen dem Klienten etwas sichtbar und verstehbar. Aber die therapeutische Begleitung und Erfahrung muß dann der Klient selbst leisten bzw. mit jemand anderem vollziehen. Astrologen sind eben meist keine Therapeuten, abgesehen davon, daß das »Therapieren« Ärzten, Heilpraktikern und Diplom-Psychologen vorbehalten ist. Angebotsstruktur der Astrologie und rechtliche Grundsituation haben Astrologie und Therapie weitgehend voneinander getrennt.

Nun ist eben nach dem alten Sprichwort »Einsicht der erste Schritt zur Veränderung«. Nimmt man diesen Satz wirklich ernst, dann ist bereits die Diagnose, die dem Klienten Einblick in seine Situation und deren seelischen Tiefen und Untiefen vermittelt, ein allererster Schritt zur Veränderung der Persönlichkeit und der Lebenshaltung, mithin ein therapeutischer Schritt. Aus der Perspektive der Lebenshilfe ist die Trennung der Diagnose von der Therapie unangemessen und unfruchtbar. Aber auch aus der Perspektive der Astrologie heraus muß man letztlich diese Trennung als unzulässig empfinden. Wir haben Astrologie bisher als Deutung von »Zeitqualität« verstanden, eingefangen in komplexen Symbolbildern, nämlich den Konstellationen des Geburtshoroskops bzw. aktuellen Konstellationen. Praktisch ist die Deutung der jeweiligen Zeitqualität eine Deutung von Symbolen und Symbolkomplexen. Wir haben schon gesehen, daß das Horoskop als »Symbolkomplex« eine Form, eine Struktur ist, die für ihre Erfüllung, ihr »Gelebtwerden« durchaus mehrere Wahlen und Varianten zuläßt. In unserem Modell astrologischer Beratung haben wir vermerkt, daß gegebenenfalls Berater und Klient gemeinsam erarbeiten, wie der Klient die ihm mitgegebenen Strukturen anders und besser erfüllen und verlebendigen kann.

Von hierher ist der Schritt zur Therapie in der Astrologie eigentlich nur noch kurz. Das Deuten von Symbolen ist eine Weise des *Umgangs* mit Symbolen. Der *Umgang* freilich mit den astrologischen Grundsymbolen sowie mit den Symbolen und Symbolkomplexen des eigenen Horoskops hat bereits therapeutische, »heilende«, »helfende« Wirkungen.

In der neueren Astrologie wurden zahlreiche auch therapeutische Modelle erarbeitet. Es handelt sich immer um die Verbindung eines genuin psychologischen bzw. psychoanalytischen

Modells mit den Gegebenheiten und Möglichkeiten der Astrologie. Diese Versuche und Verbindungen sind im Ansatz durchaus fruchtbar. Voraussetzung ist allerdings, daß diejenigen, die diese Verbindungen als Therapien anbieten, sowohl als Astrologen wie auch als Therapeuten ihres Spezialgebietes geschult sind.

Im deutschen Sprachraum werden zumal Konzepte der Analytischen Psychologie C.G. Jungs mit der Astrologie verknüpft und in der einen oder anderen Weise »astrotherapeutisch« angewandt. Zu nennen ist vor allem der Ansatz von Peter Orban, der mit Hilfe astrologischer Analyse und Symbolarbeit dem »Schatten« auf die Spur zu kommen sucht. Der »Schatten« nach C.G. Jungs Psychologie repräsentiert diejenigen Anteile in der Persönlichkeit des Individuums, die als schwierig empfunden werden, die ungeliebt und unerlöst sind. Orban spricht vom Schatten als von einer »Schuld«: Das Schwierige und Unerlöste in der eigenen Person ist als persönliche »Schuld« erkennbar und erfahrbar. Mit Hilfe der astrologischen Symbolik kann das Individualtypische der »Schuld« erfahren und erarbeitet werden. Mit der Astrologie gelingt die Konfrontation der eigenen Schuld – und damit die Begegnung mit dem eigenen »Schatten«. Und da die Verneinung von Schuld – die Vermeidung des Schattens – stets auch mit Lebenslügen zu tun hat, kann der Umgang mit der astrologischen Symbolik zugleich Wege aufzeigen, Lebenslügen zu durchschauen und aktiv mit Schuld und Schatten umzugehen.[5]

Eine Reihe von Astrologen arbeitet auch über das zentrale Konzept vom »Schatten« hinaus therapeutisch mit den Elementen der Jung'schen Psychologie. Die wohl bekanntesten sind international Liz Greene[6] und der 1992 verstorbenen Howard Sasportas.[7] Im deutschen Sprachraum sind vor allem Ellinor Barz[8] und Thomas Schäfer[9] bekannt geworden.

Eine weitere therapeutische Richtung ist durch die Verbindung von Psychodrama und Astrologie gegeben. Im Psychodrama, entwickelt von Jacob L. Moreno, steht die Aktion, das »Drama«, an zentraler Stelle. In Rollenspielen können Situationen, insbesondere Konfliktsituationen gespielt und dargestellt werden. Im Rollentausch während des Psychodramas kann sich der Darsteller zum Objekt, zum Empfänger seiner eigenen Aktionen bzw. Reaktionen machen und auf diese Weise tiefere Einsicht in eigenes und mitmenschliches Empfinden gewinnen. Speziell therapeutische Techniken des Psychodramas sind das »Doubling« und das »Shadow-Doubling«. Beim »Doubling« hat der Darsteller während seines Rollenspiels Hilfe von einem weiteren Darsteller, dem »Doubler«, der den Darsteller bei seiner Konfrontation mit schwierigen Themen und Inhalten unterstützt. Der

»Doubler« hat auch die Aufgabe, die Empfindungen in Worten auszudrücken, die er beim Darsteller spürt. Vor allem da, wo es für den Darsteller um emotionsgeladene, angsterzeugende und peinliche Rollenspiele geht, ist das »Doubling« eine wichtige therapeutische Hilfe.

Beim »Shadow-Doubling« gibt es zwei weitere Darsteller neben dem eigentlichen Darsteller. Jeder dieser beiden weiteren Darsteller repräsentiert eine Seite eines Kontroversthemas, üblicherweise der eine die positive, der andere die negative Seite. Die beiden Hilfsdarsteller stehen bzw. gehen zu beiden Seiten des Hauptdarstellers und agieren etwa wie die zwei Seelen in dessen Brust, wo das Für und Wider des jeweiligen Konflikts auch hin und her geht. Die beiden Hilfsdarsteller kommunizieren nur mit dem Hauptdarsteller, nicht aber untereinander. Auf diese Weise kommt der Hauptdarsteller in Kontakt mit seinen widerstreitenden Gefühlen. Überhaupt ist es wichtig, daß der Darsteller während des Spiels mit seinen Gefühlen in Berührung kommt und in diesem Kontakt bleibt. Der Therapeut, der das Rollenspiel begleitet, kann gegebenenfalls intervenieren, kann den Darsteller bitten, lauter zu sprechen, ausdrucksvoller zu agieren usw. So kommt dieser mit tiefen, ansonsten vielleicht verdrängten und verschütteten Gefühlen in Berührung. Während der Darstellung sollen die Rollenspieler sich bewegen, sollen gehen, wandern. Moreno hatte beobachtet, daß beim Sichbewegen und Umherwandern der Mensch offener ist, daß seine Gefühle und Emotionen leichter fließen, daß Blockaden geringer sind.

Die Bewegung nun ist auch ein fundamentales astrologisches Prinzip. Planeten bewegen sich in Zyklen. Bestimmte Punkte oder Phasen von Zyklen sind kulturgeschichtlich mit Riten verknüpft. Das gilt besonders für Sonne und Mond – denken wir an Vollmond, Neumond, an Sommer- und Wintersonnenwende. Im Astrodrama können weitere zyklische Punkte und Phasen, etwa markante Planetenkonstellationen, szenisch dargestellt werden. Mit den Techniken des Psychodramas ist es dann durchaus möglich, schwierige Konstellationen etwa des eigenen Horoskops im Rollenspiel darzustellen und so mit den Symbolen solcher Konstellationen umzugehen. Wiederum werden eigene, womöglich bis dahin verdrängte Gefühle wach. Hinzu kommt, daß jedes astrologisches Symbol, jede Konstellation gewissermaßen doppelgesichtig ist. Neptun etwa ist nicht nur die feine Empfindung, die Sensibilität oder gar Sensitivität. Neptun ist eben auch Verwirrung, Unklarheit, Chaos. Eine Venus-Jupiter-Verbindung ist nicht nur vollendete Schönheit, das ganz große Glück, sondern auch Übertreibung, Luxus – und damit unter Umständen das gerade Gegenteil von Glück. Diese Doppelgesichtigkeit kann im Astrodrama mit den Techniken des Psychodramas tief erfahren werden.

In Deutschland wurde das Astrodrama vor allem von Friedel Roggenbuck, einem Astrologen und Therapeuten, weiterentwickelt. Regelmäßige Angebote in Astrodrama macht das Astrologie-Zentrum Berlin.[10]

Eine umfassende »Astropsychotherapie« wurde von Hermann Meyer entwickelt. Meyer ist Psychologe und Astrologe und hat in Deutschland wohl als einer der Ersten schon in den Siebziger Jahren ein therapeutisches Modell der Astrologie erarbeitet, das auf den Einsichten der humanistischen Psychologie beruht. Konzepten der humanistischen Psychologie sind wir bereits im Zusammenhang mit der klientenzentrierten Gesprächsführung und der Themenzentrierten Interaktion begegnet. Diese Modelle sind – als Modelle verantwortlicher Beratung – zunächst im Vorfeld therapeutischen Handelns angesiedelt. Die Grenzen zur Therapie sind freilich fließend; das gilt besonders für die klientenzentrierte Gesprächsführung. Hermann Meyer nun geht von einer Grundeinsicht der humanistischen Psychologie aus: Der Mensch hat Bedürfnisse nach Leben, nach Sicherheit, nach Geborgenheit, nach Liebe und Selbstentfaltung. Wenn diese Bedürfnisse unterdrückt werden, wird der Mensch unbeweglich und unfrei, wird krank, rigide und gewalttätig. Gesund zu sein an Leib und Seele heißt, daß ein Mensch frei, offen, flexibel ist und sich seinen Bedürfnissen entsprechend entfalten kann. Aggressive und pathologische Tendenzen im Menschen sind Reaktionen auf die Unterdrückung bzw. Enttäuschung der Grundbedürfnisse. Ziel des therapeutischen Handelns ist es, die grundlegenden Bedürfnisse und Strebungen im Menschen freizulegen, Blockaden nach und nach abzubauen und den Menschen dazu zu ermutigen, sich seinen positiven, natürlichen Bedürfnissen entsprechend zu entfalten. Die menschlichen Grundbedürfnisse nun sind aus der Perspektive der Astropsychotherapie Meyers durch kosmische Prinzipien – Planeten, Tierkreiszeichen, astrologische Häuser – symbolisiert.

Die Doppelgesichtigkeit der astrologischen Symbole wird auch in Meyers Konzept nicht geleugnet, aber sie wird ganz anders bewertet. Meyer ordnet den astrologischen Prinzipien und ihren verschiedenen Verwirklichungsmöglichkeiten bestimmte Polzugehörigkeiten zu: Mars verwirklicht sich am »Pluspol« als Angreifer, Eroberer, als Held, als Streit, als Egozentrik. Am »Minuspol« verwirklicht sich Mars als Durchsetzungsschwäche, als ohnmächtiger Ärger, als Mangel an Initiative. Diese unterschiedlichen Verwirklichungsmöglichkeiten und ihre Polzugehörigkeiten sind keineswegs durch ein Schicksal determiniert. Sie sind angelegt im Menschen; es ist Aufgabe des Menschen, die Anlagen in eine freie, offene und erwachsene Form zu transformieren. Aber dazu gehört es, die Verwirklichung der Anlagen ausschließlich an den »Polen« zu transzendieren. Zwischen Hemmung (Minuspol) und (Über)Kompensation (Pluspol) ist eine erwachsene Weise der Selbstverwirklichung zu finden, die eben nicht mehr zwischen Untertreibung und Übertreibung oszillieren muß. In der Transzendierung der Pole stößt der erwachsen werdende Mensch zu der ursprünglichen Form einer jeweiligen Anlage vor.

Meyer unterscheidet in der Astropsychotherapie vier Phasen: eine Informationsphase, eine analytische Phase, eine Phase der Gruppentherapie und schließlich eine Phase der Ausbildung der eigenen Anlagen. In der Informationsphase macht sich der Ratsuchende mit den Gesetzen der Psychologie und mit astrologischen Grundgegebenheiten vertraut. In der analytischen Phase wendet der Ratsuchende – gegebenenfalls mit therapeutischer bzw. professionell astrologischer Hilfe – die in der ersten Phase gewonnenen Informationen und Grundeinsichten auf seinen eigenen Fall an. Die analytische Phase sollte so weit vorangekommen sein, daß eigene Widerstände und Projektionen bereits reflektiert werden können: Dann kann die dritte Phase, die der Gruppentherapie, beginnen. In dieser Phase setzt der Ratsuchende die Erkenntnisse aus den ersten beiden Phasen praktisch um, setzt sie der Konfrontation durch andere Menschen aus, läßt sich korrigieren und lernt, sein eigenes Schicksal hinsichtlich anderer, vielleicht ebenso schwieriger Schicksale zu relativieren. »In der Gruppe wird jeder in seinem Sosein angenommen und akzeptiert«, schreibt Meyer. »Über die Lebensgeschichte kann jeder beim anderen selbst ein abnormes und destruktives Verhalten verstehen. Der einzelne sieht, daß der andere aufgrund seiner Prägung zwangsläufig dieses Verhaltensmuster ausbilden mußte, sieht die Reaktionen seiner Seele. Er nimmt Einsicht (Jupiter) in eine fremde psychische Struktur und gleichzeitig keimt in seiner Seele Verständnis (Jupiter) und Toleranz (Jupiter) auf, die er vorher dem anderen nicht entgegenbringen hätte können. Wenn Teile der Persönlichkeit oder bestimmte psychische Strukturen kritisiert werden, so ist damit nicht eine Entwertung der Gesamtpersönlichkeit verbunden.«

In der vierten Phase stößt der Ratsuchende jenseits von »Karma« und »Schicksal« und »Prägung«, also jenseits der alten Verwirklichungen am Minuspol oder Pluspol vor zur Ausbildung seiner eigentlichen Anlagen. Die Lebenskraft der eigentlichen

Anlage wird somit erhöht, der Geborene wird anders und angenehmer wahrgenommen. Projektionen und Erwartungshaltungen werden zurückgenommen, ebenso Feindbilder. Gegebenenfalls wird Heilung erreicht, wo zuvor blockierte Anlagen psychosomatische Störungen und Krankheiten hervorriefen.[11]

Damit sind die wohl wichtigsten astrotherapeutischen Richtungen und Entwicklungen im deutschsprachigen Raum genannt. Ihnen gemeinsam ist der bildhafte *Umgang* mit den Symbolen des Horoskops. Im Prinzip lassen sich noch ganz andere als die hier beschriebenen Weisen des bildlichen Umgangs mit astrologischen Symbolen denken. Astrologie und Musiktherapie, Astrologie und Kunsttherapie, aber auch Astrologie und Tanz sind als Verknüpfungen denkbar und werden längst erprobt. Der psychologischen bzw. therapeutischen Phantasie sind keine Grenzen gesetzt. Die berechtigte Frage ist allerdings, wie seriös solche astrotherapeutischen Ansätze grundsätzlich sein können.

Wer die Seriosität von Astrologie als solcher bereits verneint, wird auch den Astrotherapien nichts abgewinnen. Aber auch der, der sich seriöser Astrologie anvertraut, und selbst der seriöse Astrologe – sie müssen die Frage nach der Seriosität der Astrotherapien stellen. Wie alle Therapien sind diese Therapien experimentell und kasuistisch erprobt, d. h. an einzelnen Fällen, in Zusammenarbeit mit hilfesuchenden Klienten. Eine statistische, womöglich »erfolgsorientierte« Erprobung unter Laborbedingungen gibt es nicht, kann es auch nicht geben, weil sich reale Lebensnot und Lebensbewältigung nicht in Laborbedingungen pressen lassen. Gleichwohl lassen sich Kriterien angeben, die erfüllt sein sollten, will eine astrotherapeutsiche Richtung als ernstzunehmend gelten. Da die Astrotherapien stets als Verbindung von Astrologie mit dieser oder jener psychologischen, psychoanalytischen, therapeutischen Richtung auftreten, muß der ausübende Astrotherapeut sowohl als Astrologe wie als Therapeut fachlich qualifiziert sein. Wer Astrodrama anbietet, sollte eben in Astrologie und in Psychodrama ausgebildet sein und das auch belegen können. – Konzept und Realisierung der jeweiligen Astrotherapie müssen einen Entwicklungsweg und damit zusammenhängend auch dessen Mühsal und dessen Andauern in der Zeit erkennen lassen. Eine Therapie ist nahezu immer ein schwieriger Prozeß, der Zeit braucht. Eine »Instanttherapie« verbietet sich von selbst, sie kann nicht seriös sein. Kurzzeittherapien sind durchaus möglich. Beispielsweise ist die klientenzentrierte Gesprächsführung nach Rogers als Kurzzeittherapie von allenfalls 20 Ein-Stunden-Sitzungen Dauer angelegt. Aber auch derartige Kurzzeittherapien haben ihre Dauer und ihre Mühsal. Um die hier vorgestellten therapeutischen Modelle auch kritisch zu würdigen: In dem Konzept von Hermann Meyer sind Mühsal und Langwierigkeit des therapeutischen Prozesses mit gedacht und mit reflektiert. Wenn hingegen Anbieter von Astrodrama auf den Deutschen Astrologie-Tagen »Aufführungen« veranstalten, so hat sich bei dieser Form der Präsentation der Gedanke an die Mühsal einer damit verbundenen Therapie weitgehend verflüchtigt. Das »Astrodrama« läuft Gefahr, zu einem harmlosen Laienspiel zu verkommen, dessen Harmlosigkeit jedoch angesichts des damit ja doch verbundenen Therapiegedankens verantwortungslos ist. Mit der Frage nach Mühsal und Zeitdauer verbindet sich die Frage nach der Begleitung in der Therapie. Was als Instanttherapie angelegt ist oder mit einem mißverstandenen »Ich bin okay – du bist okay« auf seichtes therapeutisches Schulterklopfen hinausläuft, braucht mit dem Problem der Begleitung nicht zu rechnen. Aber solche Angebote sind eben unseriös, weil sie den Ratsuchenden erst gar nicht an seine Tiefen und Untiefen und an die Notwendigkeit der Selbstveränderung heranführen. Begleitung ist da fundamental wichtig, wo der Einzelne – sei es therapeutisch, sei es aufgrund sonstiger biographischer Entwicklungen – an seine Grenzen und Abgründe geführt wird: und Grenzen transzendieren muß. Was eine Therapie in dieser Hinsicht strukturell anbietet, nämlich durch Reflexion dieser Selbstveränderung und Selbsttransformation im vorhinein, und was sie in der Person und Ausbildung ihres Anbieters zu garantieren vermag: das macht eigentlich ihre Seriosität aus! Dies gilt auch und gerade für die durchaus nicht unproblematische Verbindung von Astrologie und Therapie.

Astrologie und Esoterik

Die Verbindung von Astrologie und Esoterik ist keineswegs zwingend, aber sie ist vielen Verbrauchern und fast noch mehr Astrologen selbstverständlich. Historisch rührt das in Europa und Amerika von der engen Bindung der Astrologie an die Theosophie her. Es waren gegen Ende des 19. Jahrhunderts Theosophen, die in ganz Europa für die Wiederbelebung der Astrologie sorgten. Zwar wandte sich schon in den 20er Jahren das Programm der revidierten Klassik gegen eine weltanschauliche Vereinnahmung der Astrologie. Aber die Nähe von Astrologie und Esoterik war nicht ohne weiteres aufzuheben. Im Gegenteil: im Zeitalter eines »New Age« sind erneut enge Bindungen zwischen Astrologie und weltanschaulichen Konzepten gewachsen.

Das Psi-Zentrum Basel, ein europaweit bekannter Anbieter auf dem Feld geistiger Heilverfahren und des Spiritismus, offeriert auch Ausbildungskurse in Astrologie. Im »Esoterischen Adreßbuch«, auch unter der Abkürzung ESAB bekannt, das alle zwei Jahre neu erarbeitet wird, firmiert eine Reihe von astrologischen Beratern. Darunter sind auch solche, die mit Esoterik persönlich wenig gemein haben. Aber auf dem Markt gehören Astrologie und Esoterik eben meist zusammen.

Noch einmal: Diese Verbindung ist nicht zwingend.

Aber auch die Grenzen zwischen Psychologie und Esoterik sind überdies fließend geworden. Viele Psychologen und Psychotherapeuten stehen spirituellen und esoterischen Deutungsansätzen aufgeschlossen gegenüber. Mit der sogenannten Transpersonalen Psychologie hat sich mittlerweile auch eine psychologische Arbeitsrichtung etabliert, die sich aktiv mit den psychologischen und bewußtseinsbezogenen Implikationen religiöser und spiritueller Lebensmodelle auseinandersetzt.[1] In diesem generellen Bedingungsgefüge ist es kein Wunder, daß eine moderne psychologische und psychotherapeutisch orientierte Astrologie zugleich auch den Kontakt zu esoterischen und esoterisch-therapeutischen Modellen findet und gestaltet. Weit davon entfernt, alle Phänomene auf dem unübersichtlichen Markt der Astroesoterik hier ansprechen zu können, wollen wir uns auf die wichtigen Modelle beschränken, also vor allem Astrologie und Reinkarnation sowie Astrologie und Tarot.

Im Schnittpunkt von Astrologie, Psychologie und Esoterik findet sich gegenwärtig die in der Schweiz beheimatete, aber in ganz Europa bekannte und angewandte »Huber-Schule«, benannt nach ihren Gründern, dem Ehepaar Bruno und Louise Huber. Das Ehepaar Huber betreibt in Adliswil im Großraum Zürich das »Astrologisch-Psychologische Institut« (API) und bezeichnet die von ihnen betriebene und gelehrte Astrologie als »Astrologische Psychologie«. Louise Huber hatte als junge Frau engen Kontakt zur Theosophischen Bewegung und kam hier auch zum erstenmal mit Astrologie in Berührung. Sie lernte in den 50er Jahren Bruno Huber kennen. Gemeinsam wurden Bruno und Louise Huber von 1958 bis 1960 von Dr. Roberto Assagioli, dem Begründer der Psychosynthese, in Florenz ausgebildet. Die Grundideen der Psychosynthese, ein Konzept, das seinerseits schon ganzheitliche und transpersonale Einsichten berücksichtigte, wurden nun von den Hubers auf die Astrologie angewandt und zu einem konsistenten Modell der »Astrologischen Psychologie« ausgebaut. Die »Astrologische Psychologie« – so der Anspruch – »kann anhand des persönlichen Horoskopes und mit Hilfe neu entwickelter psychologisch-differenzierter Deutungsmethoden die Ursachen von Fehlhandlungen, Mißerfolgen oder außergewöhnlichen Leistungen aufzeigen. Sie ist in der Lage, den Menschen als ganzheitliches Wesen zu erfassen und die unbewußten psychologischen Reaktionsweisen bewußtzumachen. Sie beurteilt einen Menschen nach seiner inneren Grundhaltung, nach seiner aus dem Horoskop ersichtlichen individuellen Bauart und wird ihm dadurch als Menschen gerecht. Sie will den Menschen zu sich selbst führen, mit dem Ziel, die Fähigkeit zu erringen, sein Schicksal zu meistern, Herr über sich selbst und über ›seine Sterne‹ zu werden. Sie lehnt Determination ab und jegliche Art von negativen Voraussagen, die nur dazu dienen, ein Geschäft mit der Angst zu machen. Die Astrologische Psychologie nähert sich immer mehr der Individual- und Entwicklungspsychologie unserer Zeit und schließt auch die Erkenntnisse und Ziele der transpersonalen Psychologie mit ein. Sie hat die Möglichkeit, dem Menschen neue Richtlinien und ethische Grundsätze für eine natürliche Lebensordnung zu geben und ihm einen Maßstab für ein sinnvolles Leben anzubieten. Dadurch wird neben der differenzierten Erfassung der Persönlichkeit auch eine Integration und Neuformung des Menschen, eine Psychosynthese, möglich.«[2]

Louise Huber hat Tierkreis-Meditationen verfaßt, in die auch Einsichten der theosophischen Autorin Alice A. Bailey eingeflossen sind.[3] Entsprechend ihrer theosophischen »Herkunft« hat sich Louise Huber innerhalb des Astrologisch-Psychologischen Institutes auf die seelisch-geistige Entwicklung des Menschen und auf esoterische Zusammenhänge spezialisiert.[4]

Die »Huber-Schule« hat schon lange vor dem Astrologie- und New-Age-Boom der Gegenwart für eine Integration von

Astrologie, Psychologie, Psychotherapie und schließlich Esoterik Sorge getragen. Wegen der theosophischen Anklänge darf man den Ansatz der Hubers durchaus kritisch befragen und begleiten. Als Integrationsmodell erscheint dieser Ansatz jedoch auch genügend offen, so daß auch der Christ, der sich mit Astrologie beschäftigt, die Huber-Schule zugewandt und aufmerksam zur Kenntnis nehmen kann.

Spezieller als die »Huber-Schule« sind die nicht ganz wenigen Versuche, Astrologie und Reinkarnationslehre in fruchtbare Verbindung zu bringen. Die Lehre von der »Reinkarnation«, der wiederholten Einkörperung der ewigen menschlichen Individualseele auf Erden in einem materiellen Leib, ist Bestand vieler Religionen. Insbesondere durch die Theosophie wurde die Reinkarnationslehre in der neueren Zeit auch in Europa wieder verstärkt wahrgenommen. Heute halten immerhin 21 % der Deutschen »Seelenwanderung« für möglich, und 17 % glauben, schon einmal gelebt zu haben – in einer Inkarnation vor dem jetzigen Dasein.[5] Hier soll nicht erörtert werden, in welch vielfältiger Weise uns der Reinkarnationsglaube in der Geschichte der Religionen, aber auch in der Gegenwart, gerade auch in neoreligiösem Gewande, entgegentritt. Hierzu sei auf einschlägige Literatur verwiesen.[6] Zum »Glaubensbestand« der Reinkarnationslehre gehört allerdings weithin die immerwährende Existenz einer individuellen Seele, die durch verschiedene Erdenleben zu gehen hat. Die Handlungen und Unterlassungen aus früheren Existenzen formen sich angeblich um zu den Gaben und Aufgaben einer nächsten Existenz. Die individuelle Seele habe während ihres Ganges durch verschiedene irdische Leben einen Lernweg zu bewältigen. Die Entwicklungsrichtung wird dabei als eindimensional gesehen: Jede Existenz baut auf der vorangehenden auf, einen »Rückfall« in sehr viel frühere Existenzstufen gibt es nicht. Was aus früheren Existenzen an Handlungen angesammelt ist und nun in einer gegenwärtigen Existenz als Gaben und Aufgaben erlebt wird (»Karma«), sollte erkannt und verantwortlich akzeptiert werden. Um sein eigenes »Karma« zu wissen, heißt im gängigen Modell der Reinkarnation, daß man sein Leben fortan mit größerer Verantwortung für sich und für die Mitmenschen, die umgebende Welt führt.

In der theosophischen Astrologie nun wurden spezielle Deutungen verschiedener Horoskopkonstellationen entwickelt, aus denen die karmischen Veranlagungen von Horoskopeignern ersichtlich sein sollten. Die einschlägigen Deutungen haben gegenüber den charakterologisch orientierten Deutungsregeln jedoch den Nachteil, daß sie von vornherein nicht an der Erfahrung nachprüfbar sind. Der Mangel an Nachprüfbarkeit der »Karma-Astrologie« führt dazu, daß die einschlägige Literatur allenfalls begrenzt brauchbar ist. Man darf auch fragen, welcher Erkenntnisgewinn daraus folgt, daß man mit Hilfe astrologisch-esoterischer Deutungen angeblich zu wissen vermag, was »man« in einem Vorleben getan, welche Einstellungen »man« gehabt habe usw. Um verantwortlich und bewußt zu leben, »braucht« man die Karma-Astrologie nicht, es genügt völlig das Wissen um das eigene Geburtshoroskop, das ja bereits die Ergebnisse früherer Leben in den daraus resultierenden jetzigen Begabungen und Aufgaben abbilden würde. Selbst derjenige also, der Reinkarnation für möglich und wahrscheinlich hält, kann sich dieser Anfrage nicht verschließen. Nicht umsonst sind die Hürden für eine »Erinnerung« an frühere Leben sehr hoch: Es macht, die Richtigkeit des Reinkarnationsgedankens einmal vorausgesetzt, offenbar Sinn, daß man sich so schwer erinnern kann. Denn man soll sich nicht noch unnötig an die Vergangenheit binden. Insgesamt ist der Versuch, ein Horoskop »karmisch« zu deuten, problematisch und wenig tauglich. Nicht zuletzt ist die einschlägige Literatur in sich auch widersprüchlich.[7]

Damit könnte man, zumal als Christ, die Reinkarnationslehre und die auf sie bezogene Astrologie beiseite legen. Der Christ, der an die Erlösungstat von Jesus Christus glaubt und an die Auferstehung der Toten, sieht keinen Belang von Reinkarnationsvorstellungen für sein persönliches Leben. Aber auch als Christ möchte ich es mir so einfach nicht machen, zumal es inzwischen durchaus ernsthafte theologische Ansätze gibt, Reinkarnationsdenken und christlichen Glauben miteinander ins Gespräch zu bringen.[8]

Wenn wir »aus Gnade« gerechtfertigt sind, wenn wir im vorhinein freigesprochen sind, so sollte uns doch eigentlich erstaunen, daß wir nichtsdestoweniger dieses irdische Leben mit all seinen Mühsalen und Verwirrungen, mit seiner Schuld und Verfehlung durchzustehen haben. Die Erlösungstat Jesu macht uns ein neues, ein zuversichtliches und gelassenes Verhältnis zu unserem Leben möglich, aber sie enthebt uns nicht seiner Mühe. Aber wenn dem so ist, wenn denn unter dem Prinzip der Rechtfertigung aus Gnade schon ein Leben erstaunlich ist, dann wäre eine Kette von zwei oder mehr Leben, von mehreren irdischen Inkarnationen auch nicht viel erstaunlicher. Die Idee der Reinkarnation sehe ich nicht im Widerspruch zur Botschaft vom Kreuz. Über die Reichweite des Karma-Gedankens und sein Verhältnis zum christlichen Prinzip der Gnade wäre noch im einzelnen nachzudenken.

»Karma« als das positive bzw. negative Ergebnis unseres Handelns aus früheren Leben wird von den Befürwortern der Reinkarnationslehre gern als höhere Gerechtigkeitsmathematik verstanden: Was Du einst gesät hast, wirst Du auch ernten. Ich zweifle freilich, ob sich die Entwicklung der menschlichen Seele in einer Anwendung dieser Gerechtigkeitsmathematik erschöpft, in dem Ansammeln und Wiederabtragen von »Karma«. Wenn das irdische Dasein – und sei es in mehreren oder gar vielen Inkarnationen – ein Lernweg ist, so dürfen wir diesen Weg vielleicht mit den vielen kleinen Lernwegen vergleichen, die wir alle in Ausbildungsgängen, in langjährigen Freundschaften oder Partnerschaften usw. durchlaufen haben. Lernen heißt immer auch, daß man schrittweise reif wird für nächste Aufgaben, für neue Einsichten. Und das bedeutet stets auch, daß neuer Stoff, innovative Elemente eingebracht werden. Lernen ist eben nicht nur die mehr oder minder mühselige Ochserei am Vergangenen. So sähen es manche Reinkarnationsasketen gern.

Ohne Zweifel gibt es dies: Daß man durch Schaden klug wird, zumal durch jenen Schaden, den man selbst angerichtet hat. Aber das Lernen erschöpft sich eben nicht darin. – Andererseits gehört es gerade zum Prinzip der Gnade, daß sie nicht verfügbar ist. Sie wird gewährt – oder wird nicht gewährt. Manche Situationen laufen glimpflich ab, obwohl nicht »damit zu rechnen« war; manchen Schaden, den ich verursacht habe, gleicht unverhofft ein anderer aus. Aber nicht alles in dieser Welt geht glimpflich ab, manch anderen Schaden muß ich selbst begleichen. In Widersprüche gerät, wer die Prinzipien von Karma und Gnade als totalitär begreift. Freilich sehe ich mehr Sinn darin, sie als einander ergänzend zu verstehen, ohne einen allumfassenden Ausschließlichkeitsanspruch.

Kommen wir zurück zum Verhältnis von Astrologie und Reinkarnation. Ein neuer Impuls im Blick auf den Gedanken der Reinkarnation ging etwa seit Ende der Sechziger Jahre von der sogenannten Reinkarnationstherapie aus. Bereits in den Fünfziger Jahren hatten Hypnosetherapeuten in den USA Menschen in Hypnose in »frühere Leben« zurückgeführt. In Deutschland entdeckte wohl zuerst Thorwald Dethlefsen die Rückführung per Hypnose neu.[9] Dethlefsen war zunächst ein Amateur, professionalisierte sich dann allerdings vor einem insgesamt esoterischen Weltanschauungshintergrund. Dethlefsen rechnet heute zu den bekanntesten »Rückführungstherapeuten« im deutschsprachigen Raum. In seinen Büchern verbindet er den Reinkarnationsgedanken auch mit der Astrologie. Kennzeichnend für seine Perspektive ist ein stark deterministischer Zug. In jedem Beginn liege bereits das Ende beschlossen, formuliert Dethlefsen an einer Stelle.[10] So ist es, Dethlefsen zufolge, auch mit dem Beginn des menschlichen Lebens, mit der Geburt zu einem bestimmten Zeitpunkt, der abstrakt-symbolisch im zugehörigen Individualhoroskop dargestellt ist.

Gleichwohl ist auch in Dethlefsens fatalistisch-deterministisch anmutender Perspektive das Lernen auf dem Weg durch die Inkarnationen von äußerster Bedeutung: »Das Horoskop ist … das gesetzmäßige Zwischenergebnis des bisherigen Weges durch die Erdenleben. Es ist daher weder zufällig noch ungerecht. Das Horoskop zeigt uns das Karma des Menschen – es ist der notwendig gewordene Lehrplan für diese Inkarnation.«[11] Dethlefsen geht so weit zu sagen, daß Astrologie ohne den Reinkarnationsgedanken sinnlos sei. Kein Astrologe könne bei Leugnung der Reinkarnation eine befriedigende Antwort auf die Frage geben, warum der eine dieses, der andere jenes Horoskop habe. So würde das Geburtshoroskop zu einer Angelegenheit des Zufalls oder der Willkür. Die grundsätzliche Frage der Reinkarnation muß man vorerst offen lassen. Wir können somit nicht sagen, ob ein Geburtshoroskop »willkürlich« oder aber »karmisch notwendig« ist. Aber auch ohne Antwort auf diese Frage erscheint lebenskundliche Deutung – ob mit, ob ohne Astrologie – hilfreich, sinnvoll. Dethlefsens Argument krankt an seiner dogmatischen Ausschließlichkeit und ähnelt damit unterschwellig manchem kirchlichen Argument gegenüber Esoterik im allgemeinen und Reinkarnation bzw. Astrologie im besonderen.

Dethlefsen war der erste, der Reinkarnationslehre und Astrologie unter therapeutischer Perspektive miteinander verband. Aus dem Horoskop erschloß sich ihm als Rückführungstherapeuten der »Lehrplan«, den ein Individuum im gegenwärtigen Leben zu erfüllen hatte. In der Rückführung an bestimmte traumatische Punkte aus früheren Leben wurden diese Punkte in einem nochmaligen Erleben in Hypnose durchgearbeitet, konnten losgelassen werden. Zugleich wurde durch das Neuerleben und anschließende Bewußtmachen dem Klienten sinnfällig gemacht, warum er diesen speziellen »Lehrplan« zu erfüllen hatte.

Diesen therapeutischen Umgang auf dem Weg der Rückführung und mit dem Rückgriff auf das Individualhoroskop hat in den letzten Jahren vor allem Baldur R. Ebertin unabhängig von Dethlefsen erprobt und beschrieben. Baldur Ebertin, 1933 geboren, ist der Sohn eines der bekanntesten deutschen Astrologen, Reinhold Ebertin. Baldur Ebertin ist promovierter Psychologe, außerdem Heilpraktier und hat bei seinem Vater eine fundierte astrologische Ausbildung genossen. Seine Darstellung der Reinkarnationstherapie, »Reinkarnation und neues Bewußtsein«, 1987 erschienen, ist eine der besten Darstellungen zum Thema. Dabei geht es Baldur Ebertin nicht darum, Reinkarnation zu beweisen. Was Ebertin an Fällen vorlegt, läßt den Gedanken der Reinkarnation plausibel erscheinen. Aber theoretisch können die therapeutisch induzierten Bilder, mit denen sich die Klienten im Zug ihrer Rückführungen auseinandergesetzt haben, auch sonstige »Phantasien der Seele« sein.[12]

Das Horoskop bei Ebertin determiniert nicht das »Schicksal« des Patienten. Es dient dazu, psychische und somatische Reaktionen und Verhaltensweisen sichtbar zu machen – und zwar vor allem mit Blick auf solche Reaktionen, die in einem vermuteten Zusammenhang mit Traumata aus früheren Existenzen stehen. Ebertin geht also mit dem Individualhoroskop zunächst psychologisch und medizinastrologisch um, bezieht aber dann das, was auf diese Weise im Horoskop sichtbar gemacht werden konnte, behutsam in die Rückführung, die Reinkarnationstherapie ein. Ähnlich wie Ebertin arbeiten inzwischen viele Reinkarnationspraktiker und Reinkarnationstherapeuten, die zugleich das Horoskop in ihre therapeutische Arbeit einbeziehen.

Wie die Astrologie, so bildet auch der Tarot ein komplexes Symbolsystem, und wie die Astrologie wurde der Tarot als billige Wahrsagetechnik mißbraucht. Freilich, wie die Astrologie hat der Tarot in den letzten Jahrzehnten eine vorwiegend psychologische Neudeutung und Neuorientierung gewonnen.

Da jede Karte im Tarot – ähnlich wie die astrologischen »Wörter« und »Wortarten« – eine prinzipienartige Bedeutung hat, liegt es nahe, die Tarot-Karten in Entsprechung zu setzen zum Symbolsystem der Astrologie. Die vier »Farben« der kleinen Arkan-Karten – »Schwerter«, »Stäbe«, »Pokale« bzw. »Kelche« und »Münzen« – werden zu den vier Elementen und den zugehörigen Tierkreiszeichen in Verbindung gebracht: Schwerter zu Luft, Stäbe zu Feuer, Kelche zu Wasser und Münzen zu Erde. Während die kleinen Arkan-Karten vorwiegend für den psychologischen und mantischen Deutungsgebrauch benutzt werden, stellen die großen Arcana insgesamt einen in Bilder verschlüsselten Entwicklungsweg dar. Sie werden ebenfalls in die Psychologie und die Mantik des Tarot einbezogen, können aber auch für sich genommen und in ihrer Gesamtheit als individueller oder kollektiver Reifungsweg begriffen werden. Der mehr praktisch-wahrsagerische Gebrauch des Tarot konzentriert sich auf die großen Arkan-Karten als mantische Hilfsmittel. Im fundierten, seriösen Gebrauch des Tarot bilden die großen Arkan-Karten den esoterisch-psychologischen Hintergrund, vor dem mit Hilfe der 56 kleinen Arkan-Karten praktische und gegebenenfalls auf kürzere Zeiträume bezogene Lebensdeutung und Lebenshilfe versucht wird.

Der Astrologe Bernd A. Mertz aus Frankfurt/Main hat vor einigen Jahren in einer ausführlicheren Arbeit »Astrologie und Tarot« Vorschläge zur Zuordnung der 22 großen Arkan-Karten zu den Tierkreiszeichen und den Planeten gemacht.[13] Zufällig oder nicht – die Zahl der Tierkreiszeichen (12) und die Zahl der acht astronomischen Planeten, vermehrt um Sonne und Mond, führt genau auf 22. Der Mondknoten ist dabei als Punkt jedoch ausgespart. In der Deutung der einzelnen Horoskop-Faktoren werden nun auch die Bilder der zugeordneten Tarot-Karten hinzugezogen. Soweit ich sehe, haben sich die Zuordnungsvorschläge von Mertz nicht allgemein durchgesetzt. Zwar vermögen viele Astrologen durchaus mit dem Tarot umzugehen. Tarot und Astrologie können einander auch in der Tat befruchten; beide Systeme sind symbolisch, haben ein komplexes Gesamtgeflecht, das sich in vielen individuellen Variationen anwenden läßt. Aber die Anwendungen sind insgesamt sehr unterschiedlich. Der Astrologe, wenn er seriös arbeitet, greift immer auch auf das Geburtshoroskop zurück. Er braucht eine gesicherte Datenbasis. Der Tarot lebt nahezu gänzlich aus dem Augenblick heraus, jedenfalls in seiner praktischen Anwendung. Der Klient erklärt dem Kartenleger sein Problem. Im Bewußtsein des Problems legt der Klient die Karten (nach anderen Legesystemen und Überzeugungen soll eher der Kartenleger selbst die Karten auslegen); die Karten fallen nun nicht zufällig, sondern überzufällig in diesen oder jenen Bildern, in dieser oder jener Reihenfolge. Der Tarot ist wesentlich intuitiv. In einer kreativ-therapeutisch angewandten Astrologie bzw. astrologischen Beratung kann der Tarot freilich durchaus einen wichtigen Platz einnehmen – dort nämlich, wo der Ratsuchende frei und offen mit Symbolen umgehen soll, wo er die Symbole seines Horoskops gegebenenfalls anders und neu mit Leben »erfüllen« soll. Hier kann die Symbolik der Tarot-Karten bereichernd und vertiefend wirken. In der astrologischen Beratung wird der Tarot dann so eingesetzt, wie sonstige Bilder oder wie bestimmte Märchen.

Nichtklassische Schulen und Modelle der Astrologie

Wie jedes Wissensgebiet hat die Astrologie mehrere Schulrichtungen, mehrere gleichsam konkurrierende Systeme, entwickelt. »Die« Astrologie gibt es also, streng genommen, nicht. Es gibt mehrere »Astrologien«.

Aus Platzgründen können diejenigen Astrologie-Modelle, die anders sind als das Modell der (revidierten) Klassik, hier nur gestreift werden. Dies aber soll wenigstens in Grundzügen geschehen – nebst einer Einschätzung der durch mehrere »Schulen« entstandenen Forschungs- und Arbeitssituation für die Astrologie.

Daß die Astrologie in unterschiedlichen Modellen arbeitet, ist noch verhältnismäßig ungewohnt und neu. Bis zum Beginn des 20. Jahrhunderts war die traditionelle klassische Astrologie das einzige Modell von Astrologie. Zwar gab es hie und da spezielle Techniken. Das heißt also durchaus, daß die Astrologie weiterentwickelt wurde. Aber diese Techniken reicherten den Bestand der traditionellen Klassik an und wirkten nicht etwa schulbildend. Morin de Villefranche mit seinem ausgefeilten System der »Würden« und »Schwächen« von Planeten hatte im 17. Jahrhundert in diesem Sinn die Technik der tradierten Klassik bereichert. Dasselbe taten die Theosophen im ausgehenden 19. Jahrhundert, die eine Reihe neuer technischer Findungen zum Bestand der Klassik hinzufügten.

Zur Bildung einer völlig eigenen Systematik kam während des Ersten Weltkriegs der Hamburger Astrologe Alfred Witte (1878–1941). Wittes Systematik, die von ihm selbst und seinen Mitarbeitern Friedrich Sieggrün (1877–1951), Ludwig Rudolph (1893–1982) und Hermann Lefeldt (1899–1977) vor allem in den 20er Jahren entfaltet wurde, kehrte sich in vielerlei Hinsicht vom klassischen Bestand ab. Witte und seine Mitarbeiter hatten im Ersten Weltkrieg an einer Reihe von Horoskopen beobachtet, daß sich markante durch den Krieg bedingte Ereignisse mit den klassischen Prognosetechniken in den Horoskopen nicht schlüssig nachvollziehen ließen. Zu dieser Zeit begriff man in der traditionellen Klassik die Astrologie noch vorwiegend ereignis- und schicksalsorientiert. Die »psychologische Wende« der Astrologie, die in den 20er Jahren zur »revidierten Klassik« führte, stand noch bevor. Für Alfred Witte und seinen Kreis lag der Schluß nahe, daß eine andere Technik und zusätzliche Wirkpunkte im Horoskop als triftiger anzunehmen waren.

Entwickelt wurde dann zumal die Halbsummentechnik, mit der die klassische Aspekt-Lehre abgelöst wurde. Außerdem berechneten Witte und seine Mitarbeiter acht sogenannte Transneptunplaneten (Pluto war zu dieser Zeit noch nicht entdeckt). Die »Halbsumme« ist die arithmetische Mitte zweier Punkte (Sonne, Mond, Mondknoten, Planeten, Medium Coeli und Aszendent) auf dem Tierkreis. Ein dritter Punkt steht in der »Halbsumme« zweier gegebener Punkte, wenn er direkt auf deren Halbsummenpunkt steht, also in deren arithmetischer Mitte, oder aber in bestimmten Winkelabständen zu dieser arithmetischen Mitte. Diese Winkelabstände sind durch Vielfache von 22,5 Grad gebildet. Die Winkel der klassischen Astrologie sind so wenigstens zum Teil in dieser neuen Winkelbildungslehre mit aufgehoben – nämlich die Winkel von 45 Grad (Halbquadrat), 90 Grad (Quadrat), 135 Grad (Anderthalbquadrat), 180 Grad (Opposition) und 0 Grad (Konjunktion).

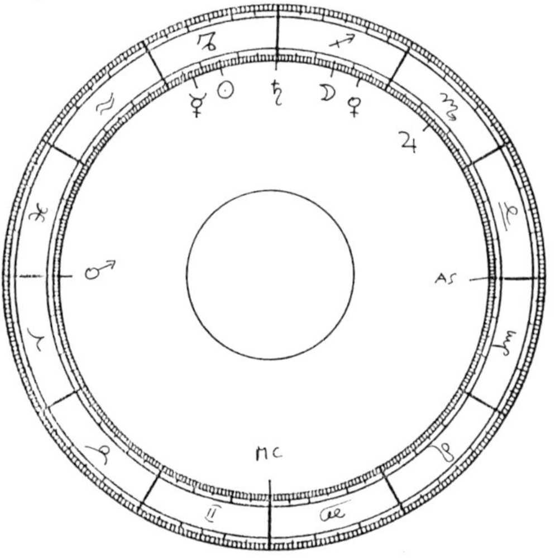

Abb. 5: Halbsummenbeziehungen

Die »Horoskopzeichnung« der vorstehenden Abbildung ist willkürlich; sie soll lediglich die Technik der Halbsummenbildung etwas illustrieren. Betrachten wir Saturn, der ganz oben auf 0 Grad Steinbock steht. Er steht in der direkten Halbsumme von Sonne und Mond, aber auch von Merkur und Venus. Aber auch Merkur und Venus stehen jeweils in einer Halbsummenbeziehung zu Sonne und Mond, da sie einen Winkel zum direkten Halbsummenpunkt formen (jeweils 22,5 Grad). Dasselbe gilt, wenn auch mit anderen Winkelbildungen, für Mars, Jupiter, Aszendent und Medium Coeli. Läßt man, wie in dem System von Witte und seinen Mitarbeitern, auch noch acht »Transneptuner« als Horoskopfaktoren gelten, so kommt man mit Sonne, Mond, Mondknoten, Aszendent, Medium Coeli, den acht astronomischen Planeten und den acht Transneptunern auf 21 Faktoren. Der Punkt 0 Grad Widder, als »Widderpunkt« bezeichnet, bildet einen 2. Faktor. Hier ergibt sich eine schon recht große Anzahl möglicher Halbsummenbildungen. In jedem Horoskop, das nach der Technik von Witte untersucht wird, stößt man auf eine Reihe wichtiger besetzter Halbsummenpunkte, umso mehr, wenn man auch mit aktuellen Konstellationen im Sinn dieser Technik arbeitet. Es werden also wesentlich mehr »Sätze« gewonnen, die zu deuten sind; und diese »Sätze« sind sozusagen nach einer etwas anderen »Syntax« aufgebaut. Nicht mehr nur zwei Elemente sind kombiniert – Sonne Quadrat Mars, Mond Trigon Venus –, sondern drei: Saturn in der Halbsumme von Sonne und Mond, Mars in der Halbsumme von Merkur und Venus. Dies wird kürzer in folgender Form geschrieben: Saturn = Sonne/Mond, Mars = Merkur/Venus.

Die Systematik, die von Witte und seinen Mitarbeitern und Schülern entwickelt wurde, ist heute allgemein als »Hamburger Schule« bekannt. Das Überraschende an ihr ist eigentlich, daß sie in technischer Hinsicht sozusagen inkompatibel ist mit der Technik der klassischen Astrologie und doch insgesamt auf sehr ähnliche Deutungsergebnisse führt. Wo im Detail mit Halbsummenbildungen untersucht wird, erweist sich die »Hamburger Schule« oft als genauer denn die Klassik.

Bereits erwähnt wurde Reinhold Ebertin, der Vater des Reinkarnationstherapeuten Baldur R. Ebertin. Reinhold Ebertin (1901–1988) war in Deutschland mit Herbert A. Löhlein wohl der bekannteste Astrologe. Vor dem Zweiten Weltkrieg vertrat er die »Hamburger Schule«. Ihm kamen freilich dann Zweifel, inwieweit die »Transneptuner« wissenschaftlich haltbar seien. Sie waren astrologisch als »Wirkpunkte« identifiziert, aber nicht als Planeten gesichtet. In der sogenannten »Häuserfrage« der Astrologie bezog Ebertin eine radikale Stellung: Er verzichtete ganz auf die Arbeit mit den astrologischen Häusern im Horoskop. Die »Häuserfrage« ist die Kurzbezeichnung eines »ewigen Streits« unter Astrologen. Wir haben in unseren Beispielen die astrologischen Häuser immer nach der Berechnungsmethode von Placidus angegeben, welche die weitaus meisten »Klassiker« verwenden. Placidus de Titis (1603–1668) war italienischer Mönch und Astrologe und gilt wegen seiner genauen astronomisch-technischen Arbeiten innerhalb der Astrologie als Vater der modernen

Horoskopberechnung. Es gibt aber auch andere Methoden, bei denen zwar Aszendent und Medium Coeli ihre Positionen unverändert behalten, die Zwischenhäuser jedoch anders positioniert sind. Die Begründungen für diese anderen Häusermethoden sind technisch ebenso triftig wie die Methode von Placidus, so daß die Frage, welches Häusersystem das richtige oder beste sei, nur durch Erfahrung zu beantworten ist.

Da sich aber die unterschiedlichen Positionierungen oft nur um wenige Tierkreisgrade unterscheiden, ist auch ein empirischer Testversuch nicht einfach durchzuführen. In der Praxis steht Erfahrung gegen Erfahrung: der eine Astrologe bevorzugt dieses Häusersystem, der andere jenes.

Ebertin, wie gesagt, entschied den »Häuserstreit« radikal durch »Nichtbefassung«. Die Halbsummentechnik behielt er bei, kehrte aber dem speziellen »Hamburger« Winkelmaß von 22,5 Grad den Rücken und nahm den auch klassischen Winkel von 45 Grad (Halbquadrat) als kleinste Einheit indirekter Halbsummenbildungen. In der Deutung konzentrierte Ebertin sich vor allem auf medizinastrologische und psychosoziale Faktoren. Sein Deutungsbuch »Kombination der Gestirneinflüsse«, unter Astrologen kurz als »KdG« bezeichnet, präsentiert sich zwar »nur« als Stichwortsammlung, ist aber dennoch eines der wichtigsten Deutungsbücher, das die deutschsprachige Astrologie hervorgebracht hat. Ebertins System kann in vielerlei Hinsicht als sekundäre Rückentwicklung von der »Hamburger Schule« zur Klassik betrachtet werden. Es ist aber dennoch ein eigenständiges System.

In der klassischen und klassiknahen Astrologie haben sich in den letzten Jahrzehnten mehrere Schulen und Systeme etabliert. Sie unterscheiden sich von der revidierten Klassik durch dieses oder jenes technische Detail bzw. durch besondere Deutungssystematik. Man kann diese Systeme innerhalb des klassischen Rahmens gleichsam als »Dialekte« der klassischen astrologischen »Sprache« begreifen, während die Systematik der »Hamburger Schule« und auch noch das »Ebertin-System« gewissermaßen eine eigene »Fremdsprache« sind.

Das »Astrologische-psychologische Institut«, die sogenannte »Huber-Schule«, wurde bereits ausführlicher erwähnt. Technisch folgt die Huber-Schule der Klassik, benutzt aber ein etwas anderes Häusersystem, die Häuser nach der Berechnung von Dr. Walter A. Koch (1895–1970). Für die Prognose wurde der »Alterspunkt« entwickelt, ein imaginärer Punkt, der mit der Geburt am Aszendenten beginnt und sukzessiv durch die Häuser läuft, beginnend mit dem 1. Haus usw. In sechs Jahren durchquert dieser »Alterspunkt« ein Haus. Er bildet Aspekte zu den übrigen, als feststehend gedachten Horoskoppunkten. Auf diese Weise wird Langzeit-Prognose innerhalb des Huber-Systems möglich. – Psychologisch ist die Huber-Schule, wie oben schon ausgeführt, der Psychosynthese von R. Assagioli verpflichtet, in der ganzheitlich therapeutische, tiefenpsychologische und transpersonale Elemente verbunden werden. In der Huber-Schule wurden schon relativ früh therapeutisch orientierte Deutungsperspektiven für die Astrologie entwickelt.

Ein weiteres klassiknahes Modell, das zu einer eigenen Schulbildung geführt hat, ist die »Münchner Rhythmenlehre«. Sie heißt so, weil ihr Entdecker, Wolfgang Döbereiner, in München lebt und unterrichtet. Döbereiner ist von Haus aus Musiker. Seine spezielle Perspektive auf das Horoskop geschieht unter der Frage, welche »Wellen«, »Schwingungen« durch ein Ereignis in der fortlaufenden Zeit erzeugt werden. Auch die Geburt ist ein solches Ereignis, dessen Schwingungen sich in der Zeit fortpflanzen. Ebenso können die Jahreshoroskope, die für den individuellen Horoskopeigner jährlich auf die bogensekundengenaue Rückkehr »seiner« Sonne auf ihren eigenen Ort im Geburtshoroskop berechnet werden, als solche Ereignisse betrachtet und gedeutet werden. Als besonders markantes Maß, innerhalb dessen diese Schwingungen in der Zeit sichtbar werden, gilt für Döbereiner die Siebenjahres-Periode. Die Jahreshoroskope der ersten Lebensjahre kann man, wie es die revidierte Klassik normalerweise macht, auf die zugehörigen ersten Lebensjahre hin interpretieren. Man kann sie aber auch im Sinn der Theorie Döbereiners als Horoskope von Siebenjahresperioden verstehen: Das Geburtshoroskop selbst wird dynamisch interpretiert im Blick auf die ersten sieben Lebensjahre. Das erste Jahreshoroskop wird entsprechend interpretiert auf die Jahre 7 bis 14, das zweite Jahreshoroskop um den 2. Geburtstag herum auf die Jahre 14–21 usw.

Gleichzeitig hat Döbereiner, nicht unähnlich dem Alterspunkt der Huber-Schule, eine spezielle »Auslösung« entwickelt. Auch bei Döbereiner geht ein imaginärer Punkt ausgehend vom Aszendenten durch die Horoskophäuser – nun freilich gegen den Richtungssinn des Tierkreises. Der Punkt wandert also vom Aszendenten ins 12. Haus, dann ins 11. usw. Döbereiner geht auch hier von einem Siebener-Takt aus: Der Auslösungspunkt wandert in jeweils sieben Jahren durch ein Haus. Da die Häuser im Horoskop unterschiedlich groß sind – Döbereiner rechnet übrigens mit den »Placidus-Häusern« – wandert der Auslösungspunkt in den einzelnen Häusern auch unterschiedlich schnell. – Döbereiner hat in seinem technischen Modell auch stark auf die Analogien zwischen Tierkreiszeichen und Planeten zurückgegriffen, die in der Klassik an sich mittlerweile eher zurückhaltend gehandhabt werden.

Damit sind wesentliche Varianten und eigene Systembildungen der Gegenwartsastrologie genannt. Das Thema der Varianten ist damit aber keineswegs erschöpft. Sehr viele Astrologen neigen dazu, spezielle und eigene »Findungen« am Horoskop zu machen und diese Findungen als Durchbruch zu propagieren. Persönliche Eitelkeit und die fehlende gegenseitige Kontrolle, wie sie sonst in einer »scientific community» üblich sein sollte, begünstigen diese Erfinderlaune. Dabei soll gar nicht bestritten werden, daß die betreffenden Astrologen mit ihren Findungen in Deutung und Beratung positive Erfahrungen gemacht haben können. Aber so gut wie nie werden diese Findungen in aufwendigeren Reihenuntersuchungen erprobt. Lediglich die Modelle, die zu eigenen Schulen bzw. Systematiken mit zahlreichen Anwendern ausgewachsen sind, können für sich eine breitere Erfahrungsbasis in Anspruch nehmen. Aber auch diese ist meist nur ausnahmsweise durch Reihenuntersuchungen angereichert.

Mancher Kritiker wendet sich wegen solch willkürlicher Manipulationen von eifrigen Erfindern vollends von der Astrologie ab. Schon die Zumutung, daß technisch völlig unterschiedlich gehandhabte, aber gleichermaßen imaginäre Punkte wie Döbereiners »Auslösung« und der Hubersche »Alterspunkt«, zu triftigen prognostischen Deutungen führen sollen, ist schwer zu akzeptieren. Von einem wissenschaftlichen Standpunkt aus diskreditiert die Astrologie sich mit diesen unterschiedlichen und widersprüchlichen Techniken, die alle etwas Richtiges bedeuten wollen und sollen, selbst.

Nun muß auch der interdisziplinär denkende und schulenübergreifend orientierte Astrologe nicht jeder Neufindung nachgehen. In den letzten Jahren ist mancher Unfug in der kleinen Welt der Fachastrologen propagiert worden, der allenfalls geeignet war, von der praktischen und seriösen Arbeit abzuhalten.[1] Die Beschäftigung mit unterschiedlichen astrologischen Systematiken freilich ist mehr als nur Spielerei. Wenn an dem Bild der astrologischen »Sprache« etwas Substantielles ist, dann doch dies, daß – ähnlich wie bei den lebendigen Sprachen – auch mehrere astrologische »Sprachen« existieren können, die technisch gar nicht miteinander verknüpfbar sind und doch dasselbe meinen können. Man wird dann diejenige Sprache wählen, in der das, was man zum Ausdruck bringen möchte, am besten ausgedrückt werden kann.

In diesem Sinn sollte denjenigen Systemen, die zu breiterer Anwendung und damit auch zu einem Mindestmaß an kritischer Rezeption gelangt sind, vermehrte Aufmerksamkeit zugewandt werden. Leider verstehen sich die meisten Astrologen nur auf ein einziges System – dasjenige, was sie selbst einmal gelernt haben, häufiger eben durch eigene Findungen angereichert. In einer gewissen Einseitigkeit werden dann alle Aufgaben, die sich dem Astrologen in seiner Beratungsarbeit stellen, durch dieses und in diesem System bearbeitet. Dabei wäre umgekehrt von den vielen jeweils sehr unterschiedlichen praktischen Beratungsaufgaben her zu fragen, welche Technik und welche Systematik sich zur Erfüllung dieser oder jener speziellen Aufgabe jeweils am besten eignet. Keine Systematik deckt die ganze Astrologie ab, und keine Systematik löst alle Fälle der Praxis. Jedes System hat gewissermaßen einen Teil bzw. einige Detailstrukturen jenes großen Webteppichs, den wir Astrologie nennen, in ihr spezielles Blickfeld nehmen können.

Die Astrologie der Zukunft wird sich wahrscheinlich weniger durch weitere Neufindungen auszeichnen. Aber sie dürfte interdisziplinär orientiert sein – ohne daß deswegen die einzelnen großen Systematiken wie etwa die revidierte Klassik oder die Hamburger Schule an Bedeutung verlören.

Astrologie in der wissenschaftlichen Kritik

Die Grundlagen der Astrologie sind wissenschaftlich unbewiesen und – bis auf weiteres – unbeweisbar. Dennoch ist die Astrologie gesellschaftlich präsent wie vielleicht nie zuvor. Zugleich aber wird sie von der kritischen akademischen Intelligenz totgeschwiegen. Wo sich diese trotzdem mit Astrologie auseinandersetzt, ist das Urteil in der Regel vernichtend.

Dieses Mißverhältnis zwischen gesellschaftlicher Präsenz der Astrologie und ihrer Nicht-Wahrnehmung von Seiten intellektueller Meinungsführer ist für die Astrologie wie auch für die Gesellschaft, die von der Astrologie Gebrauch macht, höchst unbefriedigend. Wo die Astrologie »offiziell« totgeschwiegen wird, kann ihr auch kein wirklich kritisches Gegenüber erwachsen. Gerade dies aber bräuchte die Astrologie, die als Außenseiterfach trotz der Expansion der letzten Jahre noch immer viel zu sehr »im eigenen Saft schmort«. Und die gelegentlich geäußerte Kritik von naturwissenschaftlicher Seite wird wegen ihres oft anmaßenden Tones begreiflicherweise von den Astrologen überhört. Viel zu wenig wird darum die Astrologie mit wirklich ernst zu nehmenden Anfragen und Gegenargumenten konfrontiert.

Entsprechend gilt dies für die Gesellschaft, die sich der Astrologie bedient. Ihre diesbezüglichen Bedürfnisse werden von der akademischen Intelligenz kaum zur Kenntnis genommen, also auch kaum kritisch befragt. Arbeiten wie die oben zitierte von Th. W. Adorno sind eher eine Ausnahme, und so werden die Bedürfnisse einer sich der Astrologie zuwendenden Gesellschaft kaum mit konstruktiver Zuwendung bedacht.[1]

»Kritik« ist nach der griechischen Herkunft des Wortes die »Kunst der Unterscheidung«. Zu dieser Kunst gehören Argumente – und Gegenargumente –, mit denen »Unterscheidungen« herausgearbeitet werden. Solche Argumente sollten nachvollziehbar sein. Sie sollten auch und gerade von denen, die sie betreffen, erörtert werden können. Dies setzt eine dialogische und partnerschaftliche Situation zwischen Kritikern und Kritisierten voraus. Eine solche dialogische Situation ist zwischen Astrologen einerseits und akademisch-wissenschaftlichen Kritikern der Astrologie andererseits bislang kaum gegeben.

Im folgenden sollen Argumente gegen und für die Astrologie zusammengetragen werden. Im »Streit um die Astrologie« sollen beide Parteien zu Wort kommen. Gerade weil die kritischen Anfragen an die Astrologie ernst zu nehmen sind, und gerade weil die Astrologie dennoch mit Recht eine Reihe von Argumenten für sich in Anspruch nehmen kann, sollte ein Dialog zustande kommen. Im Herausfinden, was Wahrheit ist, sind beide Seiten aufeinander angewiesen und sollten dies gestalten. Dabei geht es um das gegenseitige Ernstnehmen, nicht um ein gegenseitiges Überzeugen und schon gar nicht um Sieg und Niederlage. Wenn beide Seiten bereit sind, sich gegebenenfalls vom jeweiligen Dialogpartner nachdenklich machen zu lassen, ist schon einiges erreicht.

Die wissenschaftlichen Grundargumente gegen die Astrologie

Die Astrologie behauptet einen Zusammenhang zwischen dem Wandel der Planeten und den Stellungen von Sonne und Mond einerseits und dem individuellen und kollektiven Tun, Streben und Geschehen auf der Erde andererseits. Von welcher Beschaffenheit dieser Zusammenhang ist – kausal, physikalisch, mechanisch, elektromagnetisch, akausal-synchronistisch –, weiß niemand bislang zu sagen. Dieser Zusammenhang ist kaum statistisch zu erfassen. Wenn in einem Individualhoroskop eine bestimmte aktuelle Konstellation von Mars und Saturn gleichzeitig mit einem Unfall des zugehörigen Horoskopeigners auftritt, so mag man vorsichtig – als Astrologe – schließen, daß diese bestimmte Konstellation von Mars und Saturn eine »Unfallkonstellation« ist. Dieser Schluß ist aber keineswegs zwingend. Tritt die Konstellierung von Mars und Saturn ein nächstes Mal auf, so ist ein erneuter Unfall möglich, aber in keiner vernünftigen astrologischen Theorie zwingend ableitbar. Wohl läßt sich eine solche Konstellation von Mars und Saturn in einem offenen, viele Deutungen einschließenden Bild als harte und womöglich schädigende Energie beschreiben. Dies schließt die konkrete Möglichkeit eines Unfalls ein, aber auch eine arbeitsintensive, womöglich streßbetonte Zeitphase. Aus wissenschaftlicher Perspektive erscheint Astrologie und astrologische Deutung damit als uneindeutig. Jede triftige wissenschaftliche Theorie verlangt, daß in ihr Faktenaussagen ableitbar sind, die sich als wahr erweisen. Eine strukturelle, symbolorientierte Deutung von Horoskopkonstellationen führt jedoch nicht zu solchen Aussagen.

Faktische Deutungen sind zwar möglich, aber sie können bestenfalls im Ton der Wahrscheinlichkeit gemacht werden. Erfahrung des Deutenden mag zwar in vielen Fällen eine hohe

Wahrscheinlichkeit nahelegen und eine entsprechend formulierte Deutung rechtfertigen. Aber im strengen wissenschaftlichen Sinn ist solcherart »faktische Deutung« nicht innerhalb einer »wissenschaftlichen« Theorie der Astrologie ableitbar.

Wo aber Faktenaussagen nicht schlüssig ableitbar sind, sondern allenfalls »wahrscheinlich« werden, ist ein statistischer Zugriff kaum mehr möglich. Statistiken werden über festgestellte Tatsachen angefertigt.

Fassen wir zusammen: Die Theoriebildung innerhalb der Astrologie nach wissenschaftlichen Kriterien ist bislang nicht möglich, weil die Natur des behaupteten Zusammenhangs zwischen Sternenwandel und Weltgeschehen unbekannt ist. Das Ableiten »richtiger Aussagen« in einer wie auch immer gearteten astrologischen Theorie ist nicht möglich, weil die Astrologie von vornherein, streng genommen, nicht mit Aussagen, sondern mit Strukturen umgeht, die mit durchaus sachlich verschiedenen Aussagen »interpretiert« werden (müssen). Infolgedessen erweist sich ein statistischer Zugriff auf die Astrologie als problematisch.

Mit dem gängigen wissenschaftlichen Instrumentarium ist Astrologie also bis auf weiteres nicht beweisbar. In den Augen des Wissenschaftlers, der aus guten Gründen auf das wissenschaftliche Instrumentarium der triftigen Theoriebildung und der statistischen Absicherung nicht verzichten kann, muß Astrologie darum vorerst zurückgewiesen werden.

Von dieser durchaus einsichtigen und vernünftigen Haltung ist es nicht mehr weit zu dem wissenschaftlichen Hauptargument, daß die Astrologie von vornherein ein wissenschaftlich nicht haltbarer Unfug sei. Wer das gängige wissenschaftliche Instrumentarium für den einzig sinnvollen Weg zu mehr Wissen und Einsicht hält, kann kaum anders argumentieren.

Für einen kritischen und selbstkritischen Dialog von Wissenschaftlern und Astrologen ist freilich schon manches gewonnen, wenn die *Begrenztheiten* auf *beiden* Seiten angemessen wahrgenommen werden. Astrologie taugt zunächst nicht für den statistischen Zugriff. Das liegt gewissermaßen in der Natur der Sache. Der wissenschaftliche Zugriff mit der Frage nach Ableitbarkeit wahrer Aussagen und statistischer Absicherung hat seine große Bedeutung, aber er erschließt noch nicht jedes mögliche Wissensgebiet.

Bescheidenheit auf beiden Seiten ist also angesagt. Astrologie ist *nicht* Wissenschaft. Aber Wissenschaft deckt auch *nicht alles* Wissen ab. Mit solcher Bescheidenheit wird Astrologie nicht etwa in das Gebiet des Glaubens verwiesen. Der Astrologe *weiß*, daß die Astrologie »funktioniert«, weil er das hundertfach erfahren hat. Er weiß auch, *wie* die Astrologie funktioniert. Er kann freilich nicht sagen, *warum* die Astrologie funktioniert. Und er vermag nicht, seine Erfahrung unter allen Umständen abgesichert zu belegen.

Der bornierte Aberglaubensvorwurf, der der Astrologie häufig gemacht wird, läßt sich so kaum halten. Wir haben in unserer Darstellung der seriösen Astrologie bereits in Grundzügen angegeben, *wie* Astrologie »funktioniert«. Dabei dürfte auch klar geworden ein, daß das Symbolsystem der Astrologie rational, d. h. nachvollziehbar ist. Gewiß, die Symbolik der Astrologie ist komplex, sie läßt sich nicht in starre Gleichungen überführen, sondern lediglich in Bilder, die letztlich unausschöpfbar bleiben. Aber die Symbole können beschrieben, können triftig an- und ausgedeutet werden. Sie sind erlernbar. In *diesem* Sinn ist die Astrologie »rational«. Sie ist auch insofern rational, als sie – trotz aller vielschichtigen Interpretation – keineswegs willkürlich ist. Deutung ist erlernbar, ist wiederholbar. Es können trotz aller Vielschichtigkeit Standarddeutungen gegeben werden, die, obgleich sie keineswegs immer »treffend«, kaum je grundfalsch sind. Wäre die astrologische Deutung willkürlich, so würde auch unter Astrologen keine Einstimmigkeit im Grundverständnis dieser oder jener Konstellation zu erzielen sein. Die Existenz von Deutungsbüchern, die in der Fachöffentlichkeit weithin akzeptiert und benutzt werden, widerlegt das häufiger vorgebrachte Argument der Willkür.

Warum dann nicht, wenn die Dinge so liegen, doch eine konstruktive und zugewandte Befassung seitens der Wissenschaften mit der Astrologie? Das Nein der Wissenschaften zur Astrologie hat nun freilich gerade mit der Grundhypothese der Astrologie zu tun. Behauptet wird ein Zusammenhang zwischen den Bewegungen der Planeten am Himmel und dem Geschehen auf der Erde. Diese Behauptung erscheint dem Wissenschaftler nicht zu Unrecht weit hergeholt. Aus guten wissens- und forschungsökonomischen Gründen ist ein Wissenschaftler gehalten, zunächst Hypothesen zu prüfen, in denen andere, gewissermaßen »erdnähere« Zusammenhänge untersucht werden. Wenn sich herausstellt, daß solche »erdnäheren« Zusammenhänge weitgehend zur Klärung von Milieus, von Charakterprägungen usw. beitragen, kann auf die Astrologie und ihre Behauptungen verzichtet werden – umso mehr, wenn die Belegbarkeit dieser Behauptungen ohnehin zweifelhaft erscheint.

Man braucht nicht auf das oben (S. 29f.) zitierte Argument von Adorno zurückgehen, demzufolge schon der wissenschaftliche Fortschritt der Astrophysik den Sternenglauben verbiete. Es reicht aus, auf die Erklärungskraft, die Reichweite soziologischer und psychologischer Theorien hinzuweisen, um den Gedanken an die Astrologie erst einmal beiseitezuschieben.

Allerdings ist gerade das forschungsökonomische Argument meines Erachtens kaum mehr haltbar. Sicher, wenn ich monokausal eine sozialwissenschaftliche Milieutheorie heranziehe, um diese oder jene individuelle Charakterprägung zu erklären, kann ich getrost auf Astrologie verzichten. Aber kaum ein ernst zu nehmender Wissenschaftler läßt sich auf monokausale Erklärungsversuche ein, jedenfalls im humanwissenschaftlichen Bereich. Warum ein Mensch sich so verhält, wie er es tut, warum er so ist, wie er ist, wird auf eine Reihe unterschiedlicher, aber zusammenwirkender Faktoren zurückgeführt: medizinische, biologische, soziokulturelle, psychologische usw. Zu dieser Reihe darf man auch Faktoren nehmen, die »aus größerer Entfernung« wirksam sind. Die planetarischen Plasmawolken stehen mit der Sonne und untereinander in Wechselwirkung. Dies gehört längst zum Standard von Astronomie und Astrophysik. »Als Ergebnis dieser Wechselwirkung hängt die Sonnentätigkeit von den relativen Lagen der Planeten ab. Beobachtet man diese Lagen, so kann man gewisse Züge der Sonnenaktivität mit großer Genauigkeit voraussagen. Die Sonnentätigkeit beeinflußt die Qualität des Kurzwellenempfanges und Schwankungen in dieser Qualität lassen sich also aus der Stellung der Planeten vorhersagen: es gibt eine Radioastrologie. Die Sonnentätigkeit beeinflußt das Leben. Das ist natürlich schon seit langem bekannt. Was überrascht, ist die delikate Natur dieses Einflusses. Schwankungen des elektrischen Potentials in Bäumen hängen nicht nur von der Durchschnittstätigkeit der Sonne ab, sondern von einzelnen Sonnenausbrüchen und daher wiederum von der Stellung der Planeten.«[2]

Mit einer »Radioastrologie« oder »Baumastrologie« sind die Behauptungen der Astrologie natürlich keineswegs belegt. Aber Radio- und Baumastrologie legen nahe, sich auch ernsthaft und zugewandt mit den Argumenten der Astrologie selbst auseinanderzusetzen.

Was Astrologie zu behaupten vermag, haben wir in Grundzügen darzulegen versucht. Herbert Frhr. v. Klöckler, einer der Väter der revidierten Klassik, hat Hypothese und Reichweite der Astrologie folgendermaßen in Worte gefaßt: »Astrologie ist die auf Erfahrung begründete Lehre von den Beziehungen zwischen den Funktionen der Himmelskörper und gewissen Seiten und Teilen der physikalisch-chemischen, biologischen und psychologischen Prozesse auf der Erdoberfläche.«[3] Erstens, die

Astrologie bietet für keine der von ihr behaupteten Beziehungen monokausale Erklärungen an; es ist lediglich von »gewissen Seiten und Teilen« der verschiedenen Lebensprozesse die Rede. Zweitens, Astrologie gründet sich auf Erfahrung.

Wie astrologische Erfahrung zustandekommt, haben wir uns bereits hinlänglich klar gemacht. Kritiker freilich bestreiten der Astrologie gerade die Möglichkeit von »Erfahrung«. »Die astrologischen Energien sind ein opportunistisch zusammengestellter Wellensalat aus Licht-, Wärme-, Radio-, Röntgen- und radioaktiver Strahlung, aus Gravitationswellen, magnetischen und psychotelepathischen sowie symbolischen Kraftpotentialen«, urteilt der bereits erwähnte Reinhard Wiechoczek (vgl. S. 33) polemisch.[4] Bei derartigem Opportunismus wären Erfahrungsorientierung und Hypothesenbildung in der Astrologie nur ein trügerischer Schein. Ebenso scharf urteilt der kirchliche Kritiker Friedrich-Wilhelm Haack (1935–1991): »Gerade auf ›Erfahrungstatsachen‹ pocht die Astrologie. Sie gelten ihr als ›wissenschaftliches Beweismittel‹. In Wirklichkeit gibt es sie gar nicht. Jedes Horoskop stellt einen durchaus einmaligen Tatbestand dar.«[5] Zwar kennt die Astrologie die »Horoskopzwillinge« – Menschen, die am selben Tag, am selben Ort oder zur selben Minute geboren sind, ohne miteinander verwandt zu sein. Doch tritt der Fall von »Horoskopzwillingen« recht selten auf. Insofern ist es gewiß richtig, daß jedes individuelle Horoskop ein (praktisch) »einmaliger Tatbestand« ist. Dennoch ist der Schluß falsch, daß nun wegen der Einmaligkeit des Individualhoroskops Astrologie von vornherein keine Erfahrungen sammeln könne.

Die Einmaligkeit des Individualhoroskops besteht, wie wir gesehen haben, in der *Kombination* aus dem Gesamtlexikon astrologischer »Sätze« zum individuellen »Text« des Geburtshoroskops. Die »Sätze« selbst – Sonne in Stier, Mond im 8. Haus usw. – können natürlich in vielen »Texten«, in vielen Geburtshoroskopen auftreten, dann freilich eben in anderen Gesamtkombinationen.

Durch Kenntnis der prinzipienartigen Deutungen der »Wörter« und »Wortarten« in der Astrologie, durch Vergleich verschiedener Horoskope, durch Beobachtung des zugehörigen Horoskopeigners usw. kann der Astrologe den Deutungsrahmen eines bestimmten »Satzes« nach und nach erschließen. Wer bei diesem Vorgehen dem Astrologen den Gebrauch und die Berücksichtigung von »Erfahrung« und überhaupt die »Erfahrbarkeit« astrologischer Deutung bestreitet, weiß einfach nicht, wie Astrologie funktioniert, und urteilt über eine Angelegenheit, von der er nichts verstanden hat.

Ein Horoskop läßt sich mit einer Partie Schach vergleichen. Diese als Ganzes ist einmalig. Dennoch sind viele Spielzüge und Figurenstellungen während des Spiels den Spielern schon von früheren Schachpartien bekannt. Aus diesem Umstand resultiert ja gerade die Erfahrung, mit der die beiden Schachspieler die gegenwärtige Partie bestreiten.

Damit sind wir nun freilich wieder dort, wo für den Wissenschaftler das Grundproblem der Astrologie liegt. Ein Wissenschaftler mag der Astrologie nun ein subjektiv ernst gemeintes und ernst zu nehmendes empirisches Vorgehen unterstellen. Aber das, was der Astrologe empirisch erarbeitet, ist nicht zugleich ableitbar aus einer triftigen astrologischen Theorie, und ist wegen der Uneindeutigkeit astrologischer Deutung auch nicht statistisch abzusichern.

Aber hier kann der Astrologe auf eine Reihe von Humanwissenschaften verweisen, deren Theoriebildung begrenzt ist, die sich in vielerlei Hinsicht mehr oder minder auf fallorientierte Erfahrungen beziehen müssen – und die dennoch akademisch akzeptiert sind. Psychologie, Pädagogik, empirische Sozialforschung sind derartige Fächer. Diese Human- bzw. Sozialwissenschaften haben gegenüber der Astrologie natürlich den Vorteil, daß ihre Hypothesenbildungen ganz im Menschen bzw. in der Gesellschaft wurzeln und nicht einen auch wie immer gearteten Einfluß der Sterne unterstellen. Gewiß ist dieser »Vorteil« ein psychologischer, was die einschlägige Akzeptanzbereitschaft zugunsten der genannten Fächer bei kritischen Akademikern betrifft. Aber er basiert nicht unbedingt, wie wir gesehen haben, auf einem Argument.

Wir sollten uns in diesem Zusammenhang klar machen, wie ähnlich in vielerlei Hinsicht psychologisches und astrologisches Deuten vorgehen. Beide basieren auf »Erfahrung«. Erfahrung nun ist im Verständnis des Laien wie des Wissenschaftlers zunächst an »Tatsachen« geknüpft. Friedrich-Wilhelm Haack spricht ja in der oben zitierten Äußerung nachgerade von »Erfahrungstatsachen«. Tatsachen sind einerseits konkrete Sachverhalte oder andererseits – und allgemeiner gesprochen – wahre Aussagen. Das Wahrheitskriterium ist in jedem Fall von herausragender Bedeutung. Dies zeigt sehr schön die gängige Redeweise von der »Vorspiegelung *falscher* Tatsachen«.

Freilich, es gibt recht unterschiedliche »wahre Tatsachenbehauptungen«. Teils sind sie eindeutig, konkret, teils eher offen, weniger konkret, gewissermaßen »weich«. Das zweite Wort auf dieser Seite lautet z. B. »Horoskop«. Dies ist eine eindeutige und konkrete Tatsache, die sofort durch Nachschauen überprüft und erhärtet werden kann – oder aber gegebenenfalls widerlegt wird. Daß hingegen ein bestimmtes Individuum aufgrund seiner psychischen Strukturen immer wieder Partnerschaftsprobleme hat, mag »wahr« sein. Aber das ist vorab eine sehr allgemeine Aussage. Ihr individueller Wert im Rahmen einer beratungs- bzw. therapieorientierten Diagnose ist gering. Wir würden innerhalb eines psychologischen bzw. psychotherapeutischen Zusammenhangs erwarten, daß im Anschluß an diese Tatsachenfeststellung eine nähere Beschreibung der angedeuteten Partnerproblematik gegeben wird. Diese nähere Beschreibung würde die Allgemeinheit der ursprünglichen Aussage eingrenzen, zugleich aber an individuellem diagnostischem und therapeutischem Wert gewinnen. Das betroffene Individuum könnte dann sagen: Ja, diese Beschreibung einer Partnerproblematik entspricht verhältnismäßig genau *meiner* Problematik.

Solche Beschreibungsversuche müssen genügend »individuell« und ausführlich sein, damit sie vom Individuum als auf die eigene Person (auch) zutreffend erkannt und angenommen werden. Aber sie nähern sich den »harten« individuellen Fakten gewissermaßen nur asymptotisch. Sie führen auf die Angabe einer psychischen Struktur, die zwar »individuell« ist, aber nicht identisch mit dem Individuum. Innerhalb dieser psychischen Struktur – sofern richtig beschrieben – »lebt« das diagnostizierte Individuum seine Partnerprobleme. Diese Struktur trifft gegebenenfalls auf eine Anzahl weiterer Individuen zu. Innerhalb der Struktur sind mehrere Möglichkeiten denkbar, *wie* im einzelnen Partnerverhalten und Partnerproblematik ausgelebt werden.

Hier geht es gar nicht mehr um »Wahrheit« im Sinn eindeutiger und nachprüfbarer Fakten. Die Beschreibung der psychischen Struktur darf bereits als triftig gelten, wenn der Betroffene sie als »typisch« für sich erkennt, wenn sie bei ihm Aha-Effekte auslöst – aber auch dann, wenn sie beispielsweise starke Abwehrhaltungen oder Verdrängungstendenzen hervorruft.

Die psychologische Erfahrung und ihre Umsetzung in diagnostisch orientierte Beschreibungsversuche geht etwa so vor wie die astrologische Erfahrung auch. Der Psychologe baut auf Anamnese und auf einschlägiger Vorerfahrung. Der Astrologe baut auf dem Individualhoroskop auf; aber auch hier spielt Vorerfahrung eine wesentliche Rolle, wie wir gesehen haben. Beide Disziplinen liefern Strukturbeschreibungen. Aber deren Prüfkriterium ist nicht »Wahrheit« im Sinn einer »Tatsachenbehauptung«. Tatsache hingegen ist, daß noch nie jemand »psychische Strukturen« zu Gesicht bekommen hat. Niemand wird deswegen der Psychologie Opportunismus vorwerfen oder ihr überhaupt absprechen, auf Erfahrung aufbauen zu können. Im Gegenteil, gerade die Erfahrung zeigt, daß es sinnvoll und plausibel ist, von »psychischen Strukturen« auszugehen, diese zu beschreiben und die individualtypischen Beschreibungsversuche für Psychodiagnostik und Psychotherapie heranzuziehen.

Auf der Ebene der Strukturbeschreibungen, wie sie Psychologie und Astrologie liefern, sind »Triftigkeit«, »Kenntlichkeit«, »Wiedererkennbarkeit«, »Ähnlichkeit« mögliche Prüfkriterien. In diesem Sinn kann eine Strukturbeschreibung – sei es als psychologische Deutung, sei es als Deutung eines Horoskops – »wahr« sein. Aber die Logik dieser Wahrheit ist nicht auf einfache Ja-Nein-Entscheidungen rückführbar. Eine psychologische oder astrologische Strukturbeschreibung kann im Detail irrig sein und trotzdem insgesamt »triftig«.

Da nun die Logik von Psychologie (und Astrologie) nichts mit dem »wahr« oder »falsch« konkreter Tatsachenzuschreibungen zu tun hat, sind die Strukturbeschreibungen von Psychologie und Astrologie auch nur begrenzt digitalisierbar. Und darum ist allenfalls in Grenzen ein statistischer Zugriff möglich. Gleichwohl arbeiten sowohl Psychologie als auch Astrologie entscheidend mit und in Erfahrungen.

Solange Astrologie nicht einigermaßen gesichert zu beweisen ist, braucht man nicht zu erwarten, daß sie in den Kanon akademischer Disziplinen aufgenommen würde. Nach dem aber, was wir bis hierher erörtert haben, scheint es mir durchaus sinnvoll, daß sich die akademischen Wissenschaften mehr als bisher in kritisch-aufgeschlossener statt pauschal abwehrender Weise mit Astrologie beschäftigen. Daß dabei nach wie vor viele Steine des Anstoßes im Weg liegen, werden wir noch in den folgenden Abschnitten sehen. Im übrigen kommt die Astrologie – als praktisches Beratungsfach – sehr gut ohne akademischen Segen aus. Aber der astrologischen Forschung könnte eine zugewandt-kritische Begleitung von seiten der Wissenschaften nur von Vorteil sein. Das betrifft sowohl Theoriebildung als auch die Methodologie astrologischer Forschung. Wissenschaftliche Kritik kann die Astrologie vor mancher Verstiegenheit bewahren.

Selbstkritisch sollte die Astrologie zugeben, daß manche ihrer Vertreter auch in der Gegenwart dem Eindruck Vorschub leisten, sie seien zu konkreten, faktischen Zuschreibungen in der Lage. Insbesondere auf dem Feld astrologischer Prognose wird diesbezüglich viel gesündigt. Reinhard Wiechoczek hat sich ausführlich über Prognosen und Fehlprognosen von Astrologen geäußert und kommt hier keineswegs zu Unrecht zu einem sehr negativen Urteil.[6] Für Wiechoczek und viele andere Kritiker sind die »Nieten« prognostizierender Astrologen der Anlaß, das ganze Fach abzulehnen.

Wir haben hier immer wieder darauf abgestellt, daß es der Astrologie nicht um faktische Zuschreibungen gehen kann, sondern um das Sichtbarmachen, das Kenntlichmachen zugrundeliegender psychischer, körper-konstitutioneller, »schicksalsbezogener« Strukturen. Das gilt auch da, wo der Rückschluß aus bestimmten gegebenen, aus dem Horoskop erkennbaren Strukturen mit hoher Erfahrungswahrscheinlichkeit eine ganz bestimmte Konkretion nahelegt.

Diese Perspektive auf Möglichkeiten und Grenzen astrologischer Deutung gehört spätestens seit den 20er Jahren zum Grundlagenbestand der sich selbst als seriös einschätzenden Astrologie.[7] Herbert Frhr. von Klöckler und Thomas Ring betonen in ihren Arbeiten immer wieder die in diesem Sinn gesetzten Aussagegrenzen der Astrologie. Weder bei Reinhard Wiechoczek noch bei Friedrich-Wilhelm Haack findet sich die Spur eines Verständnisses für diese Perspektive moderner Astrologie. Hoimar von Ditfurth und Heinz Haber, soweit nach ihren einschlägigen kritischen Fernsehbeiträgen beurteilbar, wußten offenbar ebensowenig von dieser Perspektive. Haack freilich zitiert die Vertreter der revidierten klassischen Astrologie erst gar nicht. Wiechoczek erwähnt die Arbeiten von Klöckler und von Ring je ein einziges Mal, allerdings auch außerhalb der hier betonten deutungsgrundlegenden Perspektiven. Einmal mehr muß man feststellen, daß die sich selbst als wissenschaftlich einschätzende Astrologiekritik von ihrem Gegenstand nicht genügend weiß. Das wirft kein günstiges Licht auf die Kritiker und veranlaßt manche Astrologen umso mehr dazu, bei der meist vehement vorgetragenen »wissenschaftlichen Kritik« wegzuhören.

Bausteine einer möglichen astrologischen Theoriebildung

Die Nöte astrologischer Theorieentwürfe und die nicht unberechtigte Skepsis von seiten der Wissenschaften zu solchen Entwürfen haben wir ausführlich angesprochen. Das soll natürlich nicht heißen, daß es in der Astrologie gar keine Ansätze zur Theoriebildung gäbe. Wir wollen in diesem Abschnitt einige theoretische Ansätze vorstellen und erörtern.

Der Naturwissenschaftler, konfrontiert mit der astrologischen Grundhypothese, hält zunächst eimal Ausschau nach einer kausalen Begründung für die Astrologie. Von den Planeten müßten also meßbare Wirkungen auf Mensch und Erde ausgehen –

wie im einzelnen das auch immer sein mag. Klöckler hoffte in den 20er Jahren auf eine »spätere kausale Betrachtung«[8] und erklärte, die Zukunft werde »einen normalen naturwissenschaftlich-legitimen Weg zur Erforschung astrologischer Zusammenhänge bringen«.

Allerdings bringt die kausale Betrachtungsweise einige Aporien mit sich. Die Gravitationswirkung entfernterer Planeten auf die Erde ist extrem gering und läßt sich bislang kaum noch messen. Das Problem der Meßbarkeit von Wirkungen stellt zwar eine kausale Theorie als solche noch nicht in Frage, aber verhindert deren Bestätigung bzw. Widerlegung. Schwerer wiegt, daß es im Horoskop eine Reihe rein errechneter Punkte gibt, denen keine realen Himmelskörper entsprechen – Mondknoten, Häuserspitzen, Achsen. Wie soll deren für den Astrologen offenkundige Wirksamkeit kausal erklärt werden? Weiter muß eine kausale Begründung darlegen können, warum etwa ein und derselbe Planet Mars mit seiner spezifisch »marsischen Strahlung« in dem einen Fall so und in einem anderen Fall ganz anders »wirkt«. Unter den gedanklichen und technischen Voraussetzungen, die die Astrologie macht, ist eine kausale Begründung nicht gerade leicht.

Astrologen ziehen heute meist eine akausale Begründung ihres Fachs vor. Sie greifen zurück auf ein »kosmisches Analogie-Prinzip«.[9] Verwiesen wird im Sinn der alten Regel »Wie oben, so unten« auf synchronistische Prozesse am Himmel und auf Erden, im Planetengefüge und im Individuum. Polemisch urteilt hier Reinhard Wiechoczek, die »Erfindung des Analogie-Prinzips« sei »der Ausstieg aus diskutierbaren Grundsätzen, denn Analogien werden astrologisch frei erfunden, bedeuten alles und nichts«.[10] Daß Wiechoczek die Triftigkeit und Reichweite einer womöglich nicht zu Recht unterstellten Analogie hinterfragt, geht so weit in Ordnung. Aber seine Ausführungen belegen, daß es ihm an philosophiegeschichtlichen und erkenntnistheoretischen Kenntnissen mangelt. Es waren ja nicht die Astrologen, die »das Analogie-Prinzip« erfunden haben. Das bewußte Aufsuchen von Analogien war schon in der vorsokratischen Philosophie ein wichtiges Verfahren, um neue Zusammenhänge aus bereits bekannten zu folgern. Keineswegs wird das Analogie-Prinzip willkürlich gehandhabt, wie Wiechoczek unterstellt. Es folgt ausweislichen Kriterien struktureller bzw. funktioneller Ähnlichkeit. Ein »kosmisches Analogie-Prinzip« könnte sich beispielsweise in der strukturellen Ähnlichkeit der zeitlichen Abfolge von Planetenbewegungen und der zeitlichen Abfolge von Ereignis- und Stimmungsbildungen erweisen. Gerade solche »Entsprechungen«

zwischen Sternenwandel und Weltgeschehen machen ja die Grundhypothese der Astrologie aus.

Es mag dann manche Gründe geben, an der Triftigkeit solcher Entsprechungen zu zweifeln. Aber es gibt keinen logischen Grund, die zugrundegelegte Analogievermutung von vornherein für unsinnig und unmöglich zu halten. Es sei denn, man schlösse, wie Wiechoczek es offenbar vorschwebt, das Denken in Analogien von vornherein aus dem Ensemble zulässiger Erkenntniswege aus. Zwar sind Analogien und Analogieschlüsse nicht Bestandteil wissenschaftlicher Beweisführung. Aber daß Analogievermutungen und Analogiebildungen wissenschaftliche Erkenntnis gegebenenfalls stark befördern, ist kaum zu bestreiten. Erinnert sei an die aristotelische Klassifikation der Tierwelt aufgrund von Analogien. Hier ist der Ausgangspunkt einer wissenschaftlichen Biologie zu finden. Erinnert sei an das Atommodell von Niels Bohr, das dem Sonnensystem analog gedacht ist. Im Zug astrologischer Theoriebildungsversuche muß das Analogie-Prinzip selbstverständlich kritisch erörtert werden. Aber dazu gehört dann auch, daß im Vorfeld Philosophen, Wissenschaftstheoretiker und erkenntnistheoretisch geschulte Astrologen die grundsätzliche Reichweite und Triftigkeit des analogen Denkens und Schließens untersuchen.

Das Feld kausaler und akausaler Betrachtung in der Astrologie im Zusammenhang mit gegenwärtiger wissenschaftlicher Weltsicht hat insbesondere Walter Lang in seinem Buch »Die Astrologie im heutigen Weltbild« mit aller Sorgfalt ausgeleuchtet. Lang erörtert sowohl die »Entsprechungslehre«, also die akausale Betrachtungsweise, als auch eine kausale Sicht der Astrologie. Er kommt zu dem Schluß, daß eine kausale Perspektive insgesamt triftiger sei. Lang untersucht vor allem die Möglichkeit und Wirksamkeit »raumüberbrückender Energieformen«.[11] Im Sinn einer kausalen Begründung der Astrologie ist Langs Arbeit ein bemerkenswerter Beitrag zur astrologischen Theoriebildung. Damit keine Mißverständnisse aufkommen: Walter Lang war bis zu seinem Tod 1986 Arzt, d.h. er verfügte über eine akademische Bildung. Die astronomisch-technischen Voraussetzungen seiner Überlegungen hat er von einem Physiker und einem Astronomen nachprüfen lassen. Langs Absicht ist es gerade, die Astrologie so zu begründen, daß eine entsprechende Theorie naturwissenschaftlich haltbar wird. Ausdrücklich betont er, daß er als junger Mann mit äußerster Skepsis an die Astrologie heranging. Frappante Evidenzerlebnisse an Horoskopen ließen ihn seine Skepsis nach und nach aufgeben. Wiechoczek hat Langs Arbeit, die 1986 erschienen ist, gar nicht zur Kenntnis genommen.

Jenseits der Individualastrologie hat Theodor Landscheidt 1989 in seiner Arbeit »Sun, Earth, Man: A Mesh of Cosmic Oscillations« einen kausalen Begründungszusammenhang für planetare Bewegungen, solare Prozesse und irdische bzw. menschliche Ereignisbildungen darzustellen versucht.[12] Landscheidt hat Naturwissenschaften studiert, darunter auch Astronomie, *und* Jura. Als promovierter Jurist war Landscheidt bis zu seiner Pensionierung in den Achtziger Jahren Richter in Bremen; seither lebt er in Kanada und publiziert vorwiegend auf Englisch. Anläßlich eines Vortrages bei einem Kongreß des Deutschen Astrologen-Verbandes im April 1987 in Bensheim betonte Landscheidt, daß ihm seine Überlegungen und Einsichten nur in der Kombination astronomischer *und* astrologischer Denkansätze möglich geworden seien. Auch von Landscheidts Arbeiten weiß Wiechoczek nichts.

Daß eine kausale Begründung der Astrologie im Rahmen der Individualhoroskopie sehr problematisch wird, erörtert Walter Lang ausführlich an den astrologischen »Häusern«. Wir haben oben schon gesehen (S. 39/40), daß Menschen, die zu ein und derselben Zeit in unterschiedlichen Weltgegenden geboren sind, unterschiedliche Horoskope haben. Zwar stehen die Planeten, sowie Sonne, Mond und Mondknoten an identischen Punkten im Tierkreis. Aber sie kommen in ganz unterschiedlichen Horoskophäusern zu stehen. Wieder stellt sich die Frage nach der unterschiedlichen Wirkung. Unter seiner Perspektive »raumüberbrückender Energieformen« vermutet Walter Lang auch mögliche erdortspezifische Übertragungsfelder. Empirisch sind solche Übertragungsfelder freilich bislang nicht belegt.[13]

Astrologische Theoriebildung schwankt derzeit zwischen kausaler und nichtkausaler Begründung. Beide Begründungsversuche haben manches für sich. In der individualastrologischen Perspektive neigen die Astrologen derzeit freilich überwiegend zu einer nichtkausalen Perspektive. Sie wird der Astrologie »gerechter«. Das heißt, in einer akausalen, synchronistischen Perspektive kann man die praktische Astrologie und ihre Technik, wie man sie als triftig erkannt hat, leichter erklären. Im akausalen, synchronistischen Prinzip liegen zwischen zwei Systemen, also etwa dem Planetensystem und dem psychophysischen Existenzraum des Menschen, zeitgleiche und inhaltliche Entsprechungen vor, ohne daß ein kausaler Zusammenhang gegeben ist.

Denkt man über die individuelle, praktische Astrologie hinaus, wie Theodor Landscheidt das tut, dann werden kausale Perspektiven wieder hochbedeutsam. Der Kritiker könnte hieraus schließen, daß das Schwanken zwischen kausaler und nichtkausaler Begründung in der astrologischen Theoriebildung vor allem deshalb gegeben ist, weil die Astrologie ohnehin Unsinn sei und deshalb unfähig zu konsistenter Theoriebildung. Ich würde vorsichtiger sein und vermuten, daß zwar einerseits die kausale und die nichtkausale Perspektive jeweils zu triftigen Erklärungen in der Astrologie imstande sind, daß aber andererseits die beiden Perspektiven, nimmt man sie jeweils absolut, zu kurz greifen. Im Rahmen astrologischer Theoriebildungsversuche müßte auch die Frage nach Kausalität und Synchronizität eingehend untersucht werden. Beide Denkweisen bedürfen der kritischen Erörterung. Wiederum sollten im Vorfeld solcher Untersuchungen Astrologen mit Erkenntnis- und Wissenschaftstheoretikern die Triftigkeit und Reichweite dieser beiden Denkweisen erarbeiten.

Zur astrologischen Theoriebildung gehört die qualitative Bewertung von Kategorien, die in sonstigen wissenschaftlichen Zusammenhängen ausschließlich quantitativ verstanden werden. Deutlich ist dies zumal bei der Kategorie der Zeit. Aber es gilt im Prinzip auch für die Kategorie der Zahl.

Hinsichtlich der Meßbarkeit der Zeit stimmen Astrologie und Naturwissenschaft im Prinzip überein. Der Naturwissenschaftler mag inzwischen die Zeit ganz anders messen als der Astrologe – etwa mit Hilfe der Schwingungen des Caesium-Atoms statt durch Beobachtung solarer, lunarer und planetarer Rhythmen. Aber das Prinzip bleibt dasselbe. Zur astrologischen Theorie freilich gehört unabdingbar die Qualität der Zeit. Die Zeitanzeige aufgrund der verschiedenen planetaren Rhythmen nimmt der Astrologe zum Anlaß, um die spezifische psychische, kollektive, »schicksalsmäßige« usw. *Qualität* von Zeitpunkten und Zeitphasen zu deuten. Daß es, wie wir umgangssprachlich sagen, gute und schlechte Zeiten gibt, weiß auch der Wissenschaftler. Aber das »Gute« und das »Schlechte« an den Zeiten verknüpft der Wissenschaftler nicht wesensmäßig mit »Zeit« selbst. Es bleibt unabhängig von Zeit.

Ein Beispiel: Ich verliere Geld, weil mein Nachbar mich betrogen hat. Aus wissenschaftlicher Sicht hat dieser Kausalzusammenhang nur zufällig etwas mit diesem oder jenem Zeitpunkt zu tun. Irrtum, entgegnet der Astrologe. Zwar besteht der unmittelbare Kausalzusammenhang fort: Ich verliere Geld, weil mein Nachbar mich betrogen hat. Aber diese kleine Kausalkette unterliegt ihrerseits bestimmten Gesetzen. Mein Nachbar steht, sichtbar in seinem Horoskop, unter einer Qualität »*seiner* Zeit«, in der negative, unsoziale Tendenzen nach außen drängen. Ich stehe zugleich unter einer Qualität »*meiner* Zeit«, in der Tendenzen des Irrtums, des Schadens, der Leichtgläubigkeit usw. eine Rolle spielen. Die gesamte Kausalkette ist eindeutig und überzufällig an eine bestimmte Zeitphase geknüpft.

Die Herausforderung für das wissenschaftliche Denken liegt nicht nur in der wesensmäßigen Verknüpfung von »Zeit« mit inhaltlichem Material, mit qualitativer Erfahrung und den zugehörigen Erlebnisstrukturen. Sie liegt auch in der offensichtlichen Individualisierung von »Zeit«, die sich wesensmäßig für meinen betrügerischen Nachbarn anders erfüllt denn für mich als den Betrogenen. In der objektiven, quantifizierten Betrachtung handelt es sich um ein und dieselbe Zeitspanne. Die Astrologie kann hier natürlich durchaus mit kasuistischem Material aufwarten. Aber eine theoretische Begründung für »Zeitqualität« ist derzeit nicht in Sicht.

Der Wissenschaftler muß davon ausgehen, daß die Zeit unabhängig vom Individuum ist. Sie muß schon vor dem Auftreten des Menschen existiert haben. Sonst wäre das Werden des Menschen bis zu seinem Auftreten, wäre die Welt als solche absurd. Zeit kann insofern nicht »individuell« sein. Andererseits sagen uns die Philosophen und Kulturhistoriker, daß Zeit zugleich verbunden ist mit entscheidenden Bewußtseinsleistungen des Menschen. Zeit könne unmöglich eine »objektive Gegebenheit« sein, »die der Geist nur wahrnehmend erfaßt«, sondern sie ist »eine hochkomplexe konstitutive Leistung des Bewußtseins«, erklärt Reinhard Lauth.[14] Im großen und ganzen folgt Lauth damit Immanuel Kant. Kant hatte argumentiert, es sei unmöglich, sich *keinen* Anfang der Zeit vorzustellen. Also nehmen wir an, die Zeit habe einen Anfang. Aber dann kann man folgerichtig von einer »Zeit« sprechen, da es (noch) keine Zeit gab. Das ist widersprüchlich. Allerdings kann die Natur sich selbst nicht widersprechen. Infolgedessen schließt Kant, daß die Zeit nicht einfach in der Natur selbst gegeben sei, sondern eine Form der menschlichen Verständigung ist.[15]

Damit freilich sind wir bereits mitten in einer qualitativen und individuellen bzw. subjektiven Perspektive auf das Phänomen der Zeit. Auch für diesen Baustein einer Theorie der Astrologie, vielleicht der wichtigste, kann und muß der grundlagenforschende Astrologe legitimerweise auf Vorgedachtes und Vorgearbeitetes aus anderen, akademisch akzeptierten Wissensgebieten zurückgreifen, muß seine eigenen Überzeugungen kritisch überdenken, braucht sie aber auch nicht als abseitigen Glauben wegerklären zu lassen.

Eine ähnliche Herausforderung wie die qualitative Betrachtung der Zeit bietet der astrologische bzw., allgemeiner, der »esoterische« Umgang mit Zahlen. Wer sich mit der esoterischen Disziplin der »Numerologie« befaßt hat, weiß schon, daß hier die Zahlen eine bestimmte, einigermaßen fest umrissene Bedeutung haben. Die Eins versinnbildlicht Ursprung und Anfang, das Individuelle, das Schöpferische, das Durchsetzungsbetonte. Die Drei verkörpert Harmonie, Ganzheit, aber auch Ehrgeiz, Herrschaft, Beherrschung. Die Vier gilt als schwierige, eigenwillige Zahl usw.[16] Die Numerologie reicht in mancherlei Hinsicht ins Mantische und Wahrsagerische. Numerologische Überlegungen haben freilich in vielen Kulturen eine bedeutende Rolle gespielt.

In der Astrologie wird die qualitativ-inhaltliche Auffassung von Zahlen nicht unmittelbar in der Technik und Deutung offenbar. Aber sie liegt der spezifischen Deutung und Bewertung der Aspekte, der Winkel zugrunde. Das Quadrat zwischen zwei Faktoren des Horoskops, nämlich der Winkelabstand von 90 Grad, der der Zahl Vier zugeordnet ist – 4 mal 90 ergibt wieder den Gesamtkreis von 360 Grad –, gilt als schwierig und quälend. Das Trigon zwischen zwei Horoskopfaktoren ist der Drei zugeordnet – 3 mal 120 Grad führt wieder auf den Gesamtkreis von 360 Grad. Das Trigon ist entspannend, harmonisch.

Auch Astrologen machen sich diesen »zahlenmagischen« Bezug ihres Faches nicht immer klar. Die »Zahlenmagie« der Astrologie findet nun keine Entsprechung oder auch nur Ähnlichkeit von einem anderen Wissensgebiet her. Eine Ausnahme bilden allenfalls Ergebnisse psychologischer Beobachtung zur Zahlensymbolik von Träumen und in kulturgeschichtlichen Zusammenhängen, die zu den Beobachtungen an Träumen in Parallele gesetzt werden können.[17]

Damit sind die wichtigsten »Bausteine« kurz genannt und erörtert, die in einer Theorie der Astrologie zu verarbeiten wären. Für die Wissenschaften sind sie vorab Steine des Anstoßes. Die Anstößigkeit wird vielleicht geringer, wenn man sich klar macht, daß die ungewöhnlichen und eben darum anstößigen Überzeugungen der Astrologie doch mindestens in Spuren auch in anderen, weit etablierteren Wissensgebieten zu finden sind. Auch von daher ist es sinnvoll, die vermeintliche Anstößigkeit zumal als Anstoß zu empfinden, gemeinsam unter Astrologen, Natur- und Humanwissenschaftlern auszuloten, inwieweit triftige astrologische Theoriebildung möglich werden kann bzw. unmöglich bleiben muß.

Damit wollen wir allgemeine Erwägungen zur wissenschaftlichen Kritik an der Astrologie hinter uns lassen und uns Anfragen aus einzelnen Wissensgebieten zuwenden.

Klöckler konnte in den 20er Jahren noch den Anspruch erheben, Astrologie astronomisch zu begründen. »Astronomisch unbegründbare Systeme und Methoden gehören eigentlich nicht in das Gebiet des astrologischen Wissenschaftsversuchs«, urteilt er im Zusammenhang mit einer Reihe astronomisch in der Tat nicht begründbarer Prognosetechniken der Astrologie.[18] An anderer Stelle freilich schreibt Klöckler über den forschenden Astrologen, »ihm können astronomische Kenntnisse nur als Mittel zum Zweck dienen, wenn er nicht die teilweise viel bedeutsameren Wissensbereiche der Biologie, Physiologie und Psychologie vernachlässigen soll«.[19] Schon Klöcklers Verhältnis zur Astronomie ist also ambivalent. Eine scharfe Betrachtung freilich der auch von Klöckler vertretenen Grundvoraussetzungen der Astrologie zeigt, daß eine astronomische Begründung der Astrologie derzeit kaum im Ansatz zu denken ist. Das freilich hätte sich auch Klöckler schon klar machen können.

Der Tierkreis ist eine im naturwissenschaftlichen Sinn fiktive Setzung. Daß er den zwölf antiken Hauptsternbildern nachempfunden ist, hat astronomisch keinen Belang, ist nicht beweiskräftig. Im übrigen nimmt der Tierkreis, mit dem die Astrologen arbeiten – er heißt auch der »tropische Tierkreis« –, andere Positionen »am Himmel« ein als die zwölf antiken Hauptsternbilder, der »siderische Tierkreis«. Der Punkt Null Grad Widder des astrologischen Tierkreises läßt sich astronomisch definieren. Es handelt sich um jenen Punkt, an dem die Sonne im Frühjahr auf ihrer scheinbaren Bahn um die Erde über den Himmelsäquator in die Nordhälfte der Himmelskugel tritt. Dieser Punkt, in den Kreis der dem Tierkreis gleichnamigen zwölf Hauptsternbilder projiziert, liegt derzeit im Sternbild des Wassermanns. Er bewegt sich aufgrund der sogenannten Präzession sehr langsam gegen den Richtungssinn der Planetenbahnen und vollendet einmal in rund 26000 Jahren einen vollständigen Kreislauf. Die gegenwärtige Lage des Tierkreispunktes Null Grad Widder im Sternbild des Wassermanns markiert für manche Astrologen und Esoteriker das »Zeitalter des Wassermanns«. Diese Setzung ist selbstverständlich astronomisch ebenfalls nicht zu begründen – und im übrigen auch bei vielen Astrologen umstritten.[20]

Im Bewußtsein seiner fiktiven Setzung wird der Tierkreis von manchen Astrologen auch als »Meßkreis« bezeichnet.[21] Ihm kommt freilich nicht nur metrische Bedeutung zu. Wir haben ja seine bildhaften Analogien ein Stück weit kennengelernt, wir wissen, daß »Sonne im Stier« etwas anderes bedeutet als »Sonne im

Steinbock« usw. Die Deutungen der Tierkreiszeichen sind dem Jahreslauf auf der Nordhalbkugel der Erde nachempfunden. Widder, das impulsive Prinzip, ist dem Frühling und seinem Hervorbrechen nach den Wintermonaten nachempfunden. Auf den Widder folgt Stier, das Prinzip des Genusses, der Fülle: Der Frühling ist nun voll erblüht usw. – Diese Analogien sind astronomisch sicher nicht begründbar. Auch die regelmäßige Teilung des Tierkreises in Kreiszwölftel läßt sich astronomisch nicht rechtfertigen. Die Hauptsternbilder der Antike sind von sehr unterschiedlicher Größe.

Als realer »Bezugskreis«, wenn man so will, gilt Astronomen natürlich nur der siderische Tierkreis, also der Kreis der zwölf antiken Hauptsternbilder. Von daher wird Astrologen gern unterstellt, sie arbeiteten mit dem »falschen Tierkreis«. Wiechoczek vertritt dieses Argument, d. h. er weiß nicht, wie die Astrologie zu ihrer Berechnung des (tropischen) Tierkreises kommt.[22] Haack verwechselt schlicht den tropischen mit dem siderischen Tierkreis.[23]

Ein Mangel ist gewiß, daß die Astrologie den (tropischen) Tierkreis nicht schlüssig begründet. Seine Analogie im Jahreszeitenlauf auf der Nordhalbkugel darf als Hinweis gelten. Mehr aber auch nicht, denn der Jahreszeitenlauf auf der Südhalbkugel der Erde ist ein anderer – und doch gilt auch für die Südhalbkugel derselbe Tierkreis. Andererseits ist schon der Tierkreis keine astronomische Angelegenheit mehr. Daß die Astrologen in bezug auf den Tierkreis Positionen von Sonne, Mond, Mondknoten und Planeten ermitteln, mag Astronomen merkwürdig vorkommen. Aber das ist eigentlich kein Gegenstand spezifisch astronomischer Kritik, weil die Positionsbestimmung als solche korrekt ist.

Ähnlich liegen die Dinge bei den zwölf Horoskophäusern. Die Häuser beruhen auf einer gleichmäßigen, jedoch willkürlichen Einteilung des Erdraums, gesehen aus der Perspektive des Geburtsortes. Ohne Kenntnis von Geburtsort und genauer Geburtszeit ist eine Berechnung der Horoskophäuser nicht möglich. Die Häusereinteilung als solche, nämlich die Einteilung des Erdraumes selbst ist durch den Geburtsort gegeben. Von jedem Ort auf der Erde aus ist die Zwölfteilung des Erdraumes eine andere. Die Projektion dieser Zwölfteilung in den Tierkreis ergibt die astrologischen Häuser. Die jeweiligen Örter der Projektion im Tierkreis resultieren aus der genauen Geburtszeit – durch die ständige Rotation der Erde ändert sich ja die Projektion laufend. Eine astronomische oder sonstwie naturwissenschaftliche Begründung der astrologischen Häuser gibt es bislang nicht. Insbesondere die Häuser führen im Horoskop zu einer Reihe von Rechenpunkten, denen keine realen astronomischen Objekte entsprechen. Das gilt speziell für die »Achsen«, den Aszendenten (zugleich Beginn des 1. Hauses) und das Medium Coeli (zugleich Beginn des 10. Hauses).

In den Zusammenhang mit der Häuserberechnung, für die der Geburtsort und die genaue Geburtszeit benötigt werden, fällt noch ein kritisches Argument, das die »unerhörten Vergröberungen« astrologischer Technik angreift. »Als Geburtsort gilt beispielsweise ›London‹, das seinerseits eine ziemliche Ausdehnung hat«. »Ein ganz genaues Horoskop müßte die Geburtssekunde zugrundelegen.«[24] Nun wird in der astrologischen Praxis für sehr ausgedehnte Städte auch mit den geographischen Positionen einzelner Stadtteile gearbeitet.[25] Aber insgesamt fallen diese »unerhörten Vergröberungen« für die Berechnung und Deutung eines Horoskops noch nicht ins Gewicht. Die ins Feld geführten Vergröberungen betragen für die Geburtsortangabe einige Längen- und Breitenminuten, für die Geburtszeitangabe die Aufrundung bzw. Abrundung auf ganze Minuten. Die Positionsberechnung der Planeten einschließlich Sonne und Mond variiert dadurch um bestenfalls einige Bogensekunden. Für Aszendent, Medium Coeli und die übrigen Häuserspitzen ergibt sich ein Fehlerspielraum von maximal 15 bis 20 Bogenminuten – den vierten bis dritten Teil eines Kreisgrades! Entscheidungsprobleme für die Horoskopdeutung beginnen für Aszendent und Medium Coeli frühestens bei einem Fehlerspielraum von einem ganzen Kreisgrad und mehr.

Daß diese technischen Vergröberungen für die Horoskopdeutung noch nicht ins Gewicht fallen und daher tolerabel sind, ist freilich eine Überzeugung, die rein aus der Erfahrung bisheriger astrologischer Praxis resultiert. Strenggenommen ist damit natürlich das Problem etwaiger unzulässiger Vergröberungen nicht gelöst. Andererseits arbeiten auch andere Disziplinen mit Vergröberungen im technischen Bereich – Statistik, Geodäsie – und erfreuen sich dennoch offizieller Anerkennung.

Die fachspezifische Erfahrung in dieser oder jener Disziplin erweist, inwieweit technisch notwendig vorkommende Vergröberungen tolerabel erscheinen oder nicht. Das hat auch mit den praktischen Zielen der jeweiligen Disziplin zu tun. Wer die Technik der Horoskopberechnung verstanden hat, weiß um bestimmte technische Vergröberungen. Er weiß aber auch, daß diese Vergröberungen für den praktischen Zweck der Deutung nicht ins Gewicht fallen. Das aufgeregt vorgetragene Argument der »unerhörten Vergröberungen« läßt direkt den Schluß zu, daß der Kritiker von den Grundlagen des von ihm beurteilten Gegenstandes nichts weiß.

Ganz sicher kann man sich diesbezüglich bei Reinhard Wiechoczek sein. Dieser geht beispielsweise davon aus, daß sich der »Häuserkreis« ohne jede Veränderung um die ganze Erde spannt.[26] Immerhin ist richtig, was Wiechoczek aus astronomischer Perspektive zu den astrologischen Häusern feststellt: daß es »astronomisch ... keinerlei Hinweis auf die Existenz des Häuser- oder Felderkreises« gebe. Daß hier die Astronomie kritisch rückfragt, ist begreiflich.

Eine weitere kritische Rückfrage der Astronomie muß sich auf die zweidimensionale Perspektive des Horoskops beziehen. Das Sonnensystem ist ja in Wirklichkeit dreidimensional. Durchaus willkürlich berücksichtigt die Astrologie im Horoskop nur die ekliptikale Länge der Sonne, des Mondes, des Mondknotens und der Planeten. Stehen Mars und Saturn astrologisch in »Konjunktion«, also im Winkelanstand von Null Grad, so sind sie astronomisch gesehen von einer Konjunktion, einem Zusammenstehen wahrlich weit entfernt. Die astrologische »Konjunktion« bezieht sich ausschließlich auf die Längenpositionen der in Konjunktion befindlichen Planeten. Breite, Deklination, Entfernung von Sonne bzw. Erde werden nicht berücksichtigt. Wiederum verweist der praktische Astrologe hier auf die in der Astrologie gesammelte Erfahrung. Danach ist dieses Vorgehen triftig. Aus astronomischer Sicht aber ist es willkürlich und läßt sich astronomisch auch nicht begründen.

Ein weiteres Argument der Astronomie gegen die Astrologie bezieht sich auf das »falsche«, das vorkopernikanische Weltbild, dem die Astrologie angeblich noch immer huldigt.[27] Dieses Argument trifft nicht, es rührt her aus der Unkenntnis astrologischer Darstellungweise. Im Ernst behauptet ja heute kein Astrologe ein vorkopernikanisches Weltbild mit der Erde als Mittelpunkt, um den eine Sonne kreise. Die Astrologie tut nichts weiter, als daß sie astronomische Realitäten konsequent aus der Perspektive der Erde darstellt. Diese Perspektive ergibt sich aus der Grundhypothese der Astrologie: Zwischen Planetenbewegungen und irdischem Geschehen besteht eine Entsprechung. Also rückt die Erde in den Mittelpunkt der Betrachtung und nicht etwa die Sonne. Natürlich kann die Astronomie diese Perspektive der Astrologie und die aus ihr folgende Weise der Positionsbestimmung der Planeten zurückweisen und sagen, eine solche Perspektive sei unangemessen oder unpraktisch. Aber das ist ein technisches Argument, daraus allein läßt sich eine inhaltliche Kritik oder gar der Vorwurf des »falschen Weltbildes« nicht ableiten.

Man sieht insgesamt, daß das Verhältnis zwischen Astronomie und Astrologie recht locker ist. Die Astrologie nutzt von der Astronomie etwas Himmelsmechanik, mehr nicht. Sie tut das überdies in sehr spezifischer, nicht falscher, aber ungewöhnlicher Weise: zweidimensionale statt dreidimensionale Darstellung, Perspektive von der Erde aus. Astrologie nutzt die Himmelsmechanik, um die »Zeitanzeige« markieren zu können, die sie in der Bewegung der Planeten zu erkennen glaubt. Sie markiert die Planetenbewegungen so, daß die »Zeitanzeige« für die astrologischen Zwecke optimal erkennbar wird. Mit der qualitativen Deutung der angezeigten Zeit verläßt der Astrologe bereits das Feld der Astronomie. Diese liefert der Astrologie scheinbar nur rohes Material. Die Astrologie zieht dieses Material willkürlich und wählerisch heran. Wahl und »Willkür« der Astrologie werden astronomisch nicht begründet und sind auch astronomisch gar nicht begründbar.

Selbst wenn man eine kausale Begründung der Astrologie annimmt und physikalisch meßbare »Wirkungen« der realen Planeten unterstellt, wird das Verhältnis zwischen Astrologie und Astronomie nicht enger, werden Wahl und Willkür der Astrologie nicht geringer. Die astrophysikalische Beschaffenheit der Planeten interessiert den Astrologen nicht, ebensowenig wie die genauen Raumkoordinaten der Planeten. Ihn interessiert die durch bestimmte Teile der Himmelsmechanik darstellbare Zeitqualität des Sonnensystems. Gewiß, das letzte Wort zum Verhältnis von Astrologie und Astronomie ist noch nicht gesprochen. Die kausalitätsorientierten Überlegungen von Walter Lang, Theodor Landscheidt sowie – darauf ist noch einzugehen – von Percy Seymour sind nicht einfach von der Hand zu weisen. Aber selbst mit solchen Überlegungen muß die Astrologie nicht fortan zur Gänze der Astronomie folgen.

Eher stellen sich derzeit die Verhältnisse so dar: Die Astronomie kann von vornherein nur wenig zu einer konstruktiven Kritik an der Astrologie beitragen. Von ihrem Standpunkt aus kann sie nur auf den wählerischen und uneigentlichen Gebrauch bestimmter astronomischer Gegebenheiten verweisen.

Das Verhältnis der Astronomen zu den Astrologen ist dem Verhältnis von Mineralogen zu Steinmetzen vergleichbar. Mineraloge und Steinmetzen beschäftigen sich beispielsweise mit Marmorgestein. Sie tun das auf sehr unterschiedlicher Weise. Vom Standpunkt des Mineralogen aus handelt der Steinmetz ausgesprochen wählerisch und in der Behandlung seines Materials willkürlich. Er handelt nämlich nach ästhetischen Kriterien, nach handwerklichen und bearbeitungstechnischen Überlegungen.

Diese sind innerhalb der Mineralogie jedenfalls nicht abzuleiten. Der Steinmetz bedient sich jedoch der Mineralogie, wo er für sein Handwerk etwas über unterschiedliche Gesteinsarten und deren Entstehung wissen muß. Seine Arbeit freilich hat völlig andere Zielsetzungen als die Arbeit des Mineralogen. Allerdings darf man feststellen, daß sich Mineralogen gegenüber Steinmetzen meist wesentlich gelassener und weniger ablehnend verhalten als Astronomen gegenüber Astrologen.

Astrologie und Biologie

Die Astrologie stellt den Geburtsaugenblick des Menschen in die Mitte aller Horoskopberechnung. Der Gedanke dabei ist, daß der Mensch, indem er geboren wird und den ersten Atemzug tut, anfängt, selbständig sein Leben zu bewältigen. Hier empfängt er seine entscheidende Prägung, wie sie das Geburtshoroskop symbolisch zum Ausdruck bringt. Gegen diese grundsätzliche Prägungshypothese der Astrologie kann man ins Feld führen, daß der Mensch ja in einem ständigen Prozeß geprägt und um- und neugeprägt werde. Aus biologischer Sicht ist auch die Fixierung auf die Geburt unverständlich. Die biologische Existenz des Menschen beginnt mit der Empfängnis. Selbst wenn man einen prägenden Einfluß auf den Menschen mit dem Beginn des selbständigen Lebens annimmt, so muß man den Stellenwert dieser Prägung in bezug auf andere Faktoren – Kultur, Geschichte, Schicksal, Umwelt – angeben können.

Lyall Watson, ein südafrikanisch-britischer Zoologe, der durchaus eine Menge Sympathien für die Außenseiter-Wissenschaften hegt, faßt die einschlägige Kritik seitens der Biologie wohl am klarsten zusammen: »Das ist die orthodoxe Auffassung der Astrologen: Der Stand der Gestirne im exakten Augenblick der Geburt wirkt auf das Kind ein und formt sein Schicksal. Die meisten modernen Astrologen halten allerdings nicht an diesem starren und doch eher plumpen Glauben fest[28], und ich muß sagen, daß ich ihn als Biologe unbefriedigend finde. Was soll, zum Beispiel, als Augenblick der Geburt gelten? Bei der Geburt eines ersten Kindes vergehen zwischen dem Augenblick, in dem der Kopf des Kindes den Beckenausgang erreicht, und dem vollendeten Austritt aus dem Mutterschoß durchschnittlich zwei Stunden. In dieser Zeit kann sich die Stellung eines Planeten gründlich verändert haben.[29] Für manche Astrologen beginnt das Leben mit dem ersten Schrei, den das Kind ausstößt, aber es ist nicht ganz einzusehen, warum gerade dies der bedeutsame Augenblick sein sollte. Es gibt während des Geburtsvorgangs kritischere Phasen. ... Noch mehr spricht gegen die Theorie vom ›Augenblick der Geburt‹ alles, was wir nun über die in Betracht kommenden kosmischen Kräfte wissen. ... Ein lautes Geräusch kann, wie jede Mutter weiß, ein ungeborenes Kind so erschrecken, daß es protestierend gegen die Wände des Schoßes stößt, und der größte Teil der Strahlungen geht beinahe ununterbrochen durch die Körper der Mutter und des Kindes. Es ist schwer zu glauben, daß elektromagnetische Kräfte aus der Umwelt das Kind erst im Augenblick der Geburt beeinflussen sollten, da es ihnen doch schon während der ganzen Dauer der Schwangerschaft ausgesetzt war.«[30]

Das Problem, ob die Geburt oder die Empfängnis des Menschen für seine Prägung entscheidend sei, wurde schon in der babylonischen und hellenistischen Astrologie heftig diskutiert – ohne abschließendes Ergebnis. Der Astrologe Hans Oster hat eine umfangreiche Theorie aufgestellt, wonach erst ein triftiges »Zeugungshoroskop« die Deutung des Geburtshoroskops komplettieren könne. Oster spricht etwas poetisch von den »zwei Sonnen des Lebens«. Gemeint sind das übliche Geburtshoroskop und dessen Sonnenstand, außerdem aber ein Konzeptionshoroskop, das natürlich auch eine Sonnenposition aufweist. Oster behauptet, ein Konzeptionshoroskop gebe weitere Aufschlüsse, die dem Geburtshoroskop allein nicht entnommen werden könnten. Osters Theorie freilich krankt daran, daß ihr Autor konsequent von voll ausgetragenen Schwangerschaften ausgeht und nirgendwo die Möglichkeit verkürzter Schwangerschaften, von Frühgeburten usw. einbezieht.[31]

Ein Konzeptionshoroskop spielt auch in der theosophisch beeinflußten Astrologie des ausgehenden 19. Jahrhunderts eine Rolle, freilich als reines Hilfshoroskop im Rahmen einer spekulativen Theorie. Danach ist die Mondposition des Geburtshoroskops mit der Aszendentenposition des Konzeptionshoroskops und umgekehrt die Aszendentenposition des Geburtshoroskops mit der Mondposition des Konzeptionshoroskops verbunden. Die Position des Aszendenten verändert sich sehr rasch, sie hängt ganz empfindlich von der genauen Geburtszeit ab. Sehr viel langsamer ändert sich die Mondposition. Im Rahmen dieser Spekulation nun setzt man das Hilfshoroskop der Konzeption ein, um bei nur ungefähr bekannter Geburtszeit die genaue Geburtsminute zu bestimmen.[32]

Die Theorien um ein Konzeptionshoroskop kranken grundsätzlich daran, daß sie den genauen Zeitpunkt einer Empfängnis nicht bestimmen können. Am »lebenden Objekt« läßt sich das schlicht nicht erkunden. Ein direkter Gegenbeweis gegen solche Theorien ist auch nur schwer möglich. Indirekt ist aber der Nachweis bereits geführt, daß die Bestimmung einer genauen Geburtszeit auf dem Weg über das Konzeptionshoroskop auf Widersprüche führt. Von daher ist diese ganze Theorie auch innerhalb der Astrologie zu verwerfen.[33]

Kommen wir zu Lyall Watsons Kritik zurück. In der Tat stellt sich die praktische Astrologie noch zu wenig den Problemen, die sich mit dem Rückgriff auf einen vorgeblich minuten- oder gar sekundengenauen Geburtsaugenblick stellen. Die perinatale Phase dauert nun einmal unter Umständen mehrere Stunden. Aber das leugnet die Astrologie auch gar nicht. Den Astrologen ist an der Geburt und dem Geburtsaugenblick das physische Selbständigwerden, Unabhängigwerden des Kindes wichtig. Insofern konzentriert sich die Aufmerksamkeit des Astrologen bei der Geburt auf jene Phase, da das Kind völlig aus dem Mutterleib austritt, seinen ersten Atemzug tut, da die Nabelschnur durchtrennt wird. Die Astrologie ist sich nicht darüber einig, welcher dieser Momente der »richtige« ist. Aber da diese Momente doch – wenigstens im Normalfall – zeitlich dicht beieinander liegen, kann die astrologisch bedeutsame »Geburtszeit« tatsächlich auf wenige Minuten eingegrenzt werden. Auch diese »Vergröberung« ist nach astrologischer Erfahrung noch tolerabel. Im übrigen sagen uns auch die Biologen und Physiologen, daß das physische Selbständigwerden des Kindes ein ganz wichtiger »Statusübergang« ist. Mit dem ersten Atemzug, mit der Abnabelung muß sich der gesamte Organismus in verhältnismäßig kurzer Zeit umstellen – eine Veränderung, die von der Perspektive des Kindes her durchaus dramatisch ist. Sie ist vielleicht ebenso dramatisch wie die Empfängnis. Ein Beweis ist das freilich nicht.

Die Astrologie leugnet auch gar nicht die Entwicklungen und Umprägungen, die das Individuum im Lauf seines Lebens erfährt. Ohne solche Veränderungen wäre ja auch astrologisches Prognostizieren weitgehend sinnlos. Die Astrologie behauptet aber, daß sich die nachgeburtlichen Prägungen und Wandlungen *innerhalb* der komplexen Form entfalten, wie sie mit dem »Geburtsaugenblick« für das Individuum gegeben ist und wie sie sich symbolisch durch den Planetenstand zum Zeitpunkt der Geburt zeigt. Diese komplexe Form kann, wie wir oben gesehen haben, mit verschiedenen Inhalten, Realisierungen erfüllt werden. Sie läßt einschlägige Wahlen und damit auch Wandlungen und Kehrtwendungen zu. Es kann sich um weitgehende, um gravierende Wandlungen handeln, die freilich gleichwohl nicht beliebig sind.

In der Bevorzugung des Geburtszeitpunktes vor dem Zeitpunkt der Konzeption verfügt die Astrologie zunächst wiederum nur über ihre besondere Praxiserfahrung. Aber außerdem gibt es noch einen eindrucksvollen Hinweis auf die Bedeutung der Geburtszeit. Michel Gauquelin untersuchte in über 40000 Fällen die astrologischen Geburtskonstellationen von Eltern und ihren Kindern. Er fand heraus, daß bei normalen Umständen der Geburt eine »Vererbung« gewisser Gestirnpositionen gegeben ist. Entsprechend nannte Gauquelin diesen Effekt »planetare Heredität«. Der Befund ist eindeutig. Er markiert zugleich eine der nach derzeitigem Wissen wenigen Möglichkeiten, Statistik angemessen auf Astrologie anzuwenden. Mit Gauquelins Untersuchung ist deutlich, daß die Geburtszeit auf jeden Fall auch »astrologisch« ein wichtiger Bezugspunkt ist. Daß sie wichtiger sei als der Empfängniszeitpunkt, ist damit aber noch nicht bewiesen.[34]

Der Heilpraktiker Franz Matz, der auch astrologisch arbeitet, hat unter Rückgriff auf die Meridianenlehre der chinesischen Medizin eine Begründung für die astrologische Bedeutsamkeit des Geburtszeitpunktes gegeben. Solange der Fötus im Mutterleib im Fruchtwasser liegt, sind seine Körpermeridiane kurzgeschlossen und können so nicht auf »kosmischen Empfang« schalten. Dieser Empfang wird erst möglich, wenn das Kind aus dem Mutterleib ausgetreten ist.[35]

Wer die Lehren der chinesischen Medizin akzeptieren kann, wird – vielleicht – auch diese Begründung akzeptieren. Ansonsten stehen wir vor dem Dilemma, daß etwas Dunkles, nämlich die astrologische Betonung der Geburtszeit vor der Konzeption, durch etwas anderes Dunkles, in diesem Fall eine unorthodoxe medizinische Lehre, »erklärt« wird. Die Begründung von Franz Matz würde im übrigen eine kausale Perspektive festschreiben. Dagegen sprechen, wie wir gesehen haben, doch einige Einzelheiten. Immerhin beginnt auch die sogenannte Schulmedizin, die traditionelle chinesische Medizin ernst zu nehmen. Möglich, daß sich hier ein neuer, bislang unbeachteter Zusammenhang erweist, der auch für die Astrologie von Bedeutung ist.

Im Zusammenhang mit dem Haupteinwand der Biologie gegen die Astrologie sollte man noch auf einen wichtigen Unterschied zwischen den beiden Fächern hinweisen. Er betrifft die Bewertung der Genetik. Auch Astrologen bestreiten nicht, daß genetische Entscheidungen zwingend während und unmittelbar nach der Konzeption getroffen werden. Nun versucht der Astrologe aber auch nicht, genetische Anlagen im Horoskop zu verifizieren. Wo sich genetische Anlagen psychisch, charakterlich,

»schicksalhaft« auswirken, darf man im Geburtshoroskop einen entsprechenden Hinweis erwarten. Dieser Hinweis aber stellt auf die individuelle seelische Struktur ab, die mit der genetischen Anlage verknüpft ist, nicht aber auf die biologisch objektive Anlage selbst. Haarfarbe, Augenfarbe, Hautfarbe – das ist also zunächst kein Thema für die Astrologie.

Allerdings ist eine glatte Trennung von Astrologie und Biologie nicht gegeben. Aszendent und Sonnenposition geben nach astrologischer Überzeugung auch Auskunft über Statur und Körperkonstitution des Geborenen. Das Gesamthoroskop enthält, wie wir gesehen haben, auch Hinweise auf gesundheitliche Dispositionen des Individuums.[36] Nicht zuletzt muß hingewiesen werden auf die Forschungen von Erich Modersohn innerhalb der Kosmobiologischen Forschungsgruppe um Fritz Brandau und andere über die Beziehungen zwischen Horoskop und Mongolismus. Modersohn geht, vorab anhand einer sehr kleinen Probandengruppe, von der Existenz solcher Beziehungen aus – d.h. gewissermaßen einer astrologischen »Formel« für Mongolismus.[37] Leider fehlt es an Möglichkeiten und wohl auch an gutem Willen seitens einzubeziehender akademischer Forschungseinrichtungen, um die einschlägigen Untersuchungen fortzuführen. Erich Modersohn berichtet von einem interessierten Kontakt seitens des Bundesforschungsministeriums: »Dieses verwies uns an ein Universitätsinstitut, das uns allerdings trotz mehrmaligen Nachfassens bis heute eine Antwort schuldig geblieben ist.«

Hier sind also noch viele Fragen offen. Vermutbar wäre, nimmt man einmal die Triftigkeit der Forschungen von Modersohn an, daß nicht schon genetische Varianten, sondern erst eindeutige genetische Defekte auch im Horoskop kenntlich werden – weil sie durchweg auch starke Auswirkungen auf die seelische Struktur des Individuums haben. Aber Modersohns Forschungen legen auch nahe, daß Empfängniszeit und Geburtszeit aufeinander bezogen sind. Vorerst läßt sich der Einwand der Biologie gegen die astrologische Bevorzugung des Zeitpunkts der Geburt nicht ohne weiteres forträumen. Hier kann die Astrologie wiederum nur auf ihre Erfahrung hinweisen. Sie kann dies aber nach allem, was wir wissen, durchaus mit Selbstbewußtsein tun.

Astrologie und Physik

Die Haupteinwände der Physik haben wir oben bei der ausführlichen Diskussion über die Möglichkeiten und Schwierigkeiten astrologischer Theoriebildungsversuche immer wieder berührt.

Die Physik sucht nach »Einflüssen«, die von den Planeten ausgehen und die gemessen werden können. Walter Langs »raumüberbrückende Energieformen« oder gravitative Wirkungen von bestimmten Planetenkonstellationen auf die Sonne, welche wiederum auf die Erde wirkt[38], kommen dem Bedürfnis der Physik nach einer kausalen Theorie entgegen. Was freilich die Individualastrologie angeht, so stehen wir auch mit diesen Entwürfen aus Mangel an eindeutigen Belegen noch weit vor den Toren einer eigentlichen Theorie.

Selbst wenn der Nachweis bislang nicht gemessener und nach den einzelnen Himmelskörpern unterscheidbarer Energie gelingen sollte, wird eine physikalisch annehmbare astrologische Theoriebildung schwierig bleiben. Denn wie sollte dann nachzuweisen sein, daß eine bestimmte vom Mars emittierte Energie etwa verantwortlich sei für die »marsischen Qualitäten«, die die Astrologie namhaft macht: Aggression, Trieb, Wille usw.?

Der kausal denkende Naturwissenschaftler kann zunächst gar nicht anders, als auf die konkrete physikalische Beschaffenheit der Planeten zu verweisen. Mit diesen Daten werden die astrologischen Zuschreibungen konterkariert. Astrologisch ist beispielsweise Venus das Prinzip von Liebe und Kunst, das Sinnbild der jungen Frau, der Geliebten, das Prinzip der Anziehung, der Attraktion« – das »kleine Glück«, wie die traditionelle Astrologie sagte. »Nun, die wissenschaftlichen Fakten stehen in krassem Gegensatz zur Symboilik: Oberflächentemperatur von fast 500° Celsius, mehr als 90-facher Atmosphärendruck der Erde, eine geschlossene Wolkendecke bei über 96 %igem Kohlendioxidgehalt in der Atmosphäre!«[39]

Die Symbole entsprechen nicht den physikalischen Fakten. Die Gegenargumente der Physik nötigen die Astrologie nachgerade zu einer rein nichtkausalen Betrachtung. In dem Sinn einer solchen Betrachtung liegt freilich beschlossen, daß den Astrologen die realen Planeten in ihrer materiellen, astrophysikalischen Beschaffenheit nicht interessieren. Die Planeten interessieren lediglich als Zeitanzeiger. Von der Astronomie kann der Astrologe nicht viel an konstruktiver Kritik erwarten; die Verbindungen sind zu lose. Dasselbe aber gilt auch für die Physik. Der Zeit-Anzeiger selbst bringt ja die Ereignisse einer bestimmten Stunde nicht hervor. Niemand wird eine chemische und physikalische Analyse seiner Armbanduhr vornehmen, um in Erfahrung zu bringen, was die Stunde geschlagen hat. Vielmehr liest er von seiner Uhr eine Zeit ab, die ihn aufgrund sonstiger Zusammenhänge, sonstiger Vereinbarungen auf einen Termin usw. verweist. Dieser Termin jedenfalls ist von der Uhr in kausalem Sinn unabhängig.

Nun sollte sowohl den Astrologen wie den Physiker irritieren, daß es ja längst nachgewiesene Einflüsse aus dem Raum, von Himmelskörpern auf die Erde gibt. Das erschöpft sich nicht nur in den Einflüssen der Gravitation. Auch sonstige physiologische und psychische Zusammenhänge sind zum Beispiel vom Mondeinfluß betroffen. Reinhard Wiechoczek tut sogar dies ab: »Die Gravitationskraft des Mondes, verantwortlich für die Gezeiten auf der Erde, scheidet für menschliche Empfindsamkeit aus, weil der Mensch, indem er sich bewegt, seine Lage bzw. Stellung zum Mond fortwährend verändert.« Auch sei der Mond kein »Geburtshelfer« in dem Sinn, daß es bei Vollmond mehr Geburten gebe als bei Neumond.[40]

Ganz anders liest sich das bei Lyall Watson, der eine Statistik des »American Institute of Medical Climatology« zitiert: Verbrechen mit stark psychotischer Motivation wie Brandstiftung, Kleptomanie, destruktives Verhalten am Steuer und Totschlag unter Alkoholeinwirkung lassen eine deutliche Häufung bei Vollmond erkennen, was auch bei Bewölkung des Himmels nicht abgeschwächt wird.[41] Statistisches Material über mehr als 500 000 Geburten zwischen 1948 und 1957 in New Yorker Kliniken läßt erkennen, daß es mehr Geburten bei abnehmendem als bei zunehmendem Mond gibt. Kurz nach Vollmond tritt ein Maximum auf, bei Neumond ein Minimum. Replikationsuntersuchungen haben allerdings diesen New Yorker Befund nicht immer bestätigt.[42]

Möglicherweise sind Watsons zusammengetragene Daten nicht stichhaltig. Aber Wiechoczeks pauschale Verneinung eines auch nur irgendwie gearteten Zusammenhangs zwischen dem Mond und psychophysischen Vorgängen beim Menschen scheint nach dem, was wir bereits wissen, auch nicht haltbar. Das (astro-)physikalische Urteil zeigt Uneindeutigkeit und Uneinigkeit. Und das kann nur bedeuten, daß Astrologen und Physiker vorurteilslos und vorbehaltlos weiterforschen.

Zwei neuere Theoriebildungen, die von Bedeutung für die Astrologie sein könnten, sollen hier wenigstens kurz gestreift werden. Die erste ist die Theorie der morphogenetischen Felder, Anfang der 80er Jahre von dem Biologen Rupert Sheldrake vorgelegt, die zweite ist die Theorie des Kosmischen Magnetismus des Astronomen Percy Seymour.

Sheldrakes Theorie besagt, daß allen Formen neben energetischer Verursachung auch unsichtbare Konstruktionspläne, sogenannte »morphogenetische Felder« zugrunde liegen, die die gesamte belebte und unbelebte Schöpfung steuern. Sheldrake hat als Biologe seine Theorie vornehmlich an Pflanzen- und Tierformen dargelegt, beansprucht aber eine universale Perspektive. Zusammenfassend schreibt er zur Theorie des morphogenetischen Feldes: »Neben den Arten energetischer Verursachung, die in der Physik bekannt sind, und der Verursachung, die sich auf die Strukturen bekannter physikalischer Felder zurückführen lassen, ist ein weiterer Typ von Verursachung verantwortlich für die Formen aller materiellen morphischen Einheiten (subatomare Teilchen, Atome, Moleküle, Kristalle, quasi-kristalline Aggregate, Organellen, Zellen, Gewebe, Organe, Organismen). Form in dem hier verstandenen Sinne beinhaltet nicht nur die Gestalt der nach außen sichtbaren Oberfläche der morphischen Einheit, sondern auch deren innere Struktur. Diese Verursachung, die wir *formbildende Verursachung* nennen, überträgt auf die Veränderungen, die von energetischer Verursachung bewirkt werden, eine räumliche Ordnung. Die Verursachung selbst ist nicht energetischer Natur, auch können wir sie nicht auf die Form einer Verursachung zurückführen, wie sie von bekannten physikalischen Feldern herrührt ... Formbildende Verursachung beruht auf *morphogenetischen Feldern*, Strukturen mit morphogenetischen Wirkungen beruhen auf materiellen Systemen. Jeder Art einer bestimmten morphischen Einheit kommt ein eigenes charakteristisches morphogenetisches Feld zu.«[43]

Von Bedeutung in Sheldrakes Theorie ist noch der Begriff der »morphischen Resonanz«. Die Form eines Systems übt auf weitere ähnliche Systeme über Raum und Zeit hin Einfluß aus. Sheldrake nennt diesen Vorgang »morphische Resonanz«. Energie wird dabei nicht übertragen. Mit seiner Theorie der »formbildenden Verursachung« erklärt Sheldrake Wiederholungen von Formen, nicht aber, wie das erste Beispiel einer bestimmten Form in Erscheinung trat. Hier mag der Zufall oder Gott eine Rolle spielen – die Frage des Anfangs liegt für Sheldrake außerhalb seiner Theoriebildung.[44]

Man kann in Sheldrakes Entwurf das alte hermetische Gesetz des »Wie oben, so unten« wiedererkennen. Sheldrake freilich hat es nicht auf eine Wiederbelebung antiker Esoterik angelegt. Auch die Astrologie wird von ihm nicht erwähnt. Gleichwohl liegt es nahe, Sheldrakes Theorie für eine Begründung der Astrologie mit heranzuziehen. Danach hätte das Solarsystem in Sheldrakes Sinn eine »Form« (womit eben auch »innere Struktur« gemeint ist). Durch »formbildende Verursachung« würde die innere Struktur des Solarsystems nicht-energetisch, nicht-materiell z.B. auf den Menschen übertragen und schüfe dessen »räumliche Ordnung«. Durch »morphische Resonanz« bleibt der Mensch über Raum und Zeit hinweg in ständigem Kontakt mit dem Solarsystem, nicht nur äußerlich durch den Umstand, daß er sich innerhalb dieses Systems aufhält, sondern auch innerlich durch die perpetuierte strukturelle Ähnlichkeit.

Es ist vielleicht mehr als ein merkwürdiger Zufall, daß einer der deutschen Übersetzer von Sheldrakes Arbeit, Klaus Wessel, auch astrologische Arbeiten publiziert hat.[45] – Sheldrakes Theorie konnte natürlich nicht unumstritten bleiben. Während der »New Scientist« die Wichtigkeit von Sheldrakes Untersuchung hervorhob, empfahl das naturwissenschaftliche Fachblatt »Nature« das Buch als »Spitzenkandidat für eine Bücherverbrennung«.[46] Dabei sind Sheldrakes Gedanken bereits von anderen vorgedacht worden, ohne daß »Nature« seinerzeit schon nach Rohöl und Zündhölzern gerufen hätte. Arthur Koestler hat sich schon in den siebziger Jahren Gedanken über die große Zahl von Variationen im evolutionären Kanon gemacht. Diese aber seien nur »in bestimmten Richtungen« und »über eine begrenzte Zahl von Themen« möglich.[47] Der bereits erwähnte Zoologe Lyall Watson hat Ende der siebziger Jahre den Gedanken eines »Kontingentsystems« entwickelt. In diesem »Kontingentsystem« sind genetische Prozesse und Bewußtseinsprozesse miteinander gekoppelt. Watson schreibt im Ton der gut untermauerten, mit zahlreichen Beispielen versehenen Vermutung, aber seine Überlegungen kommen Sheldrakes Theorie in mancherlei Hinsicht ziemlich nahe. Bewußtseinsprozesse könnten nach Watsons Überlegungen dann auch »formbildende Verursachungen« auf der stofflichen Ebene nach sich ziehen.[48] Freilich, Sheldrake gebührt das Verdienst, die hie und da geäußerten Gedanken als erster in eine ausgearbeitete Theorie eingefaßt zu haben. Übrigens, Sheldrake zitiert zwar einige Arbeiten von Koestler, jedoch nichts von Watson. Man kann also davon ausgehen, daß Sheldrake seine Theorie zumindest unabhängig von Watsons Idee des »Kontingentsystems« entwickelt hat.

Sheldrakes Theorie liefert zunächst nichts weiter als eine Idee, wie auch Astrologie naturwissenschaftlich bzw. physikalisch erklärbar wäre. Jedoch sind Shaldrake's Gedanken, soweit ich sehe, bislang nicht auf die Astrologie angewandt worden, noch hat sich überhaupt seine Perspektive innerhalb der Biologie und deren Nachbardisziplinen schon breiteres Gehör verschaffen können.

Percy Seymour gehört zu den ganz wenigen Wissenschaftlern, die eine Außenseiterdisziplin nicht von vornherein wegen Mangels an Beweisen verurteilen, sondern weiterfragen und nach einer möglichen Begründung suchen. Er berichtet, daß er im Jahr 1984 in seiner Eigenschaft als Direktor des Planetariums des Polytechnikums Plymouth über seine Ansichten zum Thema

Astrologie interviewt wurde: »Ich stellte klar, daß ich zwar davon ausging, daß der Kosmos die biologischen Uhren in Pflanzen und Tieren synchronisieren konnte und die Sonne und die Sterne einen Einfluß auf die Orientierung der Vögel hatten, jedoch nicht der Ansicht war, daß das Universum irgendeinen Zusammenhang mit den Persönlichkeitsmerkmalen von Individuen hat. Auf die Frage, ob ich dächte, daß die Wissenschaft irgendwann in der Zukunft eine solche Verbindung entdecken könnte, antwortete ich, ich hielte dies für sehr unwahrscheinlich. Nachdem ich meine orthodoxen Antworten auf ihre Fragen abgegeben hatte, ertappte ich mich dabei, wie ich alle Argumente gegen die Astrologie durchging, die ich von so vielen WissenschaftlerInnen gehört hatte und an denen ich mich mit meinen Antworten orientiert hatte. Ganz plötzlich merkte ich, wie ich diese Argumente in Frage stellte.[49] Anders als Walter Lang, der von erfolgreicher astrologischer Deutung dazu gedrängt wird, weiterzufragen (vgl. oben S. 103), denkt Percy Seymour gegen die Orthodoxie seiner Wissenschaft deren bisherige Voraussetzungen und Ergebnisse weiter.

Seymours Theorie setzt zu ihrem Verständnis einiges an Wissen über den Erdmagnetismus voraus. Diese Voraussetzungen können hier nicht referiert werden. Kurz gesagt: Seymour weist nach, daß sich das Erdmagnetfeld »in einem breiten Spektrum von Zeitskalen« ändert, »von Hunderttausenden von Jahren bis hinunter zu wenigen Sekunden«. Dabei zeigt Seymour auch, daß der Erdmagnetismus sehr empfindlich ist und daß Magnetfelder deutliche biologische Wirkungen zeitigen können. Sonne, Mond und Planeten wirken auf den Erdmagnetismus ein. Die Aktivitäten der Sonne hängen ihrerseits von Planetenstellungen – und zwar denen, die die Astrologen für bedeutsam halten – ab.[50] Damit wird Astrologie zumindest wissenschaftlich denkbar, auch wenn natürlich wiederum noch ein weiter Weg von Seymours Theorie zu den ganz praktischen Anwendungen und Deutungen der Astrologie zurückzulegen ist. In mancherlei Hinsicht erinnert Seymours Entwurf an den von Landscheidt.

Ich darf an dieser Stelle eine persönliche Bemerkung machen. Als praktisch tätiger Astrologe neige ich eher zu der Hypothese eines akausalen synchronistischen Zusammenhangs zwischen dem Sternenwandel (als Zeit-Ansage) und dem menschlichen Tun und Lassen. Nicht zuletzt sind platt monokausale Begründungsversuche, wie wir gesehen haben, zum Scheitern verurteilt. Gleichwohl habe ich das Gefühl, daß die astronomisch-astrologischen Theoriebildungsversuche von Landscheidt und Seymour, die ja durchaus kausal argumentieren, momentan die besten Aussichten auf Erfolg, auf Ernstgenommenwerden in Astrologie und Wissenschaften haben. Hinsichtlich der Begründung meiner astrologischen Praxis bin ich also zwiegespalten. Ich empfinde diesen Zwiespalt jedoch als fruchtbare Spannung, keineswegs als intellektuelles oder psychologisches Hindernis. Der Zwiespalt gerät zum Ansporn – nicht nur hinsichtlich meiner praktisch-astrologischen Arbeit, sondern gerade auch hinsichtlich des Dialogs mit interessierten, kritischen, aufgeschlossenen Wissenschaftlern.

Astrologie und Statistik

Wir haben gesehen, daß ein statistischer Zugriff auf astrologisches Deuten – etwa in dem Sinn, daß die »Treffer« gezählt werden – kaum zu greifbaren Ergebnissen führt. Peter Niehenkes Dissertation »Kritische Astrologie« ist im wesentlichen dem Nachweis gewidmet, daß diese Art von Statistik nicht greifen kann.[51] Wer die Astrologie an ihren Deutungen kritisch untersuchen will, muß bis auf weiteres kasuistisch vorgehen. Da freilich die astrologische Deutung das Kernstück der ganzen (praktischen) Astrologie ist, steht es vom empirischen Standpunkt aus, da man als Wissenschaftler notwendig Statistik einzubeziehen hat, um einen Erfahrungsbeweis der Astrologie nicht gut.

Dennoch ist natürlich auch über Astrologie Statistik möglich. Das muß dann freilich Statistik sein, die einesteils nahelegt, daß an Astrologie etwas ist (oder eben nichts ist), und die anderenteils nicht auf Deutung bestimmter Konstellationen abstellt. Mit solcher Statistik kann man natürlich von vornherein nicht beweisen wollen, daß die Astrologie so, wie sie praktisch betrieben wird, triftig ist. Aber man kann zu zeigen versuchen, daß es bestimmte Beziehungen zwischen Planetenkonstellationen und allgemeinen irdischen bzw. menschlichen Sachverhalten gibt. Wenn dies gelingt, dann ist für einen Wissenschaftler, der nicht von vornherein Denkgrenzen der Orthodoxie zieht, jedenfalls Anlaß gegeben, der Angelegenheit der Astrologie weiter nachzugehen.

Der französische Psychologe und Statistiker Michel Gauquelin hat sein ganzes wissenschaftliches Leben der Erstellung derartiger Statistiken über Astrologie gewidmet. Eine solche Statistik haben wir bereits zitiert, nämlich die »planetare Heredität«. Gauquelin fand heraus, daß Eltern ihren Kindern signifikant häufig bestimmte Planetenkonstellationen »vererbten«. Am bekanntesten sind die Statistiken Gauquelins, in denen er nachzuweisen versucht, daß bestimmte Berufsgruppen überdurchschnittlich häufig ganz bestimmte Planeten im Aufgang (also in Aszendentennähe) oder in der Kulmination (also in der Nähe des Medium Coeli) zeigen. Bei Sportlern ist das signifikant häufig der Mars, bei Wissenschaftlern signifikant häufig Saturn. Gauquelins Statistiken sind in der Tat kein Beweis für die praktische Astrologie, aber sie dürften dennoch ein Beleg für die Grundhypothese der Astrologie sein: daß es zwischen Planetenkonstellationen und irdischen Geschehnissen Entsprechungen gibt.

Wer sich näher mit Gauquelins Statistiken befaßt hat, attestiert ihnen größtmögliche Genauigkeit und Seriosität.[52] Aber Gauquelins Statistiken, obgleich ihnen auch unabhängige Prüfer die technische und wissenschaftliche Sauberkeit bescheinigt hatten, wurden in den Glaubenskrieg um die Astrologie hineingezogen. Wiechoczek spricht von den Gauquelinschen »Scheinergebnissen«.[53] Kritik kam auch von astrologischer Seite: wenn Gauquelin 500 Militärs mit einem dominant am Aszendenten oder Medium Coeli positionierten Mars namhaft machen könne, so vergäße er die zahllosen Menschen, die ebenfalls einen dominant stehenden Mars im Horoskop hätten, ohne deswegen die Militärlaufbahn eingeschlagen zu haben. Wiechoczek zitiert diese Kritik einigermaßen genüßlich.[54] Aber man sollte Gauquelins Ergebnissen wenigstens gerecht werden, bevor man sie verurteilt. Denn Gauquelin hat ja nicht behauptet, daß alle Menschen mit dominant positioniertem Mars Militärs seien, sondern umgekehrt, daß Militärs überdurchschnittlich häufig einen dominant gestellten Mars hätten. Das ist etwas völlig anderes.

Ein anderer Einwand ist in der Tat gravierend: Gauquelin habe die ihm mitgeteilten Geburtszeiten auf ganze Stunden gerundet. Wiechoczek teilt diesen Einwand mit.[55] Wenn das stimmt, muß man allerdings kritisch rückfragen und vorab Gauquelins Ergebnisse in Frage stellen. Die genaue Geburtszeit ist nun einmal unabdingbar, auch für »wissenschaftliche Untersuchungen«.

Die Stärke der Gauquelinschen Untersuchungen liefert zugleich deren Achillesferse: die Verarbeitung ungeheurer Datenmengen, die wahrhaft astronomisch hohe Zahl von genau berechneten Horoskopen. Wie genau – und wie genau belegt – deren Geburtszeit ist, bleibt offenbar noch die Frage. Zumal Geburten aus den Jahrzehnten vor dem Zweiten Weltkrieg wurden nur auf halbe oder ganze Stunden genau registriert. Für eine Untersuchung zur Überprüfung der Astrologie taugen solche ungefähren Angaben nicht. Allerdings hat Gauquelin einen wichtigen Weg gewiesen, wie man der Frage nach der Triftigkeit der Astrologie empirisch-statistisch nachgehen könnte. Hier müßten Replikationsuntersuchungen folgen.

In jüngster Zeit ist man eher zu kasuistisch orientierten Forschungsdesigns zurückgekehrt. Im Herbst führte der Göttinger Psychologe Suitbert Ertel mit einigen deutschen Astrologen einen Zuordnungstest durch: Je einem Paar A und B von Horoskopen war seitens der beteiligten Astrologen richtig zuzuordnen, ob A oder B zu einem Arzt gehörte. Bei Ertels Zuordnungstest gab es zwanzig solcher Horoskop-Paare. Dabei war jeweils eines der beiden Horoskope das »richtige«, während das andere Horoskop fiktiv war: Monat und Jahr und Geburtszeit waren willkürlich um zwei Einheiten nach oben oder nach unten gesetzt. Die Geburtsorte waren durch ihre Postleitzahlen angegeben.

Die Astrologen haben diesen Test nicht »bestanden«. Von seiten der Astrologen wurde allerdings bemängelt, daß die Geburtszeiten nur auf eine Viertelstunde genau angegeben waren, daß im (alten) vierstelligen System der Postleitzahlen in einigen Fällen mehrere Geburtsorte mit derselben Leitzahl zur Auswahl standen, daß schließlich auch ein fiktives Horoskop formaliter Konstellationen aufweisen kann, die eine Zuordnung zum Arztberuf rechtfertigen. Dann gibt es Entscheidungsprobleme.[56]

Herbert Frhr. v. Klöckler, der schon mehrfach erwähnte »Mit-Vater« der revidierten Klassik, hat in den zwanziger Jahren Statistiken über Berufe und Horoskope angefertigt – d.h. er hat aufgrund der Analyse zahlreicher Horoskope die für wichtige Berufsgruppen »typischen« Konstellationen zusammengestellt. Nach heutigen statistischen Standards würden Klöcklers Probandengruppen als zu klein gelten. Klöcklers Probandengruppen zählten mitunter lediglich 40, 50 Fälle. Gleichwohl haben sich Klöcklers statistisch gewonnene Zuordnungen für die praktisch tätige Astrologie bewährt. Klöcklers statistische Arbeit zur Astrologie, in der auch die hier erwähnten Berufsgruppenzuordnungen enthalten sind, wurde seinerzeit immerhin von dem Biologen Hans Driesch herausgegeben.[57] Klöckler bearbeitete einfache, klare Eigenschaften bzw. Lebensausrichtungen – technische und künstlerische Begabungen, berufliche Neigungen, pathologische Entwicklungen (z.B. Selbstmörder) und zählte bei den jeweils zugehörigen Horoskopen alle gegebenen Kombinationen, »Sätze« aus – also »Sonne in Waage«, »Mars im 8. Haus« usw. Damit wurden bestimmte Häufungen erkennbar – etwa bei Selbstmördern die bevorzugte Besetzung der Häuser 8 und 12. Für jedes Syndrom machte Klöckler so eine Anzahl bestimmter »Häufungen« sichtbar. Jemand, der eine Mindestzahl ganz bestimmter, einem Syndrom zugeordneter Konstellationen im Horoskop hat, müßte demnach auch das zugehörige Syndrom zeigen.

Suitbert Ertels Zuordnungstest greift indirekt auch auf Klöcklers Arbeit zurück. Die Probleme, die die beteiligten Astrologen mit der Zuordnung hatten, zeigen möglicherweise auch, wo die Grenzen der Arbeit von Klöckler liegen. Will man die Ergebnisse einer Statistik induktiv anwenden, also gleichsam prognostisch auf weitere Fälle, bleibt eigentlich nur ein kasuistisches Vorgehen, das seinen Fehlschlag mit einkalkuliert. Denn bei induktivem Vorgehen macht die Frage, die die Kritik gegen Gauquelin richtete, sogar einen Sinn: Was ist mit den vielen, die eine – oder mehrere – einschlägige Konstellationen aufweisen und dennoch nicht beispielsweise den Beruf des Militärs ergriffen haben? In Ertels Zuordnungstest weiß der beteiligte Astrologe nicht, ob im gegebenen Horoskop-Paar A oder B der Arzt ist. Wenn beide Horoskope einschlägige Konstellationen aufweisen (und das war in den Paaren öfters der Fall), bleibt nur das vorsichtige Vermuten.

Die Zuordnungstests machen mehr Sinn, wenn man ihre Vorgaben möglichst nahe an der realen Arbeitssituation von Astrologen plaziert. Kein Astrologe arbeitet mit fiktiven Horoskopen, die nach irgendeinem mechanischen Schema aus realen Horoskopen gewonnen wurden. Kein Astrologe ist zufrieden, wenn ihm eine nur ungefähre, auf 15 Minuten genaue Geburtszeit vorgelegt wird. Ein Zuordnungstest könnte realistischer zwischen zwei eindeutig trennbaren Begabungen bzw. Haltungen unterscheiden – etwa Musiker und Schriftsteller. Man bereitet den Test so vor, daß auf musikalisch-literarische Doppelbegabungen von vornherein verzichtet wird. Es wird nur mit realen Horoskopen bei möglichst gut belegten Geburtszeiten gearbeitet. Bei jedem gegebenen Paar von Horoskopen ist dann richtig zuzuordnen: Musiker oder Schriftsteller usw. Astrologen behaupten im allgemeinen, daß sie unter bestimmten Voraussetzungen zu bestimmten Leistungen in der Lage seien. Will man Astrologen und die von ihnen verwendete Methode testen, sollte man sie unter deren Voraussetzungen testen. Niemand kommt auf den Gedanken, Chirurgen einem Fähigkeitsnachweis zu unterziehen, nachdem zuvor sämtliche verfügbaren Skalpelle ein wenig stumpfer gemacht wurden.

Bei allen diesen Statistiken und Untersuchungen bleibt das Problem der zahlreichen Horoskope, der gegebenenfalls nicht belegten oder nur ungefähr angegebenen Geburtszeiten. Denkbar wäre, um dieses Problem zu umgehen, ein etwas anderes Testdesign. Gearbeitet wird mit einem einzigen Horoskop, dessen Daten gut belegt sind. Der Horoskopeigner wird nach seinem Beruf, nach einer wichtigen Charaktereigenschaft und nach einem wichtigen Lebensereignis untersucht. Die teilnehmenden Astrologen erhalten die Geburtsdaten (wie üblich mit Datum, Ort und genauer Zeit) sowie das Tagesdatum des zu untersuchenden Lebensereignisses. Begleitend erhalten sie weiterhin eine Liste von zehn Berufen, fünf markanten Charaktereigenschaften und zehn unterschiedlichen wichtigen Lebensereignissen. Jeweils nur ein Beruf, eine Eigenschaft, ein Ereignis ist korrekt. Die beteiligten Astrologen haben den Test bestanden, wenn sie (mehrheitlich) das Richtige ankreuzen.

Ein solcher Versuch testet, genaugenommen, nicht die Astrologie, sondern die beteiligten Astrologen. Nun kann man im allgemeinen davon ausgehen, daß Astrologen, die an einem solchen Test teilnehmen, die Astrologie als Arbeitsmittel benutzen. Nach welcher »Schule« ein Astrologe vorgeht, bleibt dabei unberücksichtigt. Vom Standpunkt des Statistikers aus läßt sich auch sagen, daß wir von vornherein nicht genau wissen, warum Astrologie »funktioniert«, d. h. wir verfügen über keine Theorie, die getestet werden könnte. Also müssen wir uns auf die Untersuchung derer beschränken, die die Astrologie anwenden – in der durchaus begründeten Hoffnung, dabei auch Aufschlüsse über die Anwendung selbst und ihre Triftigkeit zu erhalten.

Vorausgesetzt, es beteiligen sich genügend Astrologen, könnte eine derartige Untersuchung einen gewissen statistischen Wert für sich beanspruchen. Oder aber es würde nachgewiesen, daß Astrologen sich mehrheitlich gründlich irren. Das wäre wiederum, genaugenommen, ein Argument gegen Astrologen und nicht schon gegen die Astrologie. Aber wiederum wäre ein mehrheitlicher Irrtum unter Astrologen auch ein Hinweis darauf, daß ihr Arbeitsmittel wenig oder nichts taugt.

Es wäre bei einem solchen Test auch nicht schwer, Bedingungen zu schaffen, die einen Verdacht auf Absprachen unter Astrologen oder zwischen der Versuchsleitung und den teilnehmenden Astrologen erst gar nicht aufkommen lassen. Man kann mit mehreren derartig gut belegter Horoskope arbeiten und jeweils eines willkürlich auswählen und verschicken, so daß die Absprache unter Astrologen mindestens erschwert wird. Anonymität der teilnehmenden Astrologen sollte ohnehin gewahrt werden. Man kann den Versand der Testhoroskope auch so organisieren, daß auch die Versuchsleitung nicht weiß, wer welches Testhoroskop erhält.

Markante Wesensmerkmale an Menschen und zugehörige Konstellationen scheinen am ehesten »test- und statistikfähig« zu sein. Hierauf beruhen letztlich auch die Arbeiten von Gauquelin. – Der niederländische Psychologe und Astrologe Bernie Thomassen publizierte vor einigen Jahren eine Fallstudie, in der er die Horoskope einer Reihe von seinen Patienten untersuchte und erläuterte. Thomassen hatte beobachtet, daß Horoskopeigner mit disharmonischen Winkelverbindungen zwischen Mars und Saturn (Quadrat, Opposition, Konjunktion) auffallend häufig zugleich unter psychischen Problemen litten.[58] Eine ganz ähnliche Statistik hat unabhängig von Thomassen der Schweizer Astrologe Christian Gasser angefertigt. Gasser arbeitet als Sozialpädagoge in einer psychiatrischen Klinik und hat in seiner Freizeit die Horoskope seiner Klienten dort untersucht. Auch hier dominieren die disharmonischen Winkelverbindungen zwischen Mars und Saturn. Gasser hat seine Statistik während des Wissenschaftlichen Symposions bei den Deutschen Astrologie-Tagen 29. 10. – 1. 11. 1992 in Berlin vorgetragen und erläutert. Der dort anwesende Suitbert Ertel, bislang als zwar aufgeschlossen-interessierter, aber keineswegs astrologiegläubiger Erforscher der Astrologie aufgetreten, räumte ein, daß derartige Statistiken durchaus Beweiskraft haben könnten.[59]

Astrologie und Sozialwissenschaften

Die Sozialwissenschaften schließen sich in ihrer Argumentation gegen die Astrologie zunächst einmal an die Naturwissenschaften an. Sind nicht die von der Astrologie behaupteten Einflüsse deshalb unbewiesen und unbeweisbar, weil es sie gar nicht gibt? Sind nicht sonstige Einflüsse buchstäblich näherliegend? Hier verweist der Sozialwissenschaftler auf die prägenden Wirkungen von Gesellschaft, von Gruppen, von Milieus.

Sodann freilich weisen gerade Sozialwissenschaftler nicht zu Unrecht auf die möglichen Folgelasten hin, die einer Gesellschaft aus dem Glauben an eine übergeordnete Sternenmacht erwachsen könnte. Eine solche Macht wirkt immer auch definierend und damit determinierend, zumal umgekehrt von menschlicher Seite aus kein Einfluß genommen werden kann. Die traditionelle Astrologie nun umgab sich gern mit dem Nimbus, jedwede Lebensregung astrologisch erklären und auslegen zu können.[60] Hiervon ist die revidierte Klassik spätestens seit den 20er Jahren weit entfernt. Ausdrücklich spricht Klöckler ja von den »Beziehungen zwischen den Funktionen der Himmelskörper und gewissen Seiten und Teilen der physikalisch-chemischen, biologischen und psychologischen Prozesse auf der Erdoberfläche«.

Freilich sind diese »gewissen Seiten und Teile« nicht sonderlich klar umgrenzt. Das ist bei der Weite der angesprochenen

Wissensgebiete – Physik, Chemie, Biologie, Psychologie – auch kaum möglich. Hinzu kommt das in der Astrologie gern benutzte Paradigma des »senkrechten Weltbildes«. Eine bestimmte abstrakte Struktur, die durch eine astrologische Konstellation symbolisiert wird, findet auf vielen unterschiedlichen, gleichsam übereinandergeschichteten Ebenen ihre »Erfüllung«, ihre Entsprechung. Auf der Ebene der Mineralien wird dem Prinzip Venus der Stein Rosenquarz zugeordnet. Auf der Ebene der Metalle ist es das Kupfer. Auf der physischen Ebene symbolisiert Venus Erotik. Auf der psychischen Ebene erfüllt Venus sich im Prinzip der Anziehung, der Schönheit, der Ästhetik. Und so geht es entsprechend auf vielen Seinsebenen. In solcher Übereinanderschichtung – daher die Rede vom »senkrechten« Weltbild – findet das Prinzip Venus, und entsprechend alle anderen astrologischen Prinzipien und Kombinationen der Astrologie, seinen vielfältigen Ausdruck.[61] Das senkrechte Weltbild ist gewissermaßen die ausführliche Illustration und »Ordnung« des hier immer wieder betonten Grundgedankens, daß das Horoskop selbst »nur« Formen und Strukturen liefert, die erst mit konkreten und nicht schon im vorhinein festgelegten Inhalten erfüllt werden müssen.

Dieser Grundgedanke nimmt der Astrologie den Geruch des Determinismus. Aber gerade der Gedanke des »senkrechten Weltbildes« mit astrologischen Entsprechungen und Indizien auf allen Existenzebenen macht eine universale Perspektive der Astrologie auf die Welt sichtbar – eine Perspektive, die gerade durch ihre Universalität enorme Definitionsmacht auszuüben vermag und darum totalitäre Züge tragen kann. Der seriöse Astrologe wird alles vermeiden, was ihn auch nur in die Versuchung bringen könnte, irgendeine Macht über seine Klienten ausüben zu wollen. Aber nicht selten sind es schon die latenten Bedürfnisse des Klienten nach Orientierung und Führung, die dem beratenden Astrologen eine Macht zuschieben, welche den gesellschaftlichen Institutionen nicht gleichgültig sein kann. Sozialwissenschaftliche Kritik legt es damit nachgerade natürlicherweise darauf an, die Definitionsmacht von Astrologie zu relativieren, ihren Nimbus zu zerstören und auf die Freiheit und Autonomie des modernen Menschen gegenüber den Festlegungen astrologischer Deutung hinzuweisen. Adornos Analyse der Horoskopspalte in der »Los Angeles Times« ist nicht zuletzt dieser Absicht verpflichtet (vgl. oben S. 29ff.).

Die sich aufgeklärt gebende Naturwissenschaft beansprucht gern auch eine sozialhygienische Rolle in der Gesellschaft. Das nicht ganz unbekannte Manifest von 186 »führenden Naturwissenschaftlern« gegen die Astrologie, das im September

1975 in der amerikanischen Zeitschrift »Humanist« erschien, verdeutlicht die sozialhygienischen Ansprüche der Wissenschaftler. »Besonders irritiert uns die fortwährende unkritische Verbreitung astrologischer Tabellen, Vorhersagen und Horoskope durch die Medien und durch ansonsten seriöse Zeitungs-, Zeitschriften- und Buchverleger. Dies kann nur zur Zunahme von Irrationalismus und Obskurantismus beitragen.«[62] Irritieren sollte, daß hier Wissenschaftler eigens darauf hinweisen, daß es sich bei ihnen selbst um »führende Wissenschaftler« handelte, die damit nicht zuletzt ihre eigene Definitionsmacht massiv einbringen.
Auch Wiechoczek spricht angesichts der weiten Verbreitung der Astrologie von einem »Notstand unserer Gesellschaft, die in ihrer Geisteshaltung für ihre eigenen technologischen Errungenschaften unreif ist.«[63] Gewiß, auch Wiechoczek will die Glaubensfreiheit nicht beschränken. Astrologiefreunde sollen ihrem Glauben ruhig huldigen dürfen. »Die Duldsamkeit findet in dem Augenblick ihre Grenze, da der Sterngläubige über andere Menschen und lebenswichtige Sachfragen gegen den Willen der Betroffenen und gegen logische Gesetzmäßigkeiten urteilt und agiert.«

Es gehört freilich zum Standard auch unter Astrologen, daß gegen den Willen von Klienten und Drittpersonen keine astrologische Beratung gemacht wird. Ausgenommen sind allenfalls Personen des öffentlichen Lebens, über die bzw. deren Horoskope Astrologen auch ohne ausdrückliche Erlaubnis schreiben. Astrologen sind da prinzipiell in der Rolle von Kommentatoren, deren Arbeit gesetzlich gedeckt ist. Die Beratung von Privatpersonen soll diesen helfen, soll Schaden von ihnen fernhalten. Der »Deutsche Astrologen-Verband« (DAV) kennt übrigens ein entsprechend formuliertes Berufsgelöbnis.

Und hinsichtlich der »logischen Gesetzmäßigkeiten« ist zu fragen, wer eigentlich festlegt, was »logische Gesetzmäßigkeiten« sind? Schon die mathematische Logik kennt Begründungsprobleme. »Logisch« müssen Ableitungsregeln sein (und selbst hier gibt es in den mathematischen Logiken unterschiedlicher Schulen unterschiedliche Auffassungen). Aber die Ableitungsregeln klären nicht, wie es zu den Voraussetzungen kommt, aus denen abgeleitet wird. Die Mathematik bzw. mathematische Logik hilft sich mit der Aufstellung von Axiomen, ersten Annahmen, aber das Verfahren ist umstritten.[64] Die »Logik« deduktiver Logiken, wie sie in der Mathematik gebraucht werden, ist eine andere, mit anderen Ableitungsregeln, als die »Logik« induktiver Logiken. Jede Prognose (nicht nur die astrologische!) wendet induktive Logik an. In einem strengen Sinn ist diese Logik aber nicht »logisch«. Der Umstand, daß seit Jahrmillionen jeden Morgen die Sonne aufgegangen ist, führt zu dem induktiven Schluß, daß das auch morgen der Fall sein wird. Aber strenggenommen ist das kein Beweis. Der ist erst morgen zu erbringen. Und bis dahin ist der Gegenbeweis jedenfalls logisch nicht auszuschließen, wenn auch unwahrscheinlich. – Wer von »logischen Gesetzmäßigkeiten« spricht, sollte sich also klar machen, wie unterschiedlich diese sein können.

Der Verdikt der Wissenschaften und die gesellschaftlichen Folgen

Wir sind damit bei der Macht, auch der gesellschaftlichen Macht der Wissenschaften angelangt. Nur was akademisch anerkannt ist, kann überhaupt Berücksichtigung bei gesellschaftlichen Meinungsbildungsprozessen finden, jedenfalls, soweit sie intellektuell gestaltet und gesteuert werden.

Die Gesellschaft als Ganzes freilich wird nicht nur von Intellektuellen gestaltet, ist nicht nur einem akademischen Rationalismus verpflichtet. Die Unduldsamkeit gegenüber allem, was sich akademisch-rational nicht in die Form einer »logischen Gesetzmäßigkeit« bringen läßt, vergißt, daß die Gesellschaft auch von nicht-rationalen und irrationalen Ansätzen und Überzeugungen entscheidend mitgestaltet wird. Wissenschaftler freilich neigen dazu, gerade dies zu übersehen.

In komplexen modernen Gesellschaften folgen unterschiedliche Gruppen und Verbände jeweils Traditionen und Überzeugungen, die in Teilen oder sogar weitgehend sehr verschieden voneinander oder sogar widersprüchlich zueinander sind. Längst fehlt es an einem »Glaubenshorizont«, der die Gesamtgesellschaft und alle ihre Gruppen einigermaßen verbindlich bestimmt und gleichsam ein Gewölbe über der Gesellschaft bildet. Ideologie und Ideologien werden gewissermaßen diversifiziert. Für das Funktionieren einer pluralen Gesellschaft ist dies sogar unerläßlich.

Der Glaube an die Jungfrauengeburt; die Überzeugung, daß Gott tot ist; die Ansicht, daß für den modernen Menschen und seine geistige Gesundheit ein naturwissenschaftliches Weltbild notwendige Voraussetzung ist; die Meinung, daß es geistiges Heilen oder die Reinkarnation gebe – dies alles mag »objektiv« richtig oder falsch, aktuell oder weltfremd sein. Aber in jeweils spezifischen Gruppen und Gemeinschaften ist jede dieser Überzeugungen identitätsbildend und gemeinschaftsstiftend.

Jede dieser Überzeugungen übt jeweils eine Trostfunktion aus, vermittelt Sinn. Damit dient sie nicht zuletzt dem Funktionieren von Gesamtgesellschaft. Diese freilich funktioniert nicht zuletzt, weil alle diese und noch weitere Überzeugungen in jeweils begrenztem Raum Gültigkeit besitzen. Die komplexe, arbeitsteilige Gesellschaft ist gewissermaßen auch meinungs- und glaubensteilig. Die Kultivierung unterschiedlicher und teilweise widersprüchlicher Traditionen und Theorien erhöht nicht zuletzt die Chancen für soziale Erfindungen im weitesten Sinn. Wo nur eine einzige Tradition herrscht, kann auch nur das kultiviert und »erfunden« werden, was diese Tradition zuzulassen vermag.

Zum Funktionieren moderner Gesellschaften gehört freilich auch, daß keine der unterschiedlichen Traditionen zur totalitären und demagogischen Ideologie wird. Dann würden die anderen Traditionen und »Ideologien« womöglich brachial »bekehrt«, d.h. ausgemerzt. Dann würde mit Gewalt ein neuer, alles überwölbender Horizont geschaffen, unter dem sich freilich viele Gruppen nicht mehr wiederfänden. Gerade der Umstand, daß es keinen einheitlichen und verbindlichen Glaubens- und Sinnhorizont mehr gibt, sorgt allerdings dafür, daß die bestehenden Überzeugungen, Ideologien, »Teilhorizonte« von den jeweiligen Kritikern und Konkurrenten klarer und nachdrücklicher geprüft und befragt werden können. Gerade wegen der bestehenden Vielfalt und Konkurrenz muß jede Überzeugung sich umso klarer ihrer selbst vergewissern. Im Idealfall sorgt der gegenseitige Konkurrenzdruck für mehr Diskurs und damit für mehr Bildung.

Dabei dürfte klar sein, daß nicht lauter beliebige und völlig unvernünftige Ideologien und Überzeugungen den Rang einer gesellschaftlichen »Tradition« erreichen. Damit eine Überzeugung in gesellschaftlichen Gruppen unter den Bedingungen einer technisch-industriellen Gesamtgesellschaft als »Tradition« zu überleben vermag, muß sie ein Mindestmaß an Konsistenz aufweisen, muß sich als triftig erweisen, als »funktional« im Sinn der oben erwähnten Sinnstiftung, Identitätsstiftung usw. Die Astrologie dürfte in diesem Sinn eine gesellschaftliche »Tradition« sein. Selbst wenn sie Aberglaube sein sollte, so ist sie doch keineswegs primitiv; selbst wenn sie häufiger fehlgeht, dann offenkundig doch nicht so häufig, daß die Anhänger sich mehrheitlich abwenden würden.

Entsprechend sind beispielsweise der westliche Rationalismus oder das Christentum »gesellschaftliche Traditionen« mit Konsistenz, Triftigkeit und sinnstiftenden, letztlich trostgebenden Funktionen. – Dabei sind diese »Traditionen« im Verhältnis zur Astrologie oder anderen parawissenschaftlichen Ansätzen und gleich stärker, nehmen ungleich mehr Raum ein. Das verführt diese vorherrschenden, »hegemonialen« Traditionen leicht dazu, die Konkurrenz der schwächeren Traditionen bzw. solcher mit sehr viel schmälerer Basis zu negieren. Paul Feyerabend, der österreichisch-amerikanische Wissenschaftstheoretiker, schildert in einem knappen und brillanten Abriß, wie es für den Fall der »Wissenschaften«, d.h. der akademisch anerkannten Fächer, dazu kam: »Selbst in einem fairen Wettstreit hat eine Ideologie oft große Erfolge und überholt ihre Gegner. Das heißt nicht, daß die Gegner wertlos sind und daß sie keinen Beitrag mehr zu unseren Kenntnissen leisten können; es heißt nur, daß sie vorübergehend außer Atem sind. Sie können sich erholen und ihre Sieger besiegen. Solche Ereignisse sind in der Geschichte des Denkens und in der politischen Geschichte an der Tagesordnung.«[65] Feyerabend macht dies an der Atomtheorie, aber auch an Erkenntnismethoden sinnfällig und zeigt, wie bestimmte Ansätze zeitweise wissenschaftlich relevant, zeitweise aber auch wissenschaftlich als unfruchtbar gelten: »Die Lektion, die man aus dieser Skizze ziehen kann, ist, daß das vorübergehende Versagen einer Ideologie (d.h. einer Ansammlung von Theorien, Tatsachen, Methoden, geordnet von einem metaphysischen Standpunkt) uns noch nicht berechtigt, sie zu beseitigen (...). Genau das geschah aber im Verlauf der wissenschaftichen Revolution mit den älteren Formen der Wissenschaften und mit nicht-wissenschaftlichen Ideen: man hat sie beseitigt und zwar zuerst aus den Wissenschaften selbst, dann auch aus der Gesellschaft, und ihr Überleben ist heute nicht nur durch ein allgemeines Vorurteil zugunsten der Wissenschaften, sondern auch durch institutionelle Maßnahmen gefährdet: die Wissenschaften gehören zur Grundstruktur von Demokratien. Ist es also überraschend, daß sie vorherrschen und daß nur ihre Erfolge bekannt sind? Sie herrschen vor, weil einige Erfolge in der Vergangenheit zu institutionellen Maßnahmen geführt haben (...), die jetzt die Rückkehr der Rivalen verhindern. Kurz, aber nicht inkorrekt: *die Wissenschaften überwiegen heute nicht wegen ihrer Verdienste, sondern weil die ganze Show zu ihren Gunsten aufgezogen wird.*«[66]

Diese Analyse eines der ihren sollte die Wissenschaftler nachdenklich machen. – Man sollte freilich auch die Folgen für die jeweils unterlegenen und (weitgehend) »beseitigten« Ideologien erörtern. Die Astrologie ist vom Standpunkt des wissenschaftlichen Rationalismus aus »unterlegen«; freilich läßt sie sich nicht ohne weiteres beseitigen, auch nicht mit der Haltung einer begrenzten »Duldsamkeit«. Also wird sie unter Intellektuellen noch immer entweder totgeschwiegen oder, wo das nicht mehr möglich ist, dermaßen denunziert, daß schon die kritische Beschäftigung mit ihr »unmöglich« ist. Denn eine, wenn auch kritische Beschäftigung mit der Astrologie, und sei es zum Zweck ihrer Widerlegung, stellt bereits den unausdrücklichen Glaubenssatz in Frage, wonach die Astrologie schon allein durch den Fortschritt der (Natur-)Wissenschaften als widerlegt gelten kann. Wahrscheinlich gibt es deshalb keine wirklich ruhig argumentierende und geduldig erörternde wissenschaftliche Widerlegungsschrift gegen die Astrologie.

Ob Totschweigen oder Denunziation: Dies hat für die Astrologie selbst durchaus bedenkliche Folgen. Da es an argumentativen Widerlegungsversuchen mangelt und die Astrologen sich die Denunziationen aus der wissenschaftlichen Ecke nicht ganz zu Unrecht verbitten, fehlt es an einer wirklich kritischen Begleitung der Astrologie. Was wir eben als Idealfall benannt haben: daß sich die einzelne Überzeugung wegen der Vielfalt und Konkurrenz umso genauer ihrer selbst vergewissern müsse, ist im Zusammenhang mit der Astrologie nur begrenzt gegeben. Da die Astrologie meist ausgegrenzt wird, ist sie zugleich als »Konkurrenz« gar nicht erst anerkannt. Letztlich verlangt niemand wirklich von der Astrologie, daß sie sich genauer ihrer selbst vergewissere. Sie gilt doch ohnehin als längst widerlegt.

Und damit fehlt der Astrologie jenes Maß an – auch scharfer – argumentativer Kritik, das sie wohl nötig hätte. Zwar hat die »astrologische Fachgemeinde« so etwas wie eine Selbstkontrolle organisiert – nicht zuletzt durch eine Selbstverpflichtung auf Seriosität und Lebenshilfeorientierung, die immerhin die geprüften Mitglieder des »Deutschen Astrologen-Verbandes« eingehen. Aber diese Selbstkontrolle ist praxisorientiert, nämlich an der Praxis der Beratung und der dabei nötigen ethischen Haltung. Eine wissenschaftliche Begleitung der astrologie-internen Forschung – die es ja durchaus in reichem Maß gibt – ist durch diese Selbstkontrolle keineswegs garantiert. Dies wird allenfalls von Astrologen organisiert, die ihrerseits auch über eine akademische Ausbildung in einem sonstigen Studiengang bzw. Beruf verfügen. Man muß sich vom Standpunkt der Wissenschaften aus gar nicht wundern, daß Astrologen häufiger unwissenschaftlich, womöglich naiv argumentieren. Sie täten es vielleicht sehr viel weniger, wenn die Wissenschaften selbst die Astrologie nicht denunzierten oder links liegen ließen.

Es braucht dabei gar nicht um eine Zuwendung der Wissenschaft zur Astrologie gehen. Niemand verlangt, daß Wissenschaftler nun die Astrologie für wahr halten sollten und auf Suche nach wissenschaftlichen Begründungszusammenhängen gingen.

Wünschenswert wäre lediglich, daß die Wissenschaftler ihre Skepsis und Ablehnung des Faches geduldig und argumentativ mit eben den Vertretern des Faches teilten.

Dies ist auch noch aus einem anderen Grund wichtig. Adorno konnte noch den Okkultismus als »Metaphysik der dummen Kerle« bezeichnen. Soweit sich »Okkultismus« als Beschäftigung mit Psi-Phänomenen, mit Paranormalem, mit Außenseiterwissen darstellt, sind es mittlerweile gerade die Gebildeteren, die sich diesen Fragen zuwenden. Insbesondere das sogenannte »New Age« ist bei den gebildeten Schichten auf erhöhtes Interesse gestoßen. Dies betrifft nicht nur dasjenige »New Age«, welches einen durchaus wissenschaftlich begründeten Anspruch auf einen Paradigmenwechsel weg von einem mechanischen Weltbild und hin zu einem Weltbild stellt, in dem Geist und Materie wechselseitig aufeinander bezogen sind und aufeinander einwirken.[67] Auch das mehr praktisch-therapeutische »New Age« mit seinen vielfältigen Lebenshilfeangeboten, mit seiner Wiederbelebung und Aktualisierung esoterischer und »okkulter« Denkansätze, mit seinem Einbezug zahlreicher spiritueller Traditionen stößt auf das Interesse der Gebildeten.[68]

In diesem Zusammenhang sei die Zahl und Ausrichtung der im Nahraum Heidelberg tätigen Astrologen erwähnt. 1991 waren dies 20 praktizierende Astrologinnen und Astrologen. Genau zwei von ihnen arbeiteten hauptberuflich und waren professionell organisiert. Die anderen 18 boten ihre Dienste im studentischen Milieu an – als bessere Hobby-Astrologen oder halbprofessionell Organisierte.[69] Ähnliches kann in Tübingen, einer weiteren süddeutschen Universitätsstadt beobachtet werden. Offenbar bieten die studentischen Milieus der Universitätsstädte auch einen nicht ganz schmalen Markt für astrologische Beratung und wohl auch weitere New-Age-Angebote.

Es wächst eine Generation von akademisch Gebildeten heran, die die eigene wissenschaftliche Ausbildung mit esoterischen, paranormalen, spirituellen usw. Bedürfnissen und Erfahrungen zu verbinden weiß und jedenfalls keinen grundsätzlichen Widerspruch sieht. Wissenschaften und Parawissenschaften sind so unter Umständen dicht beieinander angesiedelt. Der Soziologe Gerald L. Eberlein hat nicht zuletzt deswegen dafür plädiert, daß Skeptiker und »Parawissenschaftler« konstruktiv und kritisch im Rahmen der »Anomalistik« zusammenarbeiten und empirische Forschung zu tatsächlichen oder vermeintlichen paranormalen Erscheinungen bzw. Deutungsmodellen betreiben.[70]

In diesem Zusammenhang ist auch die zunehmende »Akademisierung« der fachastrologischen Szene von Bedeutung.

Nach ungefähren Schätzungen verfügt etwa ein Drittel der in Verbänden organisierten Astrologen über eine akademische Ausbildung.[71] Zumal Psychologen und Pädagogen, also Vertreter aus den Sozial- und Verhaltenswissenschaften, wenden sich der Astrologie zu. Dies ist aufgrund der praktischen Orientierung der Astrologie an Beratung und Lebenshilfe nicht weiter verwunderlich. »Harte« Naturwissenschaftler – Physiker, Chemiker, Biologen, Mathematiker – sind dagegen in der Astrologie immer noch recht selten anzutreffen. Wohl aber finden sich unter den Astrologen vermehrt Vertreter technischer Wissenschaften (Ingenieure). Im großen und ganzen kann man sagen, daß die Sozial-, Verhaltens- und Beratungswissenschaften der Astrologie noch am aufgeschlossensten gegenübertreten, indem verhältnismäßig noch am ehesten ihre Vertreter zur Astrologie finden. Der »akademische« Trend nimmt aber insgesamt zu.

Das hat langfristig nicht nur Folgen für die Astrologie selbst. Der Astrologie kann man mit diesem Trend in absehbarer Zeit auch zutrauen, daß sie ihre eigene kritische Begleitung selbst zu organisieren vermag. Zumindest der »Deutsche Astrologen-Verband«, der größte und älteste Astrologie-Fachverband in Deutschland, betreibt seit einigen Jahren vermehrt Forschung – auch im Sinn einer stärker (selbst)kritischen Befassung mit Astrologie. – Umgekehrt ist eine Folge für die Wissenschaften, daß sie künftig eher als bisher mit einer »astrologischen« oder, allgemeiner, »parawissenschaftlichen« Intelligenz zu rechnen haben, die nun in der Tat auch publizistisch und lobbyistisch tätig sein wird.

Mit dieser Perspektive auf eine durchaus akademische »parawissenschaftliche« Intelligenz knüpfe ich ganz bewußt an die seit Ende der 50er Jahre geführte Debatte um die »zwei Kulturen« der »literarischen« und der »naturwissenschaftlichen Intelligenz« an. Der britische Physiker und Romanschriftsteller Charles P. Snow hat die Rede von den zwei Kulturen im Jahr 1959 geprägt. Naturwissenschaften und Technik einerseits, Geisteswissenschaften und Literatur andererseits formen jede eine Welt für sich, zwischen denen beidseitig durch Spezialisierung und Ignoranz Unverständnis und sogar Feindseligkeit gewachsen ist. Dabei zeigen nach Snow beide »Kulturen« starke Vereinseitigung; doch letztlich ist es seiner Meinung nach die literarische Intelligenz, die durch ihre Fortschrittsfeindlichkeit die Isolierung der beiden »Kulturen« voneinander begünstigt.[72]

Man kann, nachdem diese Debatte nun gut ein Menschenalter währt, freilich auch darauf hinweisen, daß Snow einem kaum verhehlten Fortschrittsglauben folgt, der aber auch zeittypisch für die ausgehenden 50er und die 60er Jahre ist. In dieser Zeit war der Glaube an die positive und gestaltende Kraft des »okzidentalen Rationalismus« (Max Weber) relativ am größten. Angesichts der zwischenzeitlich offenbar gewordenen Bedrohung der Gesellschaft durch die aus dem Ruder laufenden naturwissenschaftlich-technischen Kenntnisse und Anwendungen darf aber heute gefragt werden, ob dieser Glaube noch gerechtfertigt ist. Die naturwissenschaftliche Intelligenz prodziert eben auch Risiken und Bedrohungen im großtechnologischen Bereich. Ist aber nicht gerade dann die Kultivierung »nicht-naturwissenschaftlicher« Intelligenz sogar geboten und damit letztlich unvermeidlich? Die Abschätzung und Bewältigung der Folgen naturwissenschaftlich-technischer Entwicklungen kann offenbar nicht ausschließlich innerhalb von Naturwissenschaften und Technik selbst geleistet werden. Reinhard Wiechoczek attestiert ja der heutigen Gesellschaft, eine »Geisteshaltung«, in der sie »für ihre eigenen technologischen Errungenschaften unreif« bleibe und vor sich selbst davon laufe.[73] Hinter dieser Einschätzung steckt ebenfalls noch der naive Fortschrittsglaube, der alle gesellschaftlichen und persönlichen Probleme meint technologisch-naturwissenschaftlich lösen zu können.

Nach meiner Ansicht ist gerade der unbedingte naturwissenschaftlich und technisch bestimmte Fortschrittsglaube ein Zeichen der Unreife, während die Entwicklung von Geisteshaltungen, die auch andere als naturwissenschaftliche Denkansätze kultivieren, ein Zeichen von Reife ist. Dabei geht es nicht um pauschale Verdammung von Naturwissenschaften und Technik. Astrologen, Esoteriker, New-Age-Interessierte sind – von Ausnahmen abgesehen – keineswegs »fortschrittsfeindlich«. In aller Regel nehmen sie aktiv an der technisch-industriellen Zivilisation teil. Aber sie neigen zu Relativierung und Nachdenklichkeit und haben für sich auch lebenspraktische Konsequenzen daraus gezogen. Die Astrologie, die Esoterik, die vielfältigen spirituellen und therapeutischen Ansätze innerhalb und außerhalb des »New Age« – sie sind alle auch ein Stück Gesellschafts- und Wissenschaftskritik.

Diese Kritik ist im allgemeinen nicht radikal und unversöhnlich, auch wenn sie durchaus konsequent und in der Sache deutlich ist. Man kann sie nicht mehr als das Räsonnieren von Außenseitern und Spinnern abtun. Gerade dieses Verdikt (das freilich noch immer in den Köpfen mancher orthodoxer Wissenschaftler steckt[74]) kann so nicht mehr gelten; sind alle Akademiker, die sich mit Astrologie und Ähnlichem abgeben, »Spinner«? – Gewiß sind naturwissenschaftliche und »parawissenschaftliche« Intelligenz in zwei unterschiedlichen Kulturen zuhause. Suitbert Ertel, Psychologe an der Universität Göttingen, der auch kritische Überprüfungen der Astrologie, insbesondere der Forschungen von Michel Gauquelin vorgenommen hat, spricht von der Astrologie als »Lebensstil«.[75] Aber es geht nicht nur um technischen oder esoterischen »Lifestyle«. Es geht jeweils um Wissen, Weltverständnis – und Weltbewältigung. Man muß nicht jeweils alles gut finden, was in den verschiedenen »Kulturen« und »Lebensstilen« erprobt und angeboten wird. Aber die »Kulturen« sind da und sollten zur Kenntnis genommen werden. Snow beklagte Ende der 50er Jahre den Hochmut einer klassisch-literarischen Bildung gegenüber der naturwissenschaftlich-technischen Bildung. Heute könnte man eher über den Hochmut der naturwissenschaftlichen Intelligenz gegenüber den »Außenseiterfächern«, gegenüber der »parawissenschaftlichen Intelligenz« klagen. Der wissenschaftliche (Aber-)Glaube, der die Astrologie schon im vorhinein für widerlegt hält, begünstigt solchen Hochmut, der sich im übrigen nicht nur auf ein vergleichsweise kleines Fach wie die Astrologie beschränkt.[76]

Dieser Hochmut, verbunden mit der Definitionsmacht, dem gesellschaftlichen Einfluß der Naturwissenschaften, könnte gegebenenfalls verhindern, daß Alternativen in der »Risikogesellschaft«[77] hinlänglich genau geprüft werden. – Wir wollen die Astrologie in diesem Zusammenhang nicht überbewerten. Die 2000 mehr oder minder seriösen Berufs-Astrologen in Deutschland werden sicher keine gesellschaftliche Trendwende in Gang bringen, und sei diese im Blick auf technische und sozialpsychische Risiken noch so wünschenswert. Aber eine freie Gesellschaft (die mit Recht stolz ist auf ihr Maß an Freiheit) sollte sich ein freies und faires Miteinander »wissenschaftlicher« und »nicht-wissenschaftlicher«, »parawissenschaftlicher« Denkansätze leisten. Und als »Risikogesellschaft« kann sie sich den Hochmut einzelner Denkansätze gegenüber (allen) anderen sicher nicht leisten.

Astrologie in der theologischen und kirchlichen Kritik

Etwa bis zur Mitte der 80er Jahre war die kritische Haltung von theologischer und kirchlicher Seite gegenüber der Astrologie ziemlich eindeutig. Die Astrologie wurde als Wahrsagerei abgelehnt. Sie sei, so die Kritik, mit der Freiheit des Christen unvereinbar, da sie Fatalismus und Abhängigkeit fördere. Sie vertrete ein Weltbild, das unvereinbar sei mit dem christlichen Weltbild. Und nicht zuletzt sei die prophetische Kritik im Alten Testament an den Astrologen und Sehern so klar und eindeutig, daß sich für jeden Christen der Umgang mit der Astrologie von vornherein verbiete. Einige kirchliche Kritiker gingen und gehen noch weiter, indem sie Astrologie von vornherein als Teilgebiet des Okkultismus ausweisen und jeden, der sich mit Okkultismus im allgemeinen und Astrologie im besonderen befaßt, als »okkult behaftet« oder »okkult belastet« bezeichnen. Ein solcher Mensch brauche unbedingt seelsorgerliche Hilfe und müsse von seinem Tun ablassen.

Zwei Ausnahmen sind hier dennoch zu nennen. 1979 erschien in der »Theologischen Realenzyklopädie« ein ausführlicher, abgewogener Sachartikel »Astrologie«, der nicht in die ablehnende Kritik einstimmte, sondern in der Sache korrekt und im Argument geduldig das Für und Wider der modernen Astrologie erörterte.[1] 1980 veröffentlichte der katholische Benediktinerpater Gerhard Voss seine Arbeit »Astrologie christlich«, die vor allem einen meditativen und spirituellen Zugang zum Horoskop für möglich hielt und erörterte.[2] Soweit ich sehe, sind diese beiden Ausnahmen innerhalb der kirchlichen Publizistik ohne wahrnehmbare Resonanz geblieben – jedenfalls bis in die Mitte der 80er Jahre. Das Thema »Okkultismus«, insbesondere der sogenannten »Jugendokkultismus«, ist seit den frühen 80er Jahren ein Dauerthema kirchlicher Apologetik. Ich habe jedoch in den apologetischen Schriften zu diesem Themenbereich, der stets auch die Astrologie mit einbezieht, keinen Hinweis auf den Sachartikel »Astrologie« der »Theologischen Realenzyklopädie« oder auf die Veröffentlichung von Gerhard Voss gefunden. Unter den apologetischen Schriften gegen die Astrologie ist Friedrich-Wilhelm Haacks Heft »Astrologie«, in den 70er Jahren erstmals erschienen und seither häufig in jeweils überarbeiteten Auflagen neu herausgebracht, die wohl bekannteste Arbeit.[3] Auch bei seinen Überarbeitungen in den 80er Jahren hat Haack die Schrift von Voss und den Sachartikel »Astrologie« der »Theologischen Realenzyklopädie« nicht berücksichtigt.

Die Haltung im evangelisch-kirchlichen Bereich ist seit Mitte der 80er Jahre etwas nachdenklicher und zuhörensbereiter geworden, zumindest auf der Ebene einer fachlichen theologischen Diskussion. Dazu haben die Schriften von Siegfried Böhringer beigetragen, 1986 und 1990 erschienen[4], und vielleicht auch meine eigene Arbeit über »Die Kirchen und die Astrologie«[5]. Die »Evangelische Zentralstelle für Weltanschauungsfragen« hat in ihrem »Arbeitskreis PSI und christlicher Glaube« seit 1990 mehrfach die Astrologie erörtert.[6] Diese neue Nachdenklichkeit wird freilich vorerst unter verhältnismäßig wenigen Spezialisten kultiviert. Nur wenige Theologen bringen genügend Interesse an Astrologie auf, um nach Jahrhunderten der pauschalen Ablehnung seitens der Kirchen noch behutsam und (selbst-)kritisch nachzufragen. Nur wenige Astrologen vermuten unter Theologen überhaupt zugewandte Gesprächspartner – was eben auch mit der jahrhundertelangen Ablehnung zu tun hat. An der kirchlichen Basis ist die astrologie-bezügliche Nachdenklichkeit einiger Theologen noch keineswegs »angekommen«.

Um die Argumente von kirchlicher Seite gegen die Astrologie einigermaßen präzise wiederzugeben, möchte ich hier aus zwei etwas älteren Kirchenlexika zitieren – 1956 bzw. 1957 erschienen. Diese Argumente sind auch heute nach wie vor zu hören.

»Die geläufigste Form der Astrologie ... ist jene, die aus einer Konstellation von Sternen ein sicheres Urteil über ein künftiges menschliches Geschehen ableiten zu können vorgibt, das der personalen Sphäre des Menschen angehört (...): sie hat Fatalismus und Determinismus zur Voraussetzung. Solche Astrologie ist oft nichts als gewinnsüchtiges Ausnützen der Unwissenheit und des Aberglaubens und daher gegen Gerechtigkeit (Betrug) und Liebe (Ärgernis, Mitwirken zu fremden Sünden). Ernst genommen, ist sie Wahrsagerei und verstößt gegen die Tugend der Gottesverehrung. Mit deren Verurteilung in Schrift und Tradition ist auch sie getroffen. ... Gründe für die Zurückweisung sind: der Versuch der Aufhebung der bleibenden Überantwortetheit an den unverfügbaren Gott, die zum Wesen der Religion gehört, Hinausstreben über die wirklichen Grenzen menschlicher Erkenntnis, Leugnung der Willensfreiheit, Fatalismus vor der Sünde usw.«[7]

»Astrologie bietet dem säkularen, vom kirchlichen Glauben gelösten Menschen einen Religionsersatz, der unter wissenschaftlichem Schein seinem Bedürfnis nach Vertrauen und Sicherung entgegenkommt. Dabei steht der Mensch in Gefahr, seine Entscheidungsfreiheit mit ängstlicher Bindung an jeweilige Gestirnkonstellationen zu vertauschen. Evangelischer Glaube verwirft Astrologie als Heidentum unter Berufung auf die Heilige Schrift, z. B. Jr. 10,2. Das Zutrauen des Menschen gebührt dem allmächtigen und barmherzigen Gott, und nicht irgendwelchen geschaffenen Wesenheiten.«[8]

Die wissenschaftliche Kritik als theologische

»Astrologie ist im Gegensatz zu Astronomie nicht Wissenschaft, sondern Glaube an den entscheidenden Einfluß der Gestirne auf das Geschick von Welt und Mensch.«[9]

Die hier dargestellte Astrologie der »revidierten Klassik« geht nicht von einem »entscheidenden Einfluß« der Gestirne auf Welt und Mensch aus. Klöckler spricht, wie wir gesehen haben, von Beziehungen zwischen den »Funktionen der Himmelskörper und gewissen Seiten und Teilen der physikalisch-chemischen, biologischen und psychologischen Prozesse auf der Erdoberfläche.« Dies wurde Ende der 20er Jahre geschrieben. Warum behauptet das Evangelische Kirchenlexikon von 1956 von der Astrologie etwas mißverständlich Anderes? Seit Klöckler gehört es zum astrologischen Standard, daß das Horoskop eine Form ist, welche aufgrund der Entscheidungsfreiheit des Individuums auf zwar nicht beliebige, aber durchaus unterschiedliche Weise »erfüllt« werden kann. Warum behaupten das Evangelische Kirchenlexikon von 1956 und das katholische »Lexikon für Theologie und Kirche« von 1957 das gerade Gegenteil des Determinismus und Fatalismus?

Was hier unter Astrologie verstanden wird, hat mit der Astrologie der Gegenwart – jedenfalls der seriösen – nichts zu tun. Die zitierten Stellen aus dem evangelischen und dem katholischen Lexikon reflektieren wohl die zeitgenössisch-biblische, also die babylonische Astrologie einigermaßen richtig, ebenso auch noch die traditionelle klassische Astrologie. Aber ausdrücklich wird ja über Astrologie im Tempus der Gegenwart, nicht im Tempus der Vergangenheit gehandelt.

Insbesondere das evangelische Kirchenlexikon stellt auf das Verhältnis von Astrologie und Wissenschaft ab. Die Rede ist von »wissenschaftlichem Schein« und davon, daß Astrologie nicht »Wissenschaft, sondern Glaube« sei. Auch Friedrich-Wilhelm Haack führt die Argumente der Wissenschaft ins Feld – verweist auf eine völlig veränderte Perspektive auf den Kosmos in der Jetztzeit, die mit der astrologischen Perspektive nicht mehr viel zu tun hat, weist hin auf den nicht mehr »stimmigen« Tierkreis usw.[10] Daß der »tropische« Tierkreis der Astrologie technisch nichts mit dem »siderischen« Tierkreis der allerdings gleichnamigen zwölf antiken Hauptsternbilder zu tun hat, wissen wir. Aber Haack nimmt es nicht zur Kenntnis. Offenbar verlassen sich Theologen wenigstens zum Teil auf »Wissenschaft« und deren Brandmarkung der Astrologie, statt selber den Dingen nachzugehen. Die Astrologie gewinnt ihre Deutungsaussagen durch Beobachtung am Menschen – und durch Kombination von Prinzipien aufgrund von, und im Zusammenhang mit Beobachtung, wie wir gesehen haben. Das Erfahrungswissen wird der Astrologie aber rundheraus abgestritten – es gibt keine astrologischen »Erfahrungstatsachen«, konstatiert Haack; die astrologische Wissenschaft ist bloßer Schein, legt das Evangelische Kirchenlexikon fest.

Siegfried Böhringer ist unter den kirchlichen Autoren, die über Astrologie arbeiten, der einzige, der hier auch Anfragen an die Theologie stellt: »Das Zweckbündnis mit der wissenschaftlichen Astrologie-Kritik ist für die kirchlich-christliche Auseinandersetzung bezeichnend: Sie bedient sich der wissenschaftlichen Gegenargumente, übersieht jedoch häufig die Herausforderung, die gerade in diesen auch für den eigenen Glaubensstandpunkt liegt.«[11]

Mit anderen Worten: Will man den christlichen Glauben und die darauf ruhende Theologie auf die Faktizität ihrer Grundaussagen hin überprüfen, dann bleibt an »Erfahrungstatsachen« nichts übrig. Gottessohnschaft Jesu, Jungfrauengeburt, Trinitätslehre – all das ist einem empirischen Zugriff verschlossen. Man könnte die Gottessohnschaft von Jesus, die Jungfrauengeburt, die Dreieinigkeitslehre usw. als große Symbole verstehen, die zugleich christlichen Glauben konstituieren, und darüber dann Verkündigung und Theologie betreiben. Aber wäre das dann nicht sogar ein Argument für die Astrologie? Auch diese geht mit Symbolen um, deutet sie, setzt sie in Lebenszusammenhänge um.

Die Theologie braucht sich vielleicht um solche Fragen nicht zu kümmern. Sie ist traditionell in akademische Forschung und Lehre eingebunden und muß trotz der nicht ganz leisen Rufe nach völliger Trennung von Staat und Kirchen nicht fürchten, demnächst aus den Universitäten verbannt zu werden. Eigentlich aber sollte sie sich ihrer durchaus prekären Position im Gefüge säkularer Wissenschaften bewußt werden. Und sie sollte gerade darum schon nicht nur in einer egoistischen Haltung gegenüber Außenseiterwissenschaften verharren. Aus dem Blickwinkel säkularer Wissenschaften sitzen Theologie, Esoterik, Astrologie usw. doch eigentlich im selben Narrenschiff.

Theologie und Kirchen, insbesondere die evangelischen Kirchen, retten sich mit einer schon fast abergläubisch zu nennenden Wissenschaftsgläubigkeit. Die Entmythologisierung, die der evangelische Theologe Rudolf Bultmann gelehrt hat, geht explizit davon aus, »die Anstöße hinwegzuräumen, die für den modernen Menschen daraus erwachsen, daß er in einem durch die Wissenschaft bestimmten Weltbild lebt.«[12] Die »Anstöße« sind die Mythen und Wunder, wie sie in der Bibel berichtet werden. Statt sich von den biblischen Berichten, und seien sie dem modernen Menschen noch so unwahrscheinlich, wenigstens nachdenklich und zum Weiterfragen bereit machen zu lassen, werden sie im Namen der Wissenschaften und ihres Weltbilds »hinweggeräumt«. Das klingt nach Ordnung schaffen, aber beruht diese Ordnung nicht auf dem Aberglauben, die Wissenschaften wüßten alles? Die Vermutung liegt nahe, daß hier eigene Alleinseligmachungsansprüche, die man wenigstens im evangelischen Bereich heute nicht mehr offen vertritt, auf die Wissenschaften projiziert werden.

Insgesamt zeigt sich, daß Kirchen und Theologie sich auf nicht eben kritische und selbstkritische Weise der wissenschaftlichen Dienste versichern. Zwei Traditionen, eine kirchliche und eine naturwissenschaftliche, verbünden sich auf wenig reflektierte Weise, um einer dritten Tradition den Garaus zu machen. Dabei bedient sich nicht nur die Theologie der Naturwissenschaften, sondern umgekehrt auch die Naturwissenschaft der Theologie. Wiechoczek referiert ausführlich und zustimmend die Theologen, die gleich ihm gegen die Astrologie eingestellt sind.[13]

Das Argument der Wahrsagerei

Als »Wahrsagen« gilt die Schicksalserkundung durch »okkulte« Praktiken – Kartenlegen, Pendeln, Handlesen, Jenseitskontakte usw. Die Erkundung des Schicksals bezieht sich auf konkrete künftige Ereignisse. Alles andere wäre kein Wahrsagen. Eine Variante des Wahrsagens ist die Warnung vor dem Eintreten einer künftigen schwierigen oder gefährlichen Ereigniszeit. Damit verbindet sich meist der Rat zu irgendeiner Form von Vermeidungsverhalten. So soll die Ereigniszeit glimpflich durchgestanden werden.

Behauptet wird, die Astrologie gebe ein »*sicheres Urteil* über ein künftiges menschliches Geschehen« und es handle sich bei ihr um Wahrsagerei. Dieser Vorhalt mag die babylonische und antike Astrologie treffen; er mag noch eine traditionelle

Astrologie treffen. Die revidierte astrologische Klassik braucht sich diesen Vorhalt nicht gefallen zu lassen.

Wir haben oben ausführlich dargestellt, daß das Horoskop eine Form, eine Struktur ist. Sie ist individuell, sie ist individualtypisch, aber sie ist nicht einfach das Individuum selbst. Für die Prognose gilt, daß sie Dispositionen, Stimmungsbildungen, bestimmte Möglichkeiten voraussagt, aber keine konkreten Ereignisse. Zwar ist bei genauer Kenntnis des Ratsuchenden eine rückschließende Vermutung über wahrscheinliche Konkretion anstehender Dispositionen möglich. Aber auch hier bleibt der Astrologe im Prinzip auf der Ebene von Form und Struktur und kann nicht einfach Ereignisse wahrsagen.

Natürlich bringt schon die Möglichkeit der Prognose Probleme mit sich, auf die Kirchen und Gesellschaft selbstverständlich ein Augenmerk haben. Dabei geht es nicht so sehr um die Tatsache einer Prognose als solche, sondern um die Individualität und die von der Astrologie behauptete Reichweite der Prognose.

Prognose als solche ist, soweit ich sehe, in Kirche und Theologie kein Kontroversthema, auch nicht die individuelle. Mir ist keine theologische Stellungnahme oder gar Verurteilung bekannt, die sich auf ärztliche Prognosen aufgrund vorher getroffener Krankheitsdiagnosen bezöge. Wetterprognosen, Wirtschaftsprognosen, die gesamte Futurologie – das alles ist überhaupt kein Thema bei Theologen und Laienchristen. Zwar heißt es in Prediger 10,20: »Berechne nicht die Zukunft, sondern nütze den Tag«, aber das hindert Kirchenchristen nicht an der Teilhabe in der modernen Gesellschaft, die aufgrund ihrer Komplexität einen wachsenden Bedarf an Prognosen hat. Niemand kommt mehr ohne irgendeine Art von »Berechnung« der Zukunft aus, auch nicht im privaten Bereich.

Diese »Berechnungen« nun sind keine Wahrsagung. Es handelt sich um die Angabe von begründeten Vermutungen, von Wahrscheinlichkeiten in der Zukunft. Da nun die moderne Astrologie auch nichts anderes tut, als im individuellen Fall Wahrscheinlichkeiten zu »berechnen« und zu prognostizieren, kann Kirche eigentlich – gemessen an ihrer sonstigen Praxis gegenüber Prognosen – nichts dagegen haben.

Im Detail bleiben trotzdem Fragen. Astrologische Deutung und Prognose bezieht sich ja ihrem Selbstverständnis nach nicht nur auf wenige isolierte Themen wie Wetter oder Krankheitsverläufe. Sie bezieht gewissermaßen »das ganze Leben« mit ein. Die Disposition für eine Partnerangelegenheit, die Disposition für eine gesundheitliche Beeinträchtigung, die Disposition für eine berufliche Entwicklung – dies alles behauptet Astrologie prognostizieren zu können. Und wo dann im Rückschluß von Konstellation und unmittelbarer Anschauung des jeweiligen Horoskopeigners konkrete Wahrscheinlichkeiten angegeben werden, wird beispielsweise aus der »Disposition für eine Partnerangelegenheit« eine »neue Beziehung« usw. Die thematische und lebenskundliche Universalität der Astrologie wird in der Prognose unheimlich. Erst recht unheimlich wird das, wenn der Astrologe *metagnostisch* anhand des Horoskops geschehene, aber unbekannte Entwicklungen rekonstruieren soll – und rekonstruieren kann.

Dazu zwei Beispiele aus meiner eigenen Beratungspraxis: Eine Klientin liegt völlig über Kreuz mit ihrer Tochter, die im Teenager-Alter steht. Gespräche zwischen Mutter und Tochter sind unmöglich geworden. Die Klientin vermutet, daß die Tochter schwanger ist, und bittet mich, anhand des Horoskops der Tochter zu klären, ob dies der Fall ist. Nach der Untersuchung von 40 aktuellen Konstellationen im Horoskop der Tochter komme ich zu dem Schluß, daß eine Schwangerschaft vorliegt. Eine Rückmeldung zu dieser Einschätzung bekam ich dann von der betreffenden Klientin einen Tag, nachdem die Tochter einen Spontan-Abort hatte.

Eine Klientin hat seit einer bestimmten Zeit Gleichgewichtsstörungen. Da die Klientin in einer schwierigen Ehe lebt, lasse ich mir auch die Daten ihres Mannes geben. Untersucht werden soll, ob die Störungen eine im Horoskop erkennbare organische oder sonstige Ursache haben. Metagnostisch wurde die Zeit untersucht, als die Störungen erstmals auftraten, und zwar an den Horoskopen beider Partner. Zeitgleich zum erstmaligen Auftreten der Gleichgewichtsstörungen zeigen beide Horoskope ein Untreue-Motiv, ausgehend vom Ehemann, bei der Ehefrau in der Rolle der unter Untreue des Partners Leidenden. In meiner Analyse rate ich, für die Gleichgewichtsstörungen auch eine psychsomatische Ursache in den Kreis der Möglichkeiten einzubeziehen – die Störung des »Gleichgewichts« der Ehe durch Untreue des Mannes wird unbewußt von der betrogenen Ehefrau wahrgenommen und somatisiert. Die Klientin konfrontiert ihren Ehemann mit der Aussage des Astrologen, dieser gesteht ein längerdauerndes außereheliches Verhältnis um den fraglichen Zeitpunkt ein.

Derartige metagnostische Rekonstruktionen sind im Einzelfall immer auch dramatisch. Aber sie sind nichts Ungewöhnliches. Es handelt sich nicht um Beispiele für seltene »Treffer«. Derartige Rekonstruktionen gehören sozusagen zum täglichen »Handwerk« des Astrologen.

Selbst wo der Astrologe nicht mehr tun kann (und darf), als im Ton der Wahrscheinlichkeit zu rekonstruieren, stellt sich doch die Frage nach dem freien Willen des Menschen. Dies aber nicht in dem Sinne des Wahrsagereivorwurfs, daß die Astrologie den freien Willen leugne, sondern als beklemmende Frage, ob es denn überhaupt den freien Willen des Menschen gebe. Nun ist eine metagnostische Rekonstruktion noch etwas anderes als eine nach vorn hin offene Prognose. Die Rekonstruktion geht von vornherein von einigen wenigen, recht eingegrenzten Möglichkeiten aus. Schwangerschaft ja oder nein, oder die diversen aktuellen Konstellationen in einem relativ eingegrenzten Zeitraum – verbunden mit einem bereits bekannten Ergebnis: etwa so sieht die durchschnittliche Aufgabenstellung einer Metagnose aus. Ich bezweifle, ob die in der Metagnose näher untersuchten Realisierungen in einer echten Prognose überhaupt als Möglichkeiten erwähnt würden – jedenfalls in vielen Fällen, so auch in den eben von mir geschilderten.

Mit anderen Worten, die offene astrologische Prognose vermag die angezeigten Trends eines Lebens von vornherein gar nicht auszuschöpfen. Und so rührt solche Prognose – freier Wille hin oder her – nicht an die Grenzen der vom modernen Menschen beanspruchten Autonomie. Und dies umso weniger, als die erkannten und untersuchten Konstellationen in einer Prognose ja keineswegs mit konkretistischer Wahrsagung gedeutet werden können. Keine Prognose kann alle in Frage kommenden Konstellationen, die in einem bestimmten Zeitraum aktuell sind, ausdeuten. Üblicherweise beschränkt man sich auf Konstellationen, die im Zusammenhang mit den »persönlichen Punkten« im Horoskop stehen – Medium Coeli, Aszendent, Sonne, Mond. Damit werden die wichtigen Trends und Dispositionen des Prognosezeitraums im wesentlichen erfaßt.

Gleichwohl bleibt die Herausforderung der metagnostischen Rückschau. Um überraschende Erfahrungen im eigenen Fall anzudeuten: ein kurzfristig angesetzter kleinerer medizinischer Eingriff, das ganz unerwartete Miterleben eines Suizids auf einer Bahnreise – dies ließ sich im nachhinein mit einer beachtlichen Anzahl »einschlägiger« Konstellationen in meinem Horoskop verifizieren. Auch wenn wir uns für autonom und mit einem freien Willen begabt halten – sind wir das vielleicht, im nachhinein betrachtet, gar nicht?

Nun ist in der Astrologie bei der metagnostischen Rückschau der Schluß vom bereits bekannten Ereignis oder von der bereits bekannten Entwicklung auf die »einschlägigen« Konstellationen legitim und korrekt (vorausgesetzt, der Astrologe versteht sein Handwerk). Aber dieser Rückschluß muß notwendig »unterschlagen«, daß die zur nachträglichen Verifizierung herangezogenen Konstellationen stets mehrere, inhaltlich benachbarte Deutungsmöglichkeiten und Deutungswahrscheinlichkeiten haben. Der jeweilige Rückschluß mag frappant sein, ist aber niemals völlig zwingend. In der Astrologie wird das Untreue-Motiv (um bei einem der genannten Beispiele zu bleiben) durch eine Verbindung von Venus und Saturn bzw. Venus und Uranus symbolisiert. Die Deutung dieser beiden Konstellationen begrenzt sich aber nicht nur auf erotische Untreue, sondern schließt auch Trennung, Enttäuschung in der Liebe (Venus/Saturn) bzw. unerwartetes erotisches Erlebnis, unerwartete künstlerische Erfahrung, eigenwillige künstlerische Äußerung (Venus/Uranus) und viele weitere Deutungen mit ein. Auch der, der nun real in seiner Ehe untreu geworden ist, hatte zum Zeitpunkt der Untreue auch noch andere Wahlmöglichkeiten.

Auch mit der Herausforderung, die die detaillierte metagnostische Rückschau zweifellos darstellt, leugnet die Astrologie keineswegs den freien Willen. Sie sagt lediglich, daß der freie Wille nichts Beliebiges ist. Der freie Wille des Menschen ist »frei« jeweils im Rahmen bestimmter Gesamtdispositionen, deren Verwirklichung dann der autonomen Entscheidung des Individuums unterliegt. Dieser Rahmen ist gegebenenfalls sehr eng. Aber er ist immer gegeben.

Damit sind noch nicht die Begebenheiten »erklärt«, die wir instinktiv als »schicksalhaft«, weil unvermeidlich erleben. Im Fall des unerwartet miterlebten Suizids war wohl kaum eine echte »Wahlmöglichkeit« gegeben. Aus der Astrologie und ihrer Praxis ist nicht ableitbar, in welchen Fällen echte Wahlen möglich sind und in welchen Fällen nicht. Wo eine Wahl angestrebt wird, kann der Astrologe zu- oder abraten. Aber auch da ist, strenggenommen, nicht im vorhinein absehbar, ob am Ende einer Wahl oder einer Unvermeidlichkeit zu folgen war.

Anders gesagt, und um diese schwierige Frage zu einem Ende zu bringen: Wo eine Entscheidung ansteht, ist in der Regel auch eine Wahlmöglichkeit gegeben. Die Aufgabe des Astrologen ist es, mit dem Ratsuchenden eine einschlägige (nach aktuell gegebenen Konstellationen) und zugleich gute, verträgliche Wahl zu erarbeiten und die Autonomie beim Ratsuchenden zu fördern. Das Auftreten von Fällen, die wir mit unserem Empfinden als unvermeidlich einschätzen, enthebt nicht der Notwendigkeit, sich immer wieder einer Entscheidung, einer Wahl zu stellen. Aber solche Fälle zeigen die letztliche Unverfügbarkeit des Lebens und des Schicksals – auch unter der Perspektive der

Astrologie. Der Mensch ist gleichsam aufgespannt zwischen Freiheit und Notwendigkeit, zwischen Autonomie und Unverfügbarkeit.

Indem die moderne Astrologie die Wahlmöglichkeit betont, entgeht sie dem Vorwurf des »Fatalismus vor der Sünde«; indem sie ebenso sehr die letztliche Unverfügbarkeit des Schicksals betont, anerkennt sie auch – entgegen dem Vorhalt, den das katholische Lexikon für Theologie und Kirche macht – die »wirklichen Grenzen menschlicher Erkenntnis«.

Klöckler hat schon in den 20er Jahren Grundsatzüberlegungen zur astrologischen Prognose formuliert, die den kirchlichen Astrologiekritikern in den 50er wie den 80er Jahren hätten bekannt sein müssen. Sie seien hier ausführlich zitiert: »Vernünftig formulierte Voraussagen, die stets den Ton der Vermutung, der Wahrscheinlichkeit, niemals aber wahrsagerischer Gewißheit tragen, dürfen, wenn sie auf nachprüfbarer Grundlage entstanden sind, sehr wohl als berechtigte Versuche angesehen werden. Sie haben Wert insofern, als sie die bewußte Einstellung zum Erleben fördern, und sie mögen auch praktischen Nutzen mit sich bringen. Wer sich auf Prognosen verläßt, von Prognosen leiten und treiben läßt, begibt sich in große seelische und vielleicht auch in reale Gefahren. Zur fatalistisch-negativen Einstellung darf die Möglichkeit astrologischer Voraussage nicht führen. Wer durch die Ausdrucksform seiner Prognose eine solche Einstellung begünstigt, hat nicht begriffen, was Astrologie ist. Vernünftig formulierte Prognosen können in die allgemeine Lebensrechnung eingesetzt werden, aber sie dürfen nicht ausschließliche Geltung erlangen. Vernünftige Voraussagen sind begrenzt und ihrer Begrenzung bewußt. Der Nachdruck einer besonnenen Voraussage wird stets auf den innermenschlichen Vorgängen liegen. ... Äußere Einflüsse auf das Erleben sind erst in letzter Linie anzuführen, und der Vermutungston muß hier noch deutlicher anklingen als bei der Besprechung innermenschlicher Erlebnisse. Wer als Astrologe in der Voraussage dem eigenen Größenwunsch nachgibt, erteilt gefährliche Suggestionen und schadet dem astrologischen Gedanken selbst bei Eintreffen seiner Voraussagen, weil er ihn zur Wahrsagerei erniedrigt, zweifelhafte Anhängerschaft wirbt und beachtenswerte Gegnerschaft auf den Plan ruft.«[14]

Das Argument des Fatalismus

Fatalismus als unbedingte Schicksalsergebenheit, als Bewußtsein einer Abhängigkeit von übergeordneten Mächten ohne jede freie Entscheidungsmöglichkeit ist natürlich die logische Konsequenz einer Astrologie, die von der Möglichkeit und Triftigkeit konkreter, präziser Wahrsagung ausgeht. Wenn das Schicksal in allen Einzelheiten vorhersagbar ist, dann gibt es kein Entrinnen, dann kann man im Guten wie im Bösen nichts mehr ändern, dann ist alles vorherbestimmt.

Die Astrologie früherer Tage hat fatalistisch gedacht, und man trifft auch heute auf Vertreter des Faches, die zumindest stark in den Kategorien einer Vorherbestimmung denken. Aber ein astrologischer Determinismus und Fatalismus läßt sich der modernen Astrologie insgesamt nicht unterstellen. Wenn unsere Beschreibung von den Möglichkeiten und den Grenzen der Astrologie korrekt ist, dann ist ihre zutreffende Perspektive auf Welt und Mensch jedenfalls nicht-fatalistisch. Alles, was wir über Prognose und über Metagnose gesagt haben, stützt eine nicht-fatalistische und nicht-deterministische Sichtweise auf den Menschen. Daß die Wahlmöglichkeiten des Menschen teilweise gering erscheinen, insbesondere in der rückschauenden Betrachtung, müssen wir zur Kenntnis nehmen, ohne daß wir indessen ein Argument der Vorherbestimmung daraus ableiten können.

Gleichwohl muß über »Vorherbestimmung« in einem nicht-fatalistischen Sinn innerhalb des menschlichen Bedingungsgefüges nachgedacht werden, insbesondere unter den Perspektiven der Astrologie. Zunächst ist festzuhalten, daß bestimmte Teile und Elemente des menschlichen Daseins durchaus den Charakter vorherbestimmter Strukturen tragen, denen niemand entgehen kann: Geburt, Pubertät, Ablösung vom Elternhaus, Altern, Tod – dies sind Wendepunkte im Lebenslauf, die unabdingbar, unausweichlich und unverfügbar sind. Über das Ob dieser Punkte gibt es (nahezu) keinen Zweifel. Freilich ist dann das Wie dieser Lebenswenden, also ihre näheren Umstände, ebenso wie das Was, also die unmittelbar mit Ihnen zusammenhängenden Ereignisse, keineswegs »vorherbestimmt«. Die Fakten, die Gestaltung erscheinen zwar nicht als beliebig, aber sie sind auch nicht von vornherein verfügbar.

In diesem Sinn »vorherbestimmter Strukturen« weist die Astrologie nun noch weit feinere »Vorherbestimmungen« auf. Aber all diese »Vorherbestimmungen«, strukturell und symbolisch gegeben in horoskopischen Konstellationen, sind keine Vorherbestimmungen im konkreten Sinn (wenn wir einmal von jenen oben schon erwähnten Schicksalsfällen absehen, die wir instinktiv als unvermeidlich einstufen).

In ihren strukturellen »Vorherbestimmungen« bietet die Astrologie möglicherweise in symbolischer Darstellung »Aufgaben« oder »Lernfelder« an, die es jeweils aktuell zu erfüllen, zu durchschreiten gilt. Die Konfrontation mit diesen Aufgaben, diesen Lernfeldern mag dann tatsächlich unvermeidlich, weil »vorherbestimmt« sein. Aber die Erfüllung der Aufgaben hängt vom Engagement, von den »Talenten«, vom Willen des Individuums ab, und ist gerade darum nicht vorherbestimmt.

Gewiß teilt die Astrologie nicht den modernen Machbarkeits- und Verfügbarkeitswahn. Sie macht sichtbar, daß der Mensch in vielen, auch kleineren Angelegenheiten und Erlebnisstrukturen weit mehr »vorherbestimmt«, nämlich vorgeprägt ist, als es sich der moderne Mensch träumen läßt. Aber gerade weil es sich um strukturelle »Vorherbestimmungen« handelt, die gleichwohl freier und guter inhaltlicher Erfüllung harren, betont die Astrologie den freien Willen und zugleich die Verantwortlichkeit und Gestaltungskraft des Individuums.

Gerade darauf ruht im übrigen der Sinn astrologischer Beratung. Wäre in der Tat »alles« vorherbestimmt, so wäre astrologische Beratung und Therapie von vornherein sinnlos. Erst mit der freien (wenn auch nicht beliebigen) Wahl macht Beratung einen Sinn. Sonst müßte sich der Astrologe als billiger Herold des Fatums verstehen. Daß gerade im Blick auf »strukturelle Vorherbestimmung« zur astrologischen Beratung auch gehört, daß Berater und Klient so etwas wie eine gemeinsam Einsicht in »Notwendigkeiten« erarbeiten, widerspricht nicht der Betonung der eigenen Wahl und der eigenen Verantwortlichkeit.

Der Vorhalt des Fatalismus wird der heutigen Astrologie also nicht gerecht. Er trifft eine Astrologie, die längst nicht mehr aktuell ist. Daß der Fatalismus – gleichgültig, aus welchem Denkansatz begründet – eine Gefahr ist und bleibt, sei dabei gar nicht bestritten.

Das Argument der Ersatzreligion

»Astrologie bietet dem säkularen, vom kirchlichen Glauben gelösten Menschen einen *Religionsersatz*, der unter wissenschaftlichem Schein seinem Bedürfnis nach Vertrauen und Sicherung entgegenkommt«, heißt es im Evangelischen Kirchenlexikon von 1956. Astrologie wird hier sozusagen in eine Reihe mit moderner Wissenschaftsgläubigkeit oder mit einer materialistischen Weltsicht gestellt – säkulare Vernunftreligionen, die jeder Transzendenz entbehren und den Sinn des Diesseits betonen.

Zweifellos kann ein derartiger Gebrauch auch der modernen Astrologie nicht ausgeschlossen werden. Aber im allgemeinen erscheint Astrologie heute zugleich pragmatischer *und* weniger »säkularisiert«: Pragmatischer insofern, als Ausübende und Benutzer der Astrologie diese in ihren Alltag bzw. ihre Berufsausübung integrieren, ohne auch nur irgendeinen Kult darum zu inszenieren, der ersatzreligiöse Züge hätte; weniger säkularisiert freilich auch insofern, als viele, die der Astrologie gegenüber aufgeschlossen sind, sehr wohl um die Außenseiterposition des Faches wissen und sich zugleich für weitere, zum Teil spirituelle und religiöse »Außenseiter« interessieren – neureligiöse, esoterische, fernöstliche, fernwestliche usw. Ansätze. Aber auch da geschieht inzwischen eine vielfache Integration in den mitteleuropäischen Alltag.

Eine neue säkulare Religion ist die Astrologie nicht. Könnte sie aber eine Religion sein, die beispielsweise an die Stelle des Christentums tritt? Die babylonische Astrologie war so etwas wie eine »Astralreligion« – mit Planeten, die nicht nur Götter symbolisierten, sondern Götter *waren*. Nicht zuletzt deswegen steht die Astrologie in der Bibel in Verruf – weil sie als Astralreligion Götzendienst war.

Friedrich-Wilhelm Haack konzentriert sich vor allem auf die Behauptung, Astrologie werde von ihren Anhängern als Religion gesehen. Zum Beleg zieht er genau zwei neuere astrologische Veröffentlichungen heran. Eine davon stammt von dem national-völkisch orientierten Arzt und Esoteriker Dr. Georg Lomer, »Christus astrologisch gesehen«. Lomer freilich kann man mit vollem Recht die Verbreitung astralreligiösen Gedankenguts vorhalten.[15] Allerdings nimmt Lomer in der Astrologie des 20. Jahrhunderts eine Randposition ein. Seine Arbeiten reflektieren nicht den Stand der seriösen Astrologie etwa im Sinn der revidierten Klassik. Lomer kam schon vor dem Ersten Weltkrieg aufgrund paranormaler Erfahrungen zur Esoterik und auch zur Astrologie. Seine aktive Zeit liegt zwischen den beiden Weltkriegen.

Die Geschichte der Astrologie bietet viele Belege für die Ausweitung des Faches von einem diagnostischen Hilfsmittel zu einer Astralmythologie und letztlich Astralreligion. Aber der modernen, therapeutisch orientierten und beratenden Astrologie liegt eine derartige Ausweitung fern. Zwar werden Märchen und Mythen zur Ausdeutung astrologischer Prinzipien und Kombinationen mit herangezogen. Aber das geschieht, um das Verständnis für die Möglichkeiten einer Konstellation zu vertiefen. Es führt nicht zu einer Vergötzung der astrologischen Prinzipien selbst. Diese würde wiederum geradewegs einem Fatalismus und Determinismus Vorschub leisten.

Allenfalls in den wenigen feministisch-astrologischen Ansätzen mag man so etwas wie eine neue »Astralmythologie« diagnostizieren.[16] Aber erstens dominiert auch hier der therapeutische Umgang mit Mythen und Bildern. Und zweitens nimmt diese »feministische Astrologie« im Gesamtgefüge des Faches wiederum lediglich eine Randposition ein. Die weitaus größere Zahl der feministisch orientierten Astrologinnen und Astrologen stützt sich auf die revidierte klassische Astrologie.

Ernster ist der kirchliche Vorhalt zu nehmen, das ganzheitliche, sinnstiftende Weltbild der Astrologie trage religiöse bzw. ersatzreligiöse Züge. Walter Schmidt bezeichnet die Astrologie direkt als eine der »Konfessionen« der »Okkultbewegung« und führt aus, daß die »Astrologie oder Astrosophie« im Kosmos »einen gewaltigen Organismus« sehe, »einen riesigen Weltkörper, dessen Zellen, Gewebe und Organe aus den Abermilliarden von Planeten, Sonnen und Milchstraßen bestehe. Eine Weltseele hat diesen gigantischen Körper geschaffen; sie verwaltet und bewegt ihn in Harmonie. Die Kräfte, Sphären und Qualitäten dieses kosmischen Organismus manifestieren sich in den zwölf Tierkreiszeichen. Auch alles Leben auf den einzelnen Gestirnen ist in die Gesetze und die Harmonie des Ganzen einbezogen. ... In diese ungeheure und exakte kosmische Wirklichkeit eingebettet (›geboren‹), kann der Mensch sein kleines Dasein begreifen und sein Schicksal – wie es auch sei – annehmen.« Ziel des Menschen sei die Erkenntnis der großen göttlichen Harmonie.[17]

Schmidt paraphrasiert hier eine theosophisch orientierte Astrologie, die in der Tat ein kosmisches Weltbild propagiert. Mir ist kein Astrologe bekannt, der nicht von der »kosmischen Ordnung«, wie sie uns in der astrologischen Systematik entgegentritt, fasziniert wäre. Jeder, der mit der Astrologie näher in Berührung kommt, ist von ihrer »Ganzheitlichkeit« angerührt. Diese ästhetische und »spirituelle« Faszination liegt sozusagen in der Natur der Astrologie begründet. Allerdings machen die meisten Astrologen innerhalb ihres Faches keine Aussagen über die Instanz, die diese kosmische Ordnung erschaffen hat. Sie machen keine Aussagen über das transzendente Ziel des menschlichen Lebens.

Die ganzheitliche Perspektive der Astrologie wird übrigens in der oben schon erwähnten Darstellung der »Theologischen Realenzyklopädie« durchaus gewürdigt. An der Astrologie werde immer die »große Idee einer Gesamtweltschau« faszinieren. »Die Welt erscheint hier nicht wie im materialistischen

Positivismus als seelenloses Zufallsgebilde, sondern im altgriechischen Sinn als Kosmos, als sinnvolle Ordnung, als lebendiger Organismus. Sympathie, Analogie, Harmonie verbinden das Kleinste mit dem Größten, und der kleine Mensch schwingt mit in den Rhythmen von Klima und Landschaft, von Natur und Sternenwelt.« Allerdings sei »diese große Weltschau nicht auf dem Boden des biblischen Schöpferglaubens gewachsen ..., sondern im Raum des Pantheismus, der Mystik oder Naturschau eines Goethe.«[18]

Längst sind Astrologen nicht mehr nur angerührt von der »kosmischen Ordnung«, wie sie die Astrologie nahelegt. Sie arbeiten aktiv an einem Verständnis der Welt und des Menschen, das auf solcher »kosmischer Ordnung« aufbaut. Schon Thomas Ring, einer der Väter der revidierten Klassik, hat Ansätze zu einem derartigen Weltverständnis geliefert. Die oben erwähnte Arbeit von Theodor Landscheidt, »Sun, Earth, Man – A Mesh of Cosmic Oscillations«, ist geradezu eine Grundsatzerörterung zu einem »kosmischen Weltbild«.[19]

Es bedarf keiner langen Erörterung, um zu sehen, daß die Weltbilder und Weltsichten, wie sie die Astrologie nahelegt, nicht auf dem Boden des biblischen Schöpferglaubens gewachsen sind. Aber was ist damit für ein Argument gewonnen? Ist denn das mechanistische Weltbild, von dem wir nun wohl gerade Abschied nehmen, ist denn der materialistische Positivismus auf dem Boden des biblischen Schöpferglaubens gewachsen? Ein Argument ergibt sich doch für Theologie und Kirchen erst dann, wenn im Namen einer bestimmten Weltschau Schlußfolgerungen auf Berechtigung und Gestaltung von Religion gezogen werden. Oder andersherum gefragt: Ist der Kern des christlichen Glaubens, der Glaube an das Erlösungshandeln von Jesus Christus, zwingend mit dem einen oder anderen Weltbild verknüpft?

Es mutet schon etwas seltsam an, wenn gerade im Blick auf ein »astrologisches Weltbild« (das von innen her betrachtet auch nicht so einheitlich und geschlossen ist) ausdrücklich erwähnt wird, daß es nicht biblisch sei. Die Kirchen haben sich heute weitgehend mit den Naturwissenschaften arrangiert. Deren Forschungen, deren aus diesen Forschungen resultierende Weltsichten werden gleichsam implizit mit übernommen. Und mit derselben Ausschließlichkeit, wie sie Naturwissenschaftlern gegenüber nicht-rationalen Weisen des Weltverständnisses eignet, geht nun auch Kirche gegen die Außenseiter vor. Wir haben oben schon von der Koalition zwischen Naturwissenschaften und Theologie gesprochen. Diese Koalition hat selbstverständlich Folgen: Die Verkündigung der christlichen Botschaft geschieht so, daß das Arrangement von Kirche und Wissenschaften nicht fundamental gestört wird. Bultmanns Programm der Entmythologisierung z. B. gehört bislang gleichsam mit zu diesem Arrangement und der damit verbundenen »Entstörung« der christlichen Botschaft. Aber damit verbindet sich gleichzeitig, daß andere als wissenschaftliche »Weltbilder« im Blick auf das Christentum und seine Verkündigung nunmehr als »störend« empfunden werden. Sie werden zurückgewiesen. Sie stören das wissenschaftliche Weltbild in den Köpfen der Theologen und Kirchenvertreter. Aber theologisch bzw. apologetisch besteht gar keine Notwendigkeit für eine derartige Zurückweisung. Der biblische Schöpferglaube legt von vornherein gar kein »Weltbild« fest.

Kirche hat das lange Zeit nicht erkannt. Galilei wurde wegen seiner Ansichten von der katholischen Kirche kujoniert, und in bestimmten Gegenden der USA sowie der Württembergischen Landeskirche muß man sich vorsehen, wenn man seinen Zweifeln an einer Erschaffung der Welt in sechs Tagen Ausdruck gibt. Der Kern der christlichen Botschaft ist aber doch, daß diese Welt gut ist, daß in ihr Gott als Schöpfer waltet, daß sie freilich gleichwohl unvollkommen, gebrochen ist. Welt und Mensch bedürfen des Erlösungshandelns von Jesus Christus. Diese Botschaft hängt nicht ab vom wissenschaftlichen, vom »biblischen« oder vom »astrologischen« Weltbild. Natürlich wurde historisch diese Botschaft jeweils vor dem Hintergrund dieses oder jenes »herrschenden Weltbilds« weitergegeben. Aber gerade weil sie den Wandel der Weltbilder überdauert hat – jedenfalls bis jetzt –, wird um so klarer, daß sie nicht an dieses oder jenes Weltbild geknüpft ist.

Ich sehe jedenfalls nicht, wo die Annahme eines organisch aufgebauten, lebendigen, harmonischen Kosmos das Erlösungshandeln von Jesus Christus in Frage stellt. Trotz aller harmonikalen Ideen: auch und gerade der Astrologe weiß um schwierige Konstellationen, er weiß um die Gebrochenheit von Menschen. Aber gerade wegen der Grundidee eines organischen, harmonischen Kosmos darf man fragen, ob diese nicht sogar dem christlichen Gedanken einer Schöpfung näher kommt, in der Gottes Güte und Gnade walten?

Aber mit dieser Frage rühren wir an die eigentlich religiöse Dimension des Problems. Vordergründig geht es bei der Abqualifizierung gerade des astrologischen Weltbildes als nichtbiblisch um theosophische und sonstige Überhöhungen. Diese können vom christlichen Standpunkt her zu Recht der Kritik unterzogen werden. Hintergründig aber spielen wiederum die Folgen des kirchlichen Arrangements mit den Naturwissenschaften eine Rolle. »Heute ist von den ontologischen Elementen der christlichen Religionen fast nichts übrig geblieben. Erschreckt von der Autorität der Wissenschaften und vom Lärm rationalistischer Philosophen haben Theologen die Botschaft Gottes so abgeschwächt, daß sie fast nur noch als Erbauungsschrift in Betracht kommt.«[20]

Das eigentlich Spirituelle und Transzendente an der christlichen Botschaft ist unter der Perspektive eines »wissenschaftlichen Weltbildes« in weite Ferne gerückt. Aber wer »religiöse Erfahrungen« als machbar und triftig voraussetzt, der muß auch ontologische Elemente in der Religion voraussetzen. Ohne diese erscheint »Religion« jedoch als geistlich arm. Aber unter dem Diktat eines »wissenschaftlichen Weltbildes« muß Religion, muß Kirche wohl geistlich verarmen. Nicht von ungefähr reagieren Kirchen, insbesondere die evangelischen, mißtrauisch gegenüber erfahrungsorientierten religiösen Angeboten: Meditation, Trance, religiöse Erfahrung im Tanz, im Traum usw. Warum eigentlich? Ist nicht die Heilige Schrift voll von Belegen gerade für derartige Erfahrungselemente und die ihnen innewohnende spirituelle Kraft?

Aber einem Kirchen- und Glaubensbetrieb, der sich mit einem »wissenschaftlichen Weltbild« arrangiert hat, muß eine astrologische Perspektive auf den Kosmos merkwürdig vorkommen. Die Weltsicht vom lebendigen, organischen Kosmos, der *nicht* nur eine Ansammlung toter Gesteinsbrocken ist, auf deren einem rein zufällig einmal Leben entstand, ist eben derzeit nicht »wissenschaftlich«.

Die Kirchen müssen sich dann freilich auch nicht wundern, wenn diejenigen, die auf Suche nach lebendiger Spiritualität sind, bei denen anklopfen, die mehr Lebendigkeit und damit mehr Heimat, mehr Geborgenheit verheißen. Die Kirchen nehmen den spirituellen Erfahrungshunger der Menschen kaum mehr ernst. Solange die Kirchen gewissermaßen der säkularen Ersatzreligion eines »wissenschaftlichen Weltbildes« folgen, ist es unvermeidlich, daß religiös Suchende gerade nicht im kirchlichen Bereich, im Bereich des organisierten Christentums suchen. – Daß die Kirchen in ihrem Innenleben dennoch ziemlich bunt, vielfältig und inzwischen auch in vielerlei Hinsicht durchaus tolerant gegenüber den zahlreichen Formen und Ansätzen religiöser Suche und religiöser Erfahrung sind, weiß kaum einer der Suchenden. Das Image der Kirchen ist »draußen« herzlich schlecht; aber die Kirchen haben leider dazu reichlich beigetragen. Veränderung und Offenheit traut man ihnen kaum mehr zu.

Gerade vor diesem Hintergrund kann Astrologie natürlich unversehens und ungewollt doch zur »Ersatzreligion« werden.

Die Gefahr ist jedenfalls, daß der Suchende, der sich von der Astrologie faszinieren läßt, mit und gleichsam in ihr häufig seine bislang unerlösten spirituellen Bedürfnisse erlösen will. Sein Gebrauch von der Astrologie macht diese dann zum »Ersatz«.

Die Verantwortung, die damit auf den Astrologen zukommt, soll nicht geringgeschätzt oder gar geleugnet werden! Der Astrologe ist so nicht mehr nur Berater oder Diagnostiker. Er wird, ob er will oder nicht, zugleich zum Seelsorger und Seelenführer. Aber selbst dann kann er es nicht als seine Aufgabe ansehen, dem Suchenden eine »Ersatzreligion« zu stiften. Im übrigen darf darauf hingewiesen werden, daß die Astrologen, die beim »Deutschen Astrologen-Verband« ihre Prüfung machen, sich mit Ablegen dieser Prüfung zu sachlicher und nüchterner Beratung bei gleichzeitiger religiöser Neutralität verpflichten.

Man darf allerdings fragen, ob die nicht ganz unbedeutenden esoterischen Ansätze in der Astrologie doch insgesamt den Charakter einer Ersatzreligion tragen. Wenn man wie Thorwald Dethlefsen die Astrologie ohne die Reinkarnationslehre für sinnlos hält, dann ist man jedenfalls einem religiösen Konzept nahe. Freilich ist Dethlefsens dezidierte Sichtweise eher die Ausnahme als die Regel. Die esoterische Perspektive, oft genug ja in enger Verknüpfung mit der Reinkarnationsidee, erscheint meist als ein Denkangebot, kaum als ausgefeilte Glaubenslehre. Der Suchende wird mit diesem Angebot konfrontiert, geht aber keine Verpflichtung ein. Wie oben schon gesagt: Der Suchende kann dieses Angebot annehmen, aber es wird ihm überlassen, ob und wie er es in seinen persönlichen Glaubenshorizont bzw. seinen persönlichen Alltag integriert. Und im Prinzip verfahren die Astrologen und Esoteriker, die diese Angebote machen, ähnlich locker. Die Astrologie mit ihrem Bild vom lebendigen, organischen Kosmos, mit ihrer nicht nur vereinzelten Affinität an esoterisches Gedankengut hat also durchaus religiöse Anklänge. Aber es bleibt bei diesen Anklängen. Sie verdichten sich nicht zu einem Gesamtweltbild, womöglich zu einem Dogma, zu einer »Kirche« oder dergleichen. Die Astrologie als »Okkultkonfession«, wie Walter Schmidt sie sieht – das ist trotz aller religiöser Anklänge eben doch kirchliche Projektion und nicht die Realität der Astrologie.

Die biblische Kritik an der Astrologie

Es ist das gute Recht kirchlicher Kritik, auf die Grundlagen der Bibel zu verweisen und die dort geäußerte Kritik an der Astrologie mit heranzuziehen. Zwar darf man, wie ich meine, davon ausgehen, daß die radikale biblische Kritik an der (antiken), der babylonischen Astrologie die moderne Astrologie nicht trifft. Gleichwohl sollten Astrologen, die die Argumente der Kirchen zur Kenntnis nehmen wollen, die biblische Kritik nicht einfach ignorieren.

Im 47. Kapitel des Buches Jesaja wird Gericht über Babylon gehalten. Dabei wird auch die babylonische Astrologie beschrieben:

> *»Aber nun wird über dich Unglück kommen, das du nicht wegzuzaubern weißt, und Unheil wird auf dich fallen,d as du nicht durch Sühne abwenden kannst. Und es wird plötzlich ein Verderben über dich kommen, dessen du dich nicht versiehst. So tritt nun auf mit deinen Beschwörungen und der Menge deiner Zaubereien, um die du dich von deiner Jugend auf bemüht hast, ob du dir helfen und es abwenden kannst. Du hast dich müde gemacht mit der Menge deiner Pläne. Es sollen hertreten und dir helfen die Meister des Himmelslaufs und die Sterngucker, die an jedem Neumond kundtun, was über dich kommen werde! Siehe, sie sind wie Stoppeln, die das Feuer verbrennt, sie können ihr Leben nicht erretten vor der Flamme Gewalt. Denn es wird nicht eine Glut sein, an der man sich wärmen, oder ein Feuer, um das man sitzen könnte.« (Jes. 47, 11–14)*

Astrologie ist hier im wesentlichen Mond-Astrologie, und sie ist in einem Atemzug genannt mit Beschwörungen und Zauberei. Vor lauter Zukunftsdeutung hat Babylon die Gegenwart verfehlt: »Du hast dich müde gemacht mit der Menge deiner Pläne.«

Das entspricht dem Rat aus Pred. 10, 20: »Berechne nicht die Zukunft, sondern nütze den Tag!« – Mache dich nicht müde mit dem, was noch gar nicht ansteht, sondern tu »im Hier und Jetzt« das Nächstliegende. Diese Kritik geht freilich alle an, die vor lauter Prognose ihren Bezug zur Gegenwart verfehlen. Die Kritik beschränkt sich nicht auf die Astrologie. In der Tat: Wer vor jeder deutlicheren Lebensregung erst sein Horoskop – oder aber die Karten, das I Ging oder auch seinen Anwalt – befragen muß, der verfehlt sein Leben. Freilich ist moderne astrologische Beratung gar nicht darauf angelegt, die Ratsuchenden in solcher Weise abhängig zu machen. Wenn Astrologie, wie es der Astrotherapeut Hermann Meyer formuliert hat, »Befreiung vom Schicksalszwang« ist, dann ist in dieser »Befreiung« ja auch das Freiwerden von ängstlichen zukunftsbezogenen Bindungen mit gedacht.

Eine bekannte Stelle bei Jeremia (Jer. 10,2) nimmt der Autor des Astrologie-Artikels im »Evangelischen Kirchenlexikon« von 1956 für seine Haltung gegen die Astrologie in Anspruch:

> *»So spricht der Herr: Ihr sollt nicht den Gottesdienst der Heiden annehmen und sollt euch nicht fürchten vor den Zeichen des Himmels, wie die Heiden sich fürchten. Denn ihre Götter sind alle nichts. ... Sie sind ja nichts als Vogelscheuchen im Gurkenfeld. Sie können nicht reden; auch muß man sie tragen, denn sie können nicht gehen. Darum sollt ihr euch nicht vor ihnen fürchten; denn sie können weder helfen noch Schaden tun.« (Jer. 10, 2–4; 5)*

Diese Stelle darf meines Erachtens auf zwei Bedeutungsebenen verstanden werden. Einmal in der Tat so, wie sie meistens gedeutet wird: Die Zeichen des Himmels, die heidnischen Götter sind Aberglaubensartikel, von denen man von vornherein ablassen soll. Sich nicht fürchten zu sollen, meint, daß man keine Ehrfurcht zu haben braucht. In diesem Sinn zu »fürchten« ist Gott allein: Ihm allein gebührt Ehrfurcht.

Für die Heiden verweisen die »Zeichen des Himmels« auf die »Götter«. Die aber sind wie »Vogelscheuchen im Gurkenfeld«. Sie können ihrer Funktion nicht gerecht werden, »sie können weder helfen noch Schaden tun«. Insofern braucht man vor ihnen auch keine Angst zu haben. Dies ist die zweite – uns freilich viel näherliegende – Bedeutung von »fürchten« hier im Text. Freilich, auch Jeremia weiß um die »Zeichen am Himmel«. Auch ihm sind es Zeichen, das heißt, sie haben eine Bedeutung. Er läßt deren Deutung und Bedeutung offen, betont aber indirekt, daß sie mit Göttern nichts zu tun haben. Die Haltung gegen die zeitgenössische Astrologie, die zugleich Sternenanbetung ist, kommt klar zum Ausdruck. Aber dahinter wird ein angstfreier Umgang mit den »Zeichen des Himmels« sichtbar, der sich vom Zutrauen zu dem einen Gott Israels getragen weiß.

Das Wissen um die »Zeichenhaftigkeit« der »Zeichen des Himmels« ist durchaus gut biblisch, wie wir bereits gesehen haben. Gott setzt Lichter an die »Feste des Himmels, die da scheiden Tag und Nacht und geben Zeichen, Zeiten, Tage und Jahre«. (1. Mose 1, 14)

Und die Bibel weiß auch, daß die »Zeiten«, die somit gegeben werden, ihre jeweils unterschiedliche Bedeutung, ihre unterschiedliche Qualität haben – »alles hat seine Zeit«. Die »Zeichen« verweisen auf »Zeit« und deren Qualität.

Vorsichtig kann man so vermuten, daß die Bibel nicht die »Astrologie« als solche brandmarkt – also den deutenden Umgang mit den »Zeichen« –, sondern den speziellen Gebrauch von Astrologie in der heidnischen Umwelt Israels. Dieser mantische, ängstliche, auf Sternenverehrung ausgehende Gebrauch freilich war dominierend. Von vornherein wird in der Bibel davor gewarnt: Im 5. Buch Mose heißt es:

> *»Wenn du in das Land kommst, das dir der Herr, dein Gott, geben wird, so sollst du nicht lernen, die Greuel dieser Völker zu tun, daß nicht jemand unter dir gefunden werde, der seinen Sohn oder seine Tochter durchs Feuer gehen läßt oder Wahrsagerei, Hellseherei, geheime Künste oder Zauberei treibt oder Bannungen oder Geisterbeschwörungen oder Zeichendeuterei vornimmt oder die Toten befragt. Denn wer das tut, der ist dem Herrn ein Greuel, und um solcher Greuel willen vertreibt der Herr, dein Gott, die Völker vor dir.« (5. Mose 18, 9–13)*

Auch hier ist die »Zeichendeuterei« wieder eingefaßt in zauberische und mantische Techniken, wobei auch die »Zeichendeuterei« als solche vieldeutig ist. Wolkenschau, Rhabdomantie (Orakelbefragung durch Werfen von Stäbchen), Hydromantie (Orakelbefragung durch Beobachtung des Kreisens von Wasser), Traumorakel – all diese Techniken waren in Gebrauch als »Zeichendeutung«, als Deutung der Zukunft. Auch in Israel hatten die alten »Propheten« Umgang mit derartigen Techniken. Freilich wurde mit dem eigentlichen Verständnis des israelitischen Prophetentums, wie es uns aus den prophetischen Büchern der Bibel entgegentritt, jene alte Weise der Prophetie verworfen.

Beim Propheten Amos wird dieser folgenschwere Wechsel dramatisch geschildert. Amos will mit den religiösen und mantischen Fingerübungen bisheriger Prophetie nichts mehr zu tun haben. Er folgt vielmehr einem Auftrag Gottes und weissagt dem König Israels, Jerobeam, den Untergang. Amos verursacht Ärgernis. Amazja, Priester in Bethel, legt sich ins Mittel. Er läßt dem König Jerobeam sagen, daß Amos Aufruhr verursacht:

> *»Das Land kann seine Worte nicht ertragen. Denn so spricht Amos: Jerobeam wird durchs Schwert sterben, und Israel wird aus seinem Lande gefangen weggeführt werden. Und Amazja sprach zu Amos: Du Seher, geh weg und flieh ins Land Juda und iß dort dein Brot und weissage daselbst. Aber weissage nicht mehr in Bethel; denn es ist des Königs Heiligtum und der Tempel des Königreichs. Amos antwortete und sprach zu Amazja: Ich bin kein Prophet, noch ein Prophetjünger, sondern ich bin ein Hirt, der Maulbeeren züchtet. Aber der Herr nahm mich von der Herde und sprach zu mir: Geh hin und weissage meinem Volk Israel!« (Amos 7, 10–15)*

Amos beruft sich nicht auf »prophetische« Künste, sondern auf seine Berufung durch Gott. Darin besteht der Wechsel im Verständnis des Prophetenamtes. Sehr selbstbewußt illustriert auch der Prophet Micha diesen Wechsel im Verständnis dessen, was Prophetie sein kann und sein soll:

»So spricht der Herr wider die Propheten, die mein Volk verführen, die da predigen, es werde gut gehen, wenn man ihnen zu fressen gibt; wer ihnen aber nichts ins Maul gibt, dem predigen sie, es werde ein Krieg kommen; ›Darum soll euch die Nacht ohne Gesichte sein und die Finsternis ohne Wahrsagung.‹ Die Sonne soll über den Propheten untergehen und der Tag über ihnen finster werden. Und die Seher sollen zuschanden und die Wahrsager zu Spott werden; sie müssen alle ihren Bart verhüllen, weil kein Gotteswort dasein wird; Ich aber bin voll Kraft, voll Geist des Herrn, voll Recht und Stärke, daß ich Jakob seine Übertretung und Israel seine Sünde anzeigen kann.« (Micha 3, 5–8)

Die fehlende Seriosität der verführerischen Propheten wird hier aufgespießt. Die kleinen Seher und Wahrsager hängen ihr Mäntelchen nach dem Wind. Sie sind nicht unabhängig. »Seriosität« erweist sich hier als Bindung an und Beauftragung durch Gott. Micha macht sich lustig über die wahrsagerischen Opportunisten seiner Zeit. Israels Gott ist stärker. Er ist der einzige, der es wert ist, ernst genommen und angebetet zu werden. Anstößig ist, daß das Volk Israel selbst den falschen Propheten nachgeht. Sie halten das Volk Israel vom Dienst am wahren Gott ab. Sie atmen nicht Gottes Geist, sie tun ihre Arbeit nicht »in Gott«.

Auch Hesekiel übt solche Kritik an den »falschen Propheten«:

»So spricht Gott der Herr: Weh den törichten Propheten, die ihrem eigenen Geist folgen und haben doch keine Gesichte! O Israel, deine Propheten sind wie die Füchse in den Trümmern! Sie sind nicht in die Bresche getreten und haben sich nicht zur Mauer gemacht um das Haus Israel, damit es fest steht im Kampf am Tage des Herrn. Ihre Gesichte sind nichtig, und ihr Wahrsagen ist Lüge. Sie sprechen: ›Der Herr hat's gesagt‹, und doch hat sie der Herr nicht gesandt, und sie warten darauf, daß er ihr Wort erfüllt. ... Darum spricht Gott der Herr: Weil ihr Trug redet und Lügen wahrsagt, siehe, darum will ich an Euch, spricht Gott der Herr. Und meine Hand soll über die Propheten kommen, die Trug reden und Lügen wahrsagen. Sie sollen in der Gemeinschaft meines Volkes nicht bleiben ...« (Hes. 13, 3–7, 9a)

In ähnlicher Weise bezieht Hesekiel auch gegen falsche Prophetinnen Stellung (Hes. 13, 17–23); und das ganze Kapitel 13 bei Hesekiel bildet gleichsam den Auftakt zu einer deutlichen Anklage gegen Israels Götzendienst (Hes. 14, 1–11).

Aus diesen Stellen schließe ich auch als Astrologe zunächst auf eine radikale Kritik an den Zauberern und Sternenkundigen der biblischen Zeit. Man darf aber wohl auch folgern, daß eine Weissagung und Zukunftsschau – modern gesprochen: Prognose –, die sich in Gott gründet, die im Glauben an Seine Macht geschieht und die »seriös«, das heißt der Wahrheit und Echtheit statt Lug und Trug verpflichtet ist, nicht von vornherein undenkbar bzw. unannehmbar ist. Gerade die Radikalität der prophetischen Kritik an zeitgenössischer Prognose und Mantik verweist auf Rahmen und Anspruch einer sinnvollen, seriösen und zugleich in Gott begründeten Prognose und »Astrologie« insgesamt. Daß die Beschäftigung mit der Grundidee der Astrologie – Planeten, Sonne und Mond als »Zeichengeber« und der Gedanke der Zeitqualität – nicht unbiblisch ist, haben wir bereits gesehen.

Astrologie und christlicher Glaube

Die Erörterung der zeitgenössischen und der biblischen Kritik an der Astrologie, wie sie innerhalb von Kirche und Christentum durchweg zu hören ist, führt zu dem Ergebnis, daß Astrologie sicher nicht von vornherein widerchristlich ist. Hier muß die oft unwissend-pauschale und ungerechte Kritik von kirchlicher Seite zurückgewiesen werden.

Aber der Astrologie mag es dann so gehen wie manch anderen säkularen, gesellschaftlichen und kulturellen Phänomenen: Solange sie sich nicht geradezu an weltanschauliche bzw. religiöse Ansätze binden, sind sie dem Christen zwar kein Anlaß zur christlich begründeten Abwehr, aber sie bleiben im übrigen für den Glauben ohne Interesse. Wenn jedoch die Astrologie nicht schon an sich widerchristlich ist, darf man vielleicht doch kühner fragen, ob die Astrologie für Vertiefung und Verständnis christlichen Glaubens möglicherweise sogar etwas austrägt und – gegebenenfalls – was.

Oft ist von nachdenklicher kirchlicher Seite zu hören, daß an Astrologie ja etwas dran sein möge. Aber braucht der Christ die Astrologie wirklich? Hinter dieser zweifelnden Frage steckt ein durchaus radikales Argument. Wer an Gott glaubt und ganz aus diesem Glauben lebt, bedarf so vieler Dinge nicht, er kann leben »wie die Lilien auf dem Feld«, denen Salomo trotz all seiner Pracht nicht zu gleichen vermag (Matth. 6, 28f.). Gewiß, so möchte man sagen, der Christ »braucht« die Astrologie nicht, um Christ zu sein. Er braucht aber auch die transfinite Mathematik, die Gentechnologie, die Strukturreform der Deutschen Bundespost und Bultmanns Entmythologisierungsprogramm nicht. Freilich – die Gesunden bedürfen des Arztes nicht, sondern eben die Kranken (Matth. 9, 12). Wer ganz in Gott ruht, bedarf vieler therapeutischer und beratender Angebote nicht. Aber die Rückfrage lautet dann, wer von sich behaupten könne, wirklich ganz in Gott zu ruhen und ganz gelöst und heiter im Glauben sein Leben zu verbringen. Die Christen, nach dem treffenden Nietzsche-Argument, müßten sonst erlöster aussehen. Sie tun es nicht – sie führen eben vielfach ihr Leben in Ängsten und Bedrängnissen, in Nöten und Zweifeln.

Sicherlich kann dies kein Argument gegen Christen und Christentum überhaupt sein. Aber es kann sehr wohl ein Argument für die unterschiedlichsten Ansätze und Methoden von Beratung, Therapie, Heilung, Leibsorge und Seelsorge sein. Das »Erlöstsein« der Christen enthebt diese nicht der Ängste und

Mühsale des Lebens. Aber es mag sie dazu ermutigen, den Ängsten und Mühsalen des Lebens gefaßter, vertrauensvoller und gelassener zu begegnen, nämlich im Vertrauen auf Gott und seine Hilfe. Aber damit kann der Christ zugleich auch auf Hilfsangebote gelassen und vertrauensvoll zugehen und muß nicht von vornherein Hilfe ängstlich abwehren.

Gewiß muß ein Christ die ihm angebotene Hilfe auch prüfen. Wo sich ein Hilfsangebot am Ende der Seele oder auch nur des Geldbeutels bemächtigen will, wird man als vernünftiger Mensch und vernünftiger Christ dankend ablehnen. Es gibt durchaus viel zu viele astrologische Beratungs- und Therapieangebote, die in diesem Sinn Bemächtigung sind: Sie wollen Glaubensleistungen erzwingen, machen weltanschauliche Denkvoraussetzungen, die eine christliche Überzeugung ausschließen usw. Dies muß aber fallweise geprüft werden.

Im übrigen aber darf sich ein Christ meiner Meinung nach – ich spreche hier nicht bloß als Astrologe, sondern gerade auch als Christ – dem Angebot der Astrologie als solcher durchaus vertrauensvoll nähern. Jeder, der astrologische Hilfe in Anspruch nehmen möchte, sollte prüfen, ob die Astrologie seinem Anliegen gerecht werden kann. Kein beratendes und therapeutisches Angebot kann alle Lebensfragen und alle Prozesse in Krisen sowie alle Einzelheiten der Lebensführung abdecken. Darum gibt es ja viele unterschiedliche Beratungs- und Therapieofferten. – Manchmal genügt ein ausführliches Vorgespräch mit dem astrologischen Berater, den man konsultieren möchte, manchmal muß man es auf einen Versuch ankommen lassen. Ein wichtiges Beurteilungskriterium ist dabei, inwieweit im Vorgespräch der astrologische Berater geduldig zuhört und abwägend erörtert, ob das Problem von ihm seriös behandelt werden kann, oder ob er unter Umständen schnell »zur Sache«, d. h. zum Geschäft kommt. Wichtig ist auch, inwieweit ein astrologischer Berater die Grenzen seiner Tätigkeit wahrzunehmen weiß, d. h. dem Klienten unter Umständen empfiehlt, ein anderes Beratungs- oder Therapieangebot zu suchen.

Nicht jede astrologische Beratung muß auf weltanschauliche Hintergründe oder gar im engeren Sinn auf Fragen des christlichen Glaubens abstellen. Aber wir haben schon gesehen, daß die Astrologie unbewußte oder halbbewußte spirituelle und religiöse Bedürfnisse beim Ratsuchenden voraussetzen sollte und daß sich der astrologische Berater hierauf einstellen muß. Gerade weil eine seriöse astrologische Beratung keine weltanschaulichen Entscheidungen, keine Glaubensvorleistungen erzwingen darf und religiös zunächst einmal neutral anzusetzen hat, sollte sie offen sein für Themen des Glaubens und der Religion.

Damit sind wir bei der Frage, was Astrologie für den Glauben unter Umständen austragen kann. In der neueren Diskussion hierzu gibt es einige Denkansätze mit sehr ernst zu nehmenden Antwortversuchen.

Kosmos und Schicksal: Siegfried Böhringer

Zunächst ist Siegfried Böhringers Ansatz zu nennen. Er ist stark seelsorglich bestimmt: »Was kirchlicher Seelsorge in erster Linie not tut, ist ... nicht die Einbeziehung des Themas Astrologie, sondern eine Sensibilisierung für die notvolle individuelle Schicksalserfahrung des ratsuchenden Menschen. Je eher ein solches empfindsames Sichöffnen für das Schicksalhafte im aktuellen Seelsorgegespräch gelänge, desto eher würde die astrologische Thematik auch für den Seelsorger annehmbar, desto eher könnte dann auch astrologische Beratung durch schicksalsoffene Seelsorge ergänzt, vertieft und manchmal auch ersetzt werden.«[1]

Mit dieser Bemerkung legt Siegfried Böhringer den Finger auf eine Grundüberzeugung der Astrologie: Daß nämlich im individuellen Horoskop das gegebenenfalls notvolle individuelle Schicksal verläßlich an bestimmten, in ihrer Gesamtheit individuellen Konstellationen gespiegelt werden kann. Zwar geht es in der astrologischen Deutung und Beratung nicht immer existentiell um »Schicksal«. Immer aber geht es um die ganz individuelle Erfahrung – und ihre Spiegelung im individuellen Horoskop.

Indirekt hält Böhringer der kirchlichen Seelsorge vor, nicht genügend auf individuelle Erfahrungen und Prozesse einzugehen, und fordert eine »schicksalsoffene Seelsorge«. Böhringer, bis zu seiner Pensionierung Krankenhausseelsorger, dürfte wissen, wovon er spricht. Jeder Seelsorger und Christ weiß, daß ein gemeinsames Gebet oder das gemeinsame Lesen der Tageslosung usw. tröstend und hilfreich sein kann. In vielen seelsorgerlichen Fällen jedoch, gerade dann, wenn persönliches Schicksal wie z. B. eine schwere Krankheit an die Tiefen der eigenen Existenz rührt, sind Gebet und Lektüre der Schrift unter Umständen oft quälend kraftlos und ohne Trost. Dann bedarf es eines Begleiters, der wenigstens versucht zu erklären, warum dem Individuum dieses oder jenes Schwere widerfährt. Und das kann keine allgemeine, gleichsam statistische »Erklärung« sein, die auf den »unerforschlichen Ratschluß Gottes« verweist oder darauf, daß es »jeden mal trifft«. Hilfreich kann dann nur eine sehr persönliche, individuelle Klärung sein. Hier sieht Böhringer die seelsorgerliche Chance der Astrologie. Sie kann am individuellen Horoskop darstellen, was der Ratsuchende als »seine Zeit« bedenken und annehmen soll, sie kann dem Ratsuchenden zeigen, was »seine Stunde geschlagen hat« und kann ihn gerade dort anrühren, wo nichts sonst ihn zu treffen scheint.

Der therapeutische Wert solcher Erklärungsversuche darf nicht unterschätzt werden. Die eigentliche Frage nach dem Warum eines Schicksalsschlages – das ist klar – wird durch eine Erläuterung des individuellen Horoskops und den Verweis auf zeitgleiche »einschlägige« Konstellationen zwar auch nicht beantwortet. Aber in der Klärung des eigenen Horoskops erfährt der Ratsuchende sich persönlich und unmittelbar in die Zeit gestellt, deren Wandel er wahrnimmt. Am eigenen Horoskop spiegelt und erfährt der Ratsuchende sich und sein Schicksal. Er erfährt seine Orientierung, sein Aufgehobensein in einer kosmischen Ordnung. Diese Erfahrung macht es zumindest leichter, das Erlebte, das unter Umständen ganz unverhofft eingebrochen ist, anzunehmen; nicht selten wird sie zu einer tröstlichen. Im eigenen Horoskop fühlt der Ratsuchende sich zu Recht ganz persönlich gemeint – anders als vielleicht in einem Gebetsformular, einem Losungsspruch, die zu allgemein formuliert sind, um den Anlaß zu treffen, der das Individuum Rat suchen läßt. Ist aber das eigene Schicksal auf dem Weg individualhoroskopischer Erklärung und Deutung einmal ein Stück weit angenommen und verarbeitet, dann sind auch vermehrt Zugänge zu biblisch-christlicher Deutung der aktuellen Notsituation möglich.

Siegfried Böhringer sieht darin das eigentliche Recht der Astrologie. Sie ist für ihn der einzige Ort, an dem inmitten des modernen Zwanges zur Machbarkeit noch das Wissen um die Macht des Unverfügbaren, eben des Schicksals bewahrt, gepflegt und tradiert wird. Die Chance der Astrologie, triftige Lebensberatung zu leisten, ist für Böhringer gerade an dieser Stelle gegeben.

Dabei bleibt Böhringer vom faktischen Anspruch der Astrologie her skeptisch. Die Überzeugung der Astrologie von der Einbindung des Menschen in kosmische Konstellationen ist für ihn ein »objektiver gedanklicher Irrtum«. Damit aber ergibt sich das Paradox, wie es auch Böhringer sieht und anerkennt: daß es genau der »objektive gedankliche Irrtum« der Astrologie ist, der das Recht und den Erfolg der schicksalsorientierten astrologischen Beratung sichert.[2]

Die Astrologie macht dem Einzelnen das persönliche Schicksal begreiflich und öffnet ihm den Sinn für eine kosmische und letztlich göttliche Ordnung. Astrologie wird damit zu einer Brücke zum Glauben gerade in Situationen, wo der Glaube erheblichen Anfechtungen ausgesetzt sein kann. Ein christlich orientierter Astrologe kann diesem Denkansatz von Siegfried Böhringer ohne weiteres zustimmen. Kritisch verwahrt sich der Astrologe natürlich gegen die Unterstellung eines »objektiven gedanklichen Irrtums« in der Astrologie. Die Gründe und das Recht zu dieser Kritik habe ich hoffentlich bereits hinlänglich dargestellt. Kritisch sollte auch vermerkt werden, daß die pragmatische astrologische Beratung keineswegs immer auf Grenz- und Schicksalsfragen menschlicher Existenz eingehen muß, und das heißt, daß es auch durchaus nicht immer ihre Aufgabe ist, Brükken zu Glaubensfragen zu schlagen. Böhringers sehr existentielle Perspektive auf die Astrologie ist nicht falsch, aber in ihrer pointiert vorgetragenen Ausschließlichkeit verdeckt sie den Blick auf den praktischen Gebrauch der Astrologie, der eben oft sehr viel undramatischer, »säkularer« ist und darum auch zunächst religiös ganz neutral zu sein hat.

Astrologie als seelsorgerliche Begleitung: Dietrich von Heymann

Böhringer mit seinen Erfahrungen als Krankenhausseelsorger betont bei der Astrologie deren Fähigkeit zur Deutung und Erklärung persönlichen schweren Schicksals. Als Skeptiker freilich integriert Böhringer die Astrologie selbst nicht in ein Seelsorgekonzept. Er verweist lediglich auf bestimmte Mängel in der Seelsorge und lenkt den Blick auf ein unorthodoxes und außerhalb der eigentlich christlichen Seelsorge liegendes Konzept, von dem sich Seelsorge gewissermaßen inspirieren lassen darf.

Dietrich von Heymann, Professor für evangelische Theologie und Religionspädagogik in Freiburg/Brsg. und zugleich astrologisch geschult, geht einen wichtigen Schritt weiter. In seiner Arbeit »Wo ist der rote Faden? Leben zwischen Astrologie und Glauben« entwirft er gewissermaßen eine astrologische und zugleich christliche Anthropologie, die als Basis von Seelsorge betrachtet werden kann.

Heymann, der der Astrologie der »Hamburger Schule« verpflichtet ist, deutet deren Grundkonzeption entsprechend das Medium Coeli im Horoskop als das Selbst und den Aszendenten als das Milieu, die Umgebung, das Umfeld des Horoskopeigners. Medium Coeli und Aszendent verweisen auf Nähe und Spannung zwischen »Ich« und »Du«. Dabei sind Medium Coeli

(MC) und Aszendent (AS) als die wichtigsten persönlichen Punkte im Individualhoroskop nur im technischen Sinn »kosmisch«. Gemäß der Analogie »Wie oben, so unten« symbolisieren MC und AS Individuum und Mitmenschen.

»Geborgenheit (ich darf) und Pflicht (ich soll) kommen mir nicht aus dem Kosmos her, sondern vom anderen, also vom Mitmenschen. Beides, Geborgenheit und Pflicht, sind die wichtigsten Antriebskräfte eines Lebens, das vom anderen (AS) her gehalten ist und vom anderen her aufgefordert wird. Das Wort des Vertrauens und die Tat der Liebe erreichen mich auch nicht vom Weltall her, sondern vom Mitmenschen her. Daher können wir diesen Raum zwischen MC und AS auch Mitmenschlichkeit nennen. Indem wir von dieser Mitmenschlichkeit reden, in der das ›du sollst!‹ kontrapunktiert wird von dem ›ich darf‹, reden wir letzten Endes von Gott (...). Insofern erkennen wir in einem Horoskop den Plan Gottes mit einem Menschen, was Gott mit ihm vorhat, weil der andere mir Geborgenheit spendet und Pflichten aufgibt, also etwas, was ich mir nicht selber sagen kann. In diesen Zwischenräumen ereignet sich also tagtäglich das, was wir Gott nennen: Liebe, Zuwendung, Hilfe, Gewißheit usf. Die moralische Aufforderung des ›du sollst!‹ allein ist nicht Gott; sie wird es erst von der Geborgenheit der Gnade her: Du bist angenommen, nun sollst du andere annehmen. In dem Sapnnungsfeld von MC und AS ereignet sich also das Wunder Gottes; nicht nur dort, aber dort eben sehr konkret und auch wahr. Mit diesen Gedanken gehen wir über die technische Seite der Astrologie weit hinaus und beziehen religiöses Wissen in die Schicksalsdeutung mit ein. Kein Mensch ist zufällig so wie er ist, und auch alle seine Erfahrungen und Erlebnisse mit anderen geschehen nicht zufällig: Alles ist Teil eines Planes, den Gott mit Menschen hat. An dem Erfahrungsbereich, in dem Sorge und Geborgenheit, Fragen und Antworten, Lebensziele und Lebensaufgaben von einem Menschen wahrgenommen werden, sind im engeren oder weiteren Sinn stets andere Menschen beteiligt. Der Raum zwischen Ich und Du darf theologisch als der (unräumliche) Ort des göttlichen Wirkens bezeichnet und gedeutet werden. ›Was ihr dem Nächsten getan habt, das habt ihr mir getan‹, sagte Jesus. Auch die Umkehrung gilt: Was vom Nächsten kommt, das kommt von Gott. Es geht dabei nicht um die Deutung von einzelnen Handlungen. Der Raum zwischen Ich (MC) und Du (AS) soll nicht allein innerweltlich verstanden werden, sondern als Raum, in dem Gottes Wirken in besonderer Weise begriffen und ergriffen werden kann. Insofern ist Astrologie eine Auslegung des christlichen Glaubens.«[3]

Gott meint den Menschen ganz persönlich, ganz individuell – und das individuelle Horoskop ist Gottes symbolisch verschlüsselter Plan, den er mit dem Individuum hat. Aber Gott meint den Menschen zugleich in seiner Umwelt. Er meint ihn als Individuum und zugleich als Mitmenschen. Das Individuum entfaltet sich nach Gottes Plan durch die Einwirkungen, die Aufforderungen und Zumutungen seiner Mitmenschen, und wirkt umgekehrt auf seine Mitmenschen ein. Dies alles gehört zu Gottes Plan hinzu – und ist eben auch im Horoskop symbolisch verschlüsselt dargestellt.

Das Horoskop macht die Art und Weise der mitmenschlichen Wechselwirkungen beim Individuum sichtbar. Niemand kann ohne den anderen sein, jeder geht – je auf seine Weise – den Weg gemeinsam mit anderen. »Die Bestimmung des Menschen lautet, Partner des anderen Menschen zu sein, ihm zu antworten und sich ihm zu verantworten«, schließt Heymann.[4] Einer trägt des anderen Last, einer begleitet den anderen. Dies zu erkennen ist der erste Schritt zur wirklich seelsorgerlichen Begleitung. Dieser erste Schritt heißt: Verantwortung übernehmen – für den Nächsten, den Mitmenschen. Die Astrologie klärt, welcher Art die persönliche Selbst- und Mitverantwortung ist.

Wer sein Horoskop kennt und es bewußt im Sinn einer Selbst- und Mitverantwortung lebt, steht so bereits mitten in einer tätigen Seelsorge am Mitmenschen, den er partnerlich begleitet und für den er Verantwortung übernimmt. Jeder sorgt und verantwortet so mit an der Seele des Nächsten. Ohne es auszusprechen, rührt Heymann hier an Luthers große Idee vom »Allgemeinen Priestertum aller Gläubigen«, die im Protestantismus unserer Tage noch keineswegs auch nur im Ansatz verwirklicht ist.

Indem Heymann ein astrologisches Denk- und Deutungsmodell in ein christliches Menschenbild integriert, vermeidet er es, besondere Themen oder Aufgaben an eine besondere Gruppe von schicksalsdeutenden Menschen, eben beratende Astrologen, zu delegieren. Astrologie schlägt bei Heymann so auch nicht mehr eine spezielle Brücke zum Glauben. Sie steht vielmehr mitten im Leben und mitten im Glauben. Entsprechend sind Seelsorge und Glaubensbildung nicht mehr nur Aufgabe besonders dazu berufener und ausgebildeter Leute, sondern gehören in die Mitmenschlichkeit und Verantwortlichkeit eines jeden.

Damit steht Heymanns Ansatz auch einer ganz praktisch und pragmatisch betriebenen Astrologie nahe, in der es nicht nur um dramatische Schicksalsvollzüge und Schicksalswenden geht, sondern auch um die verantwortliche und mitverantwortliche Bewältigung des täglichen Lebens. Gerade da, wo es um Geringfügigkeiten gehen mag, vollzieht sich verantwortliche Lebensgestaltung, ereignet sich Gott. Jeder Mensch ist gerufen, seine Mitmenschlichkeit und Mitverantwortung zu reflektieren; das Horoskop ist hierfür besonders gut geeignet. Auf allen Ebenen, auch den scheinbar unwichtigen, soll sich Mitmenschlichkeit und Mitverantwortung ereignen. »Was ihr getan habt einem unter diesen meinen geringsten Brüdern, das habt ihr mir getan« (Matth. 25, 40), so darf man ruhig die von Heymann angedeutete Stelle im Evangelium vollständig zitieren. Und vielleicht darf man hinzufügen: »Auch das Geringste, was Ihr tut, tut Ihr mir.«

»Astrologie christlich«: Gerhard Voss

Gerhard Voss, Benediktinerpater in Niederaltaich, gehört zu den ganz wenigen Ausnahmen im kirchlichen Bereich, die eine behutsame Versöhnung zwischen Astrologie und Theologie bzw. Christentum anstreben. Er ist nicht der Skeptiker wie Siegfried Böhringer, aber auch nicht jemand wie Dietrich von Heymann, der intensiv mit Astrologie umgeht. Im Umgang mit dem eigenen Horoskop, aber auch mit einem Bauhoroskop seiner Abtei Niederaltaich, hat er sich der Astrologie angenähert und reflektiert die historischen und aktuellen Verknüpfungen zwischen ihr und dem christlichem Glauben. Für Voss ist die *Existenz* dieser Verknüpfungen von Bedeutung; sie lassen sich durch noch so starke apologetische Abwehr des astrologischen »Aberglaubens« nicht wegargumentieren. Also muß nach dem *Sinn* und dem *Ziel* dieser Verknüpfungen geforscht werden.

Voss weist zunächst der Astrologie einen gleichsam begrenzten Ort im Gesamtlebensvollzug des Menschen zu. Die Sterne geben Richtungen an, jedoch nicht Zwänge; es gilt, Aussagegrenzen der Astrologie zu beachten; die astrologische Erforschung der Zukunft birgt die Gefahr der Abhängigkeit und des ängstlichen Kleinmuts. Diese Platzzuweisung für die Astrologie entspricht ziemlich genau dem, was auch Ausgangspunkt der revidierten klassischen Astrologie ist. Diese mag allenfalls hinsichtlich der astrologischen Prognose offener und gelassener argumentieren, ohne indessen die Gefahr ängstlicher Bindung zu leugnen.

Allerdings ist schon der intuitive und symboldeutende Weg der Astrologie auch von Bedeutung für Theologie und Verkündigung. Astrologie macht sichtbar und erfahrbar – und gerade weil die Sterne geneigt machen, nicht aber zwingen, läßt die astrologische Deutung Raum für eigenes Deuten, Schauen und Weiterschauen. Voss betont sozusagen den nicht-rationalen, den nicht-intellektuellen und darum nicht dogmatisch-sachlichen, sondern an der *Bild*-ung und Erfahrung orientierten Zugriff der Astrologie. Hieraus ergibt sich die Verknüpfung zur Theologie, und zwar zu einer Theologie, die nicht »kritisch-distanzierte Erforschung der Wahrheit« ist, sondern »induktive Betrachtung«. Diese Theologie, so Voss, »war, bevor sich die Scholastik durchsetzte, die gestaltende Kraft der romanischen Frühzeit des werdenden Abendlandes und ihrer Formenwelt. Hier wurde die Erlösung nicht nur als Grundlage ethischer Verpflichtungen wirksam, sondern als ein Drama erfahren: In den Plastiken und Fresken der Kirchen, in der ikonographischen Ausschmückung der Evangeliare und in der Gestaltung liturgischer Gebrauchsgegenstände begegnen wir hier einer unübersehbaren Fülle mythischer Phantasiegestalten, Dämonen und Fabelwesen. Mit ihrer Hilfe wurde die Heilsgeschichte so dargestellt, daß der Betrachter mit seinen Erfahrungen in das kosmische Ringen der göttlichen mit den dämonischen Kräften mit einbezogen ist. So wurde der Kosmos im Menschen mit seinen beängstigenden Trieben und Leidenschaften nicht verdrängt, sondern sichtbar gemacht – gerade auch insofern er durch die Unordnung der Triebe und Leidenschaften unmenschlich geworden und dem Tode verfallen ist.«[5]

»Nicht verdrängen, sondern sichtbar machen« – dies ist geradezu ein Schlüsselsatz für die therapeutische Funktion, die sowohl einer erfahrungsorientierten Verkündigung wie einer deutenden Astrologie zukommt. Voss denkt vor allem psychotherapeutische Elemente mit, insbesondere im Blick auf Jungianische Psychologie. Aber es geht nicht nur um bildhafte, symbolhafte Erfahrungen zum Zweck einer Psychotherapie. Der Sinn von Astrologie wie von Verkündigung geht tiefer. Denn es kann nicht nur um das Sichtbarmachen des menschlichen Kosmos von Trieben und Leidenschaften gehen. Triebe und Leidenschaften müssen geordnet, müssen gewandelt werden. Darin besteht die Liebe, die »das Kennzeichen wahren Menschseins« ist. Ordnung und Wandlung der Triebe und Leidenschaften heißt Neuordnung des menschlichen Kosmos. Für den Glauben aber ist diese Neuordnung

> *»dadurch Wirklichkeit geworden, daß das Kreuz Christi, das Bild des Neuen Menschen, auf Golgota errichtet worden ist, über dem Grab Adams – wie die altkirchliche Tradition es wußte –, und damit in dieses Grab, in das Herz der Erde und eines jeden Erdgeborenen eingepflanzt ist, damit der Ort, an dem der Tod herrscht, zum Schoß neuen Lebens werde. Der einzelne hat im Ansturm der dämonischen Angriffe dadurch Bestand, daß er in die erlöste Mitte der Welt hineinverwurzelt ist. Das kommt in den romanischen Darstellungen dadurch zum Ausdruck, daß die einzelne Gestalt immer in ihrem kosmischen Existenzgrund verwurzelt bleibt.«*[6]

Damit erreicht Voss die eigentlich christliche Dimension einer verantwortlichen Beschäftigung mit Astrologie. Das Kreuz Christi wird als Zeichen einer auch kosmischen Versöhnung begriffen. Das Kreuz ist nicht nur Zeichen des Todes, sondern auch Zeichen der Erlösung und Auferstehung. Das Kreuz verweist auf das Heil, auf die Versöhnung, die durch den Tod Christi am Kreuz gewirkt sind. Astrologie kann dazu beitragen, die Ordnung, das »Heil«, das »Ganzsein« im Kosmos begreiflich zu machen. Und sie vermag den Menschen auf die Möglichkeit kosmischer Versöhnung hinzuweisen.

Im Zeichen des Kreuzes als Zeichen kosmischer Versöhnung darf sich der Christ ganz unabhängig von seinem Horoskop als getragen, als angenommen, als erlöst erfahren. Gleichwohl hat sein persönliches Horoskop eine wichtige Bedeutung: »Christliche Astrologie ist von der Überzeugung getragen, daß der Mensch seinen im Horoskop vorgezeichneten Weg in der geschichtlichen Einmaligkeit seiner Person verwirklichen muß.« Für den »Weg des Menschen zu Gott«, der ein »Weg der ›Läuterung‹, der ›Integration‹, ›nach oben‹« ist, zeichnen sich im Horoskop Bedingungen, Grenzen und Möglichkeiten ab.[7] Jeder ist ganz persönlich und ganz besonders von Gott angenommen, jeder hat seine individuelle Geschichte mit Gott. Deren Grundriß ist über das persönliche Horoskop erkennbar.

Damit wird das Horoskop zu einem persönlichen Meditationsbild – nicht nur individuelles Symbol christlich-kosmischer Versöhnung, sondern das persönliche Bild der besonderen Geschichte, die Gott mit dem Individuum vorhat.

Ähnlich wie bei Heymann ist bei Voss die Astrologie nicht vom Glauben getrennt, und beide stehen mitten im Leben. Heymann freilich betont die »Mitmenschlichkeit«, nämlich das Soziale, die ethische Verantwortung und Mitverantwortung. Voss hingegen betont das Individuelle, den ganz persönlichen Weg zu Gott. Heymanns Entwurf mag »moderner« anmuten – in einer Zeit, die auf gruppendynamische, soziale, politische Verflechtungen achtet. Aber letztlich sind die Entwürfe von Heymann und von Voss wie zwei Seiten ein und derselben Münze.

Voss freilich sieht in der Astrologie auch einen Ort, an dem, anders als in einer rationalen, »digitalen« Welt, noch die Bildekräfte des Symbols ernst genommen und gepflegt werden. Ähnlich also wie Böhringer betrachtet Voss die Astrologie als ein Feld, auf dem ein Wissen und eine Blickweise bewahrt und kultiviert wird, das anderswo verloren zu gehen droht bzw. bereits verloren ist. Entsprechend kann Voss mit Blick auf das bildhafte und symbolische Denken, wie es vornehmlich in der Astrologie gilt, nicht aber in einer rationalen Welt, pointiert sagen, daß Astrologiefeindlichkeit »letztlich wohl eine zugespitzte Bilderfeindlichkeit« sei. In solcher Feindschaft »kommt ein Mißtrauen gegenüber den kosmischen Mächten und den menschlichen Leidenschaften zum Ausdruck, das zumeist ebenso ängstlich und unerlöst ist wie die von Paulus angeprangerte Form der Abhängigkeit von ihnen.«[8]

Zeichen am Himmel: Alfons Rosenberg

Noch stärker als Voss betont Alfons Rosenberg in seinem bereits 1949 erschienenen Buch »Zeichen am Himmel« die kosmische Einbindung des Menschen und die Entsprechung zwischen Mensch und Kosmos. Das hermetische Gesetz des »Wie oben, so unten«, das in der Esoterik eine so bedeutende Rolle spielt, bildet ja zugleich die gedankliche Grundlage der Astrologie: Zwischen Kosmos (»oben«) und Mensch (»unten«), zwischen Sternenwandel und Menschengeschehen gibt es eine Beziehung, eine angebbare und nachvollziehbare Entsprechung.

Rosenberg beschreibt dies eindrücklich an der kosmischen und der menschlichen Urpolarität. Das Urphänomen des Kosmos ist Rosenberg zufolge die Sapnnung zwischen Licht und Finsternis, das Urphänomen des Organischen ist die Spannung der Geschlechter, die Spannung zwischen männlich und weiblich. Diese Urpolaritäten wirken nicht isoliert, sondern durchdringen einander und bilden auf verschiedenen Ebenen weitere Entsprechungen:

> *»Da aber der Mensch mitten in den Kosmos gestellt ist – andererseits der Kosmos im Menschen wirkt, ergibt sich die Durchkreuzung der kosmischen Urpolarität durch die menschliche, so daß alles Menschliche einem Kosmischen entspricht. Der Mensch ist hineingestellt in eine unzählige Vielfalt von Weltbezogenheiten, und es gehört zu dem Wesentlichen seines Menschseins, daß er aus dieser Vielfalt die Einheit einer Geistwelt baut. Von diesem Auftrag des Menschen berichtet das zweite Kapitel der Genesis Vers 19 und 20, wo der Mensch aufgefordert wird, die Geschöpfe zu ›benennen‹, d. h. sie in ihrem Wesensgefüge kenntlich zu machen, sie zu erkennen und sie aus der gestalthaften Dinglichkeit in eine geistige Sinnhaftigkeit und Dauerhaftigkeit zu erheben. Der frühe Mensch vollzieht dieses ›Benennen‹ zugleich als eine Bewußtwerdung der menschlich-kosmischen Bezogenheit, mit dem Organ seines Auges, das ein zugleich physisches und geistiges ist: Er ist Seher und Künder des Geschehens.«*[9]

Rosenberg weist somit auf eine Grundbedingung des Menschen hin: Der Mensch deutet. Und da der Mensch »mitten in den Kosmos gestellt ist« und es eben vielfältige Verflechtung und Entsprechung zwischen Mensch und Kosmos gibt, deutet der Mensch kosmisches Geschehen. Rosenberg berührt hier gleichsam den Urgrund der Astrologie: Der Mensch ist in den Kosmos gestellt, er nimmt dieses wahr und deutet es – wiederum mit dem Verweis auf den Kosmos und sein Bedingungsgefüge. Mit anderen Worten, der Mensch kann eigentlich kaum anders, als »Astrologie« zu betreiben – oder eine vergleichbare sinngebende Deutung seiner Stellung im Kosmos zu versuchen.

Rosenberg beschreibt dies äußerst eindrücklich. Die Sonne als das Taggestirn, als das »Lichtzentrum unseres Kosmos« zentriert Bewußtsein und Handeln des Menschen

> *»und treibt ihn dadurch an zur Tat – darum gilt sie als Sinnbild für jene Kräfte, die sie erregt. Die Sternenwelt der Nacht jedoch macht den Menschen still schauend, meditativ; sie offenbart ihm das Verborgene, differenziert sein seelisches Empfinden und sein Bewußtsein. In der Nacht sieht sich der Mensch überwölbt von einer Lichthöhle: ein gestirnter Mantel hüllte ihn mütterlich ein. In ihr wurde der Mensch vom Anblick des Sternenheeres zum Seher, zum Visionär – und er vermochte schauend mit geistig geöffneten Augen das Geheimnis des Kosmos und der Sternenwelt inne zu werden, Jahrtausende bevor er es denkerisch-analytisch zu zergliedern lernte. Er sah am Himmel den Rhythmus der Sternbewegungen – den steten Wandel der Sterne. Aber er sah noch mehr: in der Dunkelheit, in die er mit nächtlich bildschaffender Seele hineinschaute, stieg auch die Bilderwelt seines Innern herauf und es wurden ihm an der Bewegung des äußern Himmels auch die Existenz und die Bewegung eines innern Himmels bewußt. In diesem unmittelbaren, intuitiven Schauen, das noch kein Rechnen mit Naturgesetzen war wie in späteren Zeiten, wurde ihm die Gewißheit zuteil, daß zwischen seiner inneren seelischen Bewegung und ihren Bildern, und derjenigen am Himmel ein inniger Zusammenhang bestehen müsse.«*[10]

Rosenberg geht aber gleichsam noch einen Schritt weiter zurück. Der Mensch, der sich des Nachts des Geheimnisses von Kosmos und Sternenwelt bewußt wird, tut dies schon auf dem Grunde gegebener Polaritäten.

Rosenberg fragt jedoch, wie es denn zu diesen Polaritäten kommt. Hier muß auf die Schöpfertat Gottes selbst zurückgegangen werden, wie sie mythisch im 1. Buch Mose berichtet wird. Anfangs, vor den »Scheidungen« in Licht und Finsternis, in obere und untere Gewässer und in Festland und Meer, gibt es die ungeschiedene Ur-Erde, das »Chaos«: »Die Erde war wüst und leer« (1. Mose 1,2). Gott macht dann eine »Feste«, die er »Himmel« nennt. Sie scheidet das Wasser unter sich und über sich. Diese »Feste«, der »Himmel« ist zugleich der Ort der Lichter – eben von Sonne, Mond und Sternen (1. Mose 1,15). »Diese, die Planeten und die Tierkreis-Fixsterne, werden damit zum ›Zeichen‹ der Chaosüberwindung und der dadurch möglich gewordenen Schöpfungsordnung.« Die Sterne sind nicht nur Zeichen der Überwindung des Chaos im Anfang, sondern auch der dauernden Überwindung des Chaos. Die Sterne sind Zeichen der göttlichen Ordnung.[11]

Das etwas zirkelschlüssige anthropologische Argument Rosenbergs, daß der Mensch eben aufgrund seines in den Kosmos Gestelltseins den Kosmos deutet (und so seiner Position im Kosmos inne wird), wird damit zurückgeführt auf ein Argument, das sich aus Gottes Schöpfung selbst ergibt.

Rosenbergs Deutung der Schöpfungsgeschichte liefert zugleich die Deutung der Sintflut. Die Verderbnis des Menschengeschlechts führt dazu, daß Gott seine Schöpfung verderben will. Gott läßt die »Brunnen der großen Tiefe« aufbrechen (1. Mose 7, 11) und die »Fenster des Himmels«. Die oberen und unteren Wasser strömen so erneut zur »Urflut«, zum Chaos, eben zur »Sintflut« zusammen. Die Feste des Himmels wird von Gott zerbrochen.

Die Geschichte der Sintflut ist zugleich ein Verweis auf die Umkehrbarkeit des hermetischen Satzes »Wie oben, so unten«. Nicht nur ist der Mensch in die kosmische Ordnung hineingestellt. Mit seinem Handeln wirkt er in der kosmischen Ordnung, wirkt auch auf die kosmische Ordnung – und zerstört diese im extremen Fall. Die Sintflut hat ursächlich zu tun mit der Verderbnis des Menschengeschlechts: »Wie unten, so oben«.

> *»Jedoch die Wiederherstellung der Schöpfungswelt aus dem Chaos nach der Sintflut wird sinnvoll besiegelt durch ein ›Zeichen‹ am Himmel, durch den ›Bogen‹. Gemeinhin wird dieser als Regenbogen gedeutet. Sinnentsprechender ist hier an den ›Bogen‹ des Tierkreises zu denken, der an … der ›Himmelsfeste‹ in den Wolken aufgerichtet ist und das Zeichen bedeutet für den lebenschaffenden Rhythmus der Sternenwelt, der durch die Öffnung der ›Fenster‹ der oberen Wasser … zerstört worden war.«*[12]

Die Verderbnis des Menschengeschlechts und die damit verknüpfte Zerstörung der kosmischen Ordnung hat aber wiederum zu tun mit einer letzten Grundpolarität. Durch Gottes Schöpfungstat ist auch Ordnung von »Chaos« geschieden. In der Ordnung ist das »Chaos« gefesselt; doch es strebt – als finstere, als böse Macht – zur Entfesselung und empört sich wider die göttliche Ordnung. Die Macht des Chaos als luziferische Macht wird mythologisch als »Drache« geschildert. Wut und Angriff des »Chaosdrachens« richten sich gegen die Himmelsordnung und »deren Sichtbarmachung in der Sternenwelt«.[13] Gleichermaßen aber kann das »Chaos« in den menschlichen, irdischen Bereich einbrechen, kann in doppeltem Wortsinn die Menschen »verderben«.

Rosenbergs Rekurs auf die Uranfänge der Schöpfung, die zugleich den Anfang der Astrologie, der Sternenweisheit bedeuten, bietet so zugleich einen Verweis auf die Apokalypse, auf einen endzeitlichen Kampf und den endgültigen Sieg der Ordnung, des Lichts.[14] Mit Rosenbergs Rekurs auf die Schöpfungsgeschichte, die ja im Vollsinn ein »Weltbild« konstituiert, kann so aber auch von einem »Weltbild der Astrologie« gesprochen werden.

Astrologie in Rosenbergs Deutung wird zum Beweis der göttlichen Ordnung. Sie ist keineswegs etwas »Okkultes«, »Teuflisches«, »Widergöttliches«. Sternenweisheit ergibt sich unmittelbar aus der kosmischen Ordnung und ihrer Deutung durch den Menschen, einer Deutung, die gottgewollt ist. Rosenbergs Entwurf schildert sozusagen den gewaltigen mythischen Hintergrund, vor dem sich nach dem Ansatz der »Astrologie christlich« von Voss die »kosmische Versöhnung« im Zeichen des Kreuzes vollziehen kann.

Herausfinden, als wen Gott mich gemeint hat

Den wesentlichen Ansätzen von Siegfried Böhringer, Dietrich von Heymann, Gerhard Voss und Alfons Rosenberg, die Astrologie und den christlichen Glauben zu verbünden, muß nicht noch ein fünfter hinzugefügt werden. Das Wichtige ist gesagt: Astrologie als Sichtbarmacherin der göttlichen kosmischen Ordnung, kosmische Versöhnung im Zeichen des Kreuzes, Astrologie der Mitmenschlichkeit, Astrologie als Deutung des individuellen Schicksals. Von meiner eigenen sehr praktischen Orientierung als beratender Astrologe liegen mir die Gedanken zur religiösen und existentiellen Deutung des Individuums (Voss, Böhringer) und zur gerade aus der Astrologie begründbaren Mitmenschlichkeit und Mitverantwortung des Individuums (Heymann) relativ am nächsten. Was Alfons Rosenberg in einer grandiosen Gesamtperspektive auf die Schöpfung und die biblische Schöpfungsgeschichte herausarbeitet, setze ich voraus: Die Astrologie ist von Gott, sie ist Bild und Deutung kosmischer, göttlicher Ordnung. Als solche ist sie gut. Wie alles aber in der Schöpfung, so kann auch die Astrologie in der Hand von Menschen zur Gefahr werden, wenn der Mensch Mißbrauch betreibt.

Damit ist aber noch nicht der Zugang zum individuellen Horoskop geschaffen. Trotz Rosenbergs Gesamtperspektive kann ich mich noch immer gegen mein Horoskop wehren, es als schwierig, schlecht usw. empfinden. Das geschieht oft, wenn ich über mein Horoskop mit »Schicksal« konfrontiert bin – umso mehr, wenn sich »Schicksal« zu wiederholen scheint, wenn »Schicksal« rückführbar ist auf bestimmte horoskopische Konstellationen, denen ich nun einmal »ausgeliefert« bin.

In der Beschäftigung mit dem eigenen Horoskop muß ich zunächst lernen, es »anzunehmen«. Ich lerne, mich dem Horoskop betrachtend zu nähern. Das kann nicht heißen, daß ich eine gesetzte Deutung eines Fachastrologen einfach ergeben hinnehme. Es heißt vielmehr, daß ich gemeinsam mit einem Fachastrologen mein Horoskop deutend erarbeite, mich mit ihm – und damit (noch einmal) mit mir – bekannt mache. Dies ist der Rahmen, der mir gegeben ist. Innerhalb dieses Rahmens kann und soll ich meine Kräfte aktiv einsetzen. So bin ich ins Leben getreten, unter dieser Struktur, die mir Gaben und Aufgaben stellt, die ebene Wege, aber auch steile Pfade, Ecken und Kanten anbietet. Innerhalb dieses Gefüges von Gaben und Aufgaben darf ich mich entfalten. Es mag sein, daß ich dieser meiner Struktur bislang gleichsam blind, selbstverständlich-unbewußt gefolgt bin. Nun ahne ich etwas besser das »Gesetz, wonach ich angetreten« (Goethe), kann mich bewußter auf die mir obliegenden Aufgaben konzentrieren, kann bewußter und gezielter meine Gaben einsetzen. Mit der Kenntnisnahme meiner »Struktur«, mit der Ahnung von dem »Gesetz«, unter dem ich angetreten bin, ist mir ein großes Stück Verantwortung zugewachsen, Verantwortung für mich selbst, meine Mitwelt und meine »Nächsten«, die mit mir in Beziehung treten.

Ich darf mich persönlich gemeint fühlen. Mir ganz persönlich gilt ein spezieller, komplexer »Text« in der Sprache der Gestirne. Wie alles, so ist auch die Sprache der Gestirne ein Teil von Gottes Schöpfung. In jenem »Text« spricht mich Gott selbst durch seine Schöpfung an. Ich mag zwar ein »geringer Bruder« sein, aber auch den »geringsten Bruder« meint Gott, spricht Gott direkt und persönlich an. Ich soll derjenige werden und sein, als den Gott mich gemeint hat. Sein Wille soll geschehen, nicht meiner. Zu meinen Aufgaben während meines ganzen Lebensweges gehört es, zu erkennen, wie Gott mich gemeint hat. Und mit meinen persönlichen Gaben gilt es für mich, den Weg zu dieser Einsicht zu finden und zu gehen.

Ich weiß, daß ich schöpferisch sein darf. Das »Gesetz, wonach ich angetreten«, darf ich, muß ich auslegen. Meist gibt es mehrere Auslegungsmöglichkeiten. Ich muß eine Wahl treffen. Mit der Bewußtwerdung meines »Gesetzes« ist mir auch die Notwendigkeit der Wahl bewußt geworden.

Die Ecken und Kanten, die Schwierigkeiten und Nöte sind integraler Bestand meines »Gesetzes«, meiner »Struktur«. Ich darf auch meine Unebenheiten und Probleme annehmen. Auch die Um- und Abwege, wie sie in meiner Struktur angedeutet sind, sind notwendige Teilstrecken im Erkennen dessen, was mein Weg, was Gottes Weg mit mir ist. Sie sind Teilstrecken auf dem Lern- und Entwicklungsweg. Mein Horoskop lädt mich dazu ein, diese Schwierigkeiten zu sehen und sie zu integrieren, statt sie zu verdrängen. Weil Gott mich auch »gemeint« und »gedacht« hat, bevor ich selbst zu denken vermochte, weil er mich eben auch mit all meinen Ecken und Kanten gedacht hat – darum darf ich mich, so wie ich ins Leben getreten bin, von Ihm in Gnade angenommen fühlen.

Durchaus kann ich versuchen, wider mein Gesetz zu leben. Das steht mir frei. Dann freilich soll mein Wille geschehen und nicht Gottes Wille. Mein Weg wird in dieser Gegenbewegung sicher nicht einfacher. Denn meine Gaben passen nicht für solche Gegenbewegung.

Wie begegne ich dem Mitmenschen, dem Partner? Wie begegne ich Situationen? Noch einmal: Das Horoskop anzunehmen heißt nicht, es ergeben hinzunehmen – und damit alles, was mir widerfährt. Demut kann auch eine andere Art von Fatalismus sein. Zu meinem Gesetz gehören auch kreative, auch kritische Gaben. Die Grenze freilich ist gegeben, wo Kreativität und Kritik Ausdruck eigen-mächtiger Gegenbewegung werden. Wo zwei Menschen sich begegnen, treffen zwei »Gesetze«, zwei Strukturen aufeinander. Sie mögen sich ineinander fügen – oder auch nicht. Nähe und Distanz sind beides legitime Möglichkeiten, ohne daß deswegen Mitmenschlichkeit als Gebot zur Disposition gestellt sein darf. Nicht mit jedem kann ich gleich »gut«. Auch dies weiß ich auf dem Hintergrund meines Geburtsbildes.

Das ist mein Gesetz, meine Struktur, das sind meine Gaben und Aufgaben, meine Ecken und Kanten. Das ist, was mir zugeteilt, zugeschickt ist, mein »Geschick«. Mein Horoskop macht mir meine Gaben, mein Geschick sichtbar; ich kann es nun besser begreifen, besser annehmen. Es ist mir nicht vom blinden Zufall zugeschoben, »zugestoßen«, sondern es ist Bestand jenes Textes in der »Sprache der Sterne«, mit dem Gott mich persönlich meint. Weil mein Geschick von Gott kommt und er mich persönlich anspricht, darum kann ich es annehmen und versuchen, schöpferisch mit ihm umzugehen.

In dieser reflexiven und meditativen Weise kann sich aus dem eigenen Geburtsbild die Grundfrage nach dem, wie Gott mich gemeint hat, entfalten und nach und nach beantworten. Zu solcher Reflexion und Meditation gehört selbstverständlich auch der Zweifel, gehört das »Ich verstehe noch nicht alles; ich kann das – und mich – noch nicht so annehmen«. Meditation am eigenen Horoskop ist nicht eine Angelegenheit von wenigen Tagen.

Solch insgesamt annehmendes Bedenken einer eben doch vorgegebenen Struktur, die sich am Ende vielleicht zu Unrecht als »Gesetz, wonach ich angetreten« bezeichnet, mag manchem – nicht zuletzt manchem Christen – als unsinnig, ja womöglich lästerlich erscheinen. Steht da nicht letzten Endes doch die Freiheit des Christenmenschen auf dem Spiel? Liefert sich da nicht doch der Mensch – und sei es in gutem Glauben – einer sehr stark definierenden Macht aus, die zwar Gott im Munde führt, aber eben doch von einem anderen Herrn ausgeht?

Gewiß kann nicht genug betont werden, daß die Gefahr, zwanghaft und abhängig zu werden, groß ist, wo ein Mensch meint, bei allem und jedem im Leben zuvor die Sterne befragen zu müssen. Dort ist dann tatsächlich das »Gesetz« spürbar, das tötet, und nicht der Geist des Herrn, der lebendig macht und frei (2. Kor 3, 17). Aber Goethes Formulierung vom »Gesetz, wonach ich angetreten« zielt ja auf etwas ganz anderes. Sie versucht etwas einzuholen, das der Einzelne immer wieder aktuell erfährt. Niemand von uns tritt voraussetzungslos frei ins Leben. Milieu, Familie, materielle und kulturelle Umstände, Gesundheit, Erbgut und mögliche Geburtsfehler – dies alles steht von Beginn an nicht frei zur Verfügung oder zur Vermeidung. Vielmehr werden wir damit unausweichlich begabt und belastet. So sind wir »gesetzt«, an einen ganz bestimmten Platz, und diesem »Gesetztsein« haben wir zu entsprechen.

Der Dichter Milan Kundera erinnert auf seine Weise an dieses »Gesetztsein«:

> *»Ob wir den Voraussagen der Astrologie glauben oder nicht, das Horoskop ist eine Metapher des Lebens, die eine große Wahrheit in sich birgt ... Angeblich lehrt uns die Astrologie fatalistisch: du wirst deinem Schicksal nicht entrinnen! Meiner Meinung nach sagt die Astrologie (die Astrologie als Metapher des Lebens, wohlgemerkt) etwas viel Subtileres: du wirst deinem Lebensthema* nicht entrinnen! *Das bedeutet zum Beispiel, daß es reine Illusion ist, irgendwann mitten im Leben ein ›neues Leben‹ beginnen zu wollen, das in keiner Beziehung zum vorangegangenen steht, wieder bei Null anzufangen, wie man so sagt. Ihr Leben wird immer aus dem gleichen Material, den gleichen Ziegelsteinen, den gleichen Problemen bestehen ...«*[15].

Die Sternenschrift gehört zur Schöpfung. Ich sehe da keinen anderen Herrn als den, für den ich mich als Christ entschieden habe. Eine Leitlinie in der selbstreflexiven Betrachtung des eigenen Horoskops, aber auch der eigenen astrologischen Beratungstätigkeit kann das biblische Gleichnis von den anvertrauten Talenten sein (Matth. 25, 14–30). Keiner der Knechte in dem Gleichnis, denen die Habe des Herrn anvertraut wird, ist dabei voraussetzungslos frei. Der eine erhält eben fünf, der andere zwei, der dritte nur ein Talent Silber. Alle Knechte stehen unter dem Willen und unter der Verfügung ihres Herrn. Keiner kann selbst etwas daran ändern, daß die anvertraute Währung vielleicht nur im eigenen Land gültig ist und womöglich nicht konvertibel, daß die Kaufkraft der Talente möglicherweise gering ist oder daß gerade die Inflation galoppiert. Den Knechten ist hier und jetzt etwas anvertraut, das ihre schöpferischen Kräfte herausfordern soll.

Astrologische Beratung macht die »Talente«, die jemand hat, namhaft. Sie verweist auf Möglichkeiten des kreativen Umgangs mit »Talenten«. Sie verweist auf den Rahmen dieser Möglichkeiten. Dem einen ist ein enger und vielleicht mühsamer Rahmen von nur einem oder zwei »Talenten« gesetzt, dem anderen ein großzügiger Rahmen von fünf »Talenten«. »Talente«, Möglichkeiten, Rahmen – dies gehört zu dem , wie Gott mich geschaffen, gemeint hat, wie er mich auf ganz besondere Weise ins Leben gerufen hat. Zur Selbstfindung gehört, daß man seinen Rahmen, seine Gaben und Aufgaben, seine Möglichkeiten erkennt und schöpferisch damit umgeht. Selbstfindung heißt aber in diesem Sinn zugleich auch: Sich so zu finden, wie von Gott gedacht – der Mystiker, der Lebenskünstler, der Liebende, aber auch der Zweifler, der Fragende zu werden, als den mich Gott gemeint hat.

Gerade dann aber werde ich mir dessen bewußt sein, daß »die Sterne« das Medium sind und nicht schon die Botschaft. Das Wort und der, der es spricht, stehen jenseits des Mediums. Für Christen ergibt sich die Sinnhaftigkeit der Welt nicht aus den Sternen, sondern aus dem Glauben an das schöpferische Wort Gottes: »Durch das Wort ist alles geworden, und ohne das Wort wurde nichts, was geworden ist« (Joh 1, 3). Dieses Wort aber ist kein anderer als Christus, der »Erstgeborene aller Schöpfung« (Kol 1, 15). Er ist der »architectus mundi«, der nach Maß und Ziel alles ursprünglich ordnete und so auch dem Menschen seine Grenzen setzte[16]. »Er ist selbst Mensch geworden, um die Möglichkeiten menschlicher Vollendung im Gehorsam gegenüber den vorgegebenen Grenzen vorzuzeichnen«[17].

Anmerkungen

Einleitung

1 Vgl. Angaben in: Sven Gächter: Wie übersinnlich sind die Deutschen?, in: WIENER, Heft 7/1991, S. 51–58; zur Einstellung Jugendlicher und junger Erwachsener beziehe ich mich auf die Expertengespräche und Erhebungen des Forschungsprojektes »Jugend und Religion« der »Arbeitsgemeinschaft der Evangelischen Jugend« (aej), bei dem ich 1990/91 mitgearbeitet habe – vgl. dazu auch den soziologischen Forschungsbericht: Heiner Barz: Postmoderne Religion. Die junge Generation in den alten Bundesländern. Opladen 1992, S. 226.

2 Suggestiv in diesem Sinn: Bernd A. Mertz: Die Esoterik in der Astrologie. Freiburg/Brsg. 1988, ebenso: Alan Leo: Esoterische Astrologie. Vom Wesen des Menschen. Schwarzenburg 1978 (zuerst deutsch Leipzig 1927); Patrizia Norelli-Bachelet: Der Gnostische Kreis. Eine Synthese der Harmonien im Kosmos. Frankfurt/M. 1977.

3 Franz Boll: Sternglaube und Sterndeutung. Die Geschichte und das Wesen der Astrologie. Unter Mitwirkung von Carl Bezold, 3. Aufl. hrsg. v. W. Gundel. Leipzig/Berlin 1926; Dr. Wilhelm Gundel: Sterne und Sternbilder im Glauben des Altertums und der Neuzeit. Bonn und Leipzig 1922. – Eine historische Darstellung von einem Astrologiekundigen ist: Wilhelm Knappich: Geschichte der Astrologie. Frankfurt/M. 1967.

4 Vgl. ausführlich dazu: Jean-Michel de Kermadec: Lehrbuch der chinesischen Astrologie. Freiburg/Brsg. 1983.

5 Vgl. meine zusammenfassende Darstellung: Christoph Schubert-Weller: Klassische Astrologie nach Morin, in: ASTRO-VENUS, Heft 3/1993.

Vulgärastrologie

1 Zur Problematik der Geburtszeitkorrektur insgesamt vgl. mein einschlägiges Fachbuch: Christoph Schubert-Weller: Die astrologische Geburtszeitkorrektur. München 1989.

2 Bei »Pegastar«» handelt es sich um ein Unternehmenskonzept für Computer-Persönlichkeits-Analysen, dessen Zusammenhang mit »COSMOSOFT«, einem vom »Profimade Institut zur Entwicklung ganzheitlicher Unternehmenskonzepte« (Chateau Vaumarcus bei Neuenburg/Schweiz) vertriebenen Konzept, unübersehbar ist. Die Unternehmenskonzepte firmieren nicht nur unter derselben Adresse, Gründer bzw. Geschäftsführer ist jeweils Helmut J. Ament, der bereits durch das »bep«-Programm in die Schlagzeilen geriet. Vgl. Materialdienst der EZW Stuttgart 1987, S. 50ff.

3 Einen besonders krassen Fall lernte ich 1991 kennen: eine Frau, die sich völlig mit der Rückzahlung eines Kredits übernommen hatte, den sie für den Lizenzerwerb aufgenommen hatte. Die wenigen Horoskopbestellungen konnten die Unkosten auch nicht annähernd ausgleichen. Die Frau hungerte sich buchstäblich durch und belegte nebenbei Astrologiekurse, um selbst demnächst als Astro-

login tätig werden zu können und nicht nur vom Computer abhängig zu sein.

4 Vgl. z. B. die häufigen Annoncen in Zeitschriften wie BRAVO usw.

5 Vgl. »GÖDE aktuell – Höhepunkte, Glanzlichter, Topangebote« (Aschaffenburg ca. März 1993); zur seriösen Edelsteintherapie vgl. z. B. Sergius Golowin: Edelsteine – Kristallpforten zur Seele. Freiburg/Brsg. 1986; Dr. Gottfried Hertzka / Dr. Wighard Strehlow: Die Edelsteinmedizin der heiligen Hildegard. Freiburg/Brsg. 1986.

6 Vgl. ASTRO-VENUS, Heft 4/1993, S. 127.

7 Einblicke in die Edelsteintherapie, zumal auch in Verbindung mit Astrologie, verdanke ich Reinhard Staab, Steinfeld-Hausen, der selbst edelsteintherapeutisch tätig ist.

8 Th. W. Adorno: Aberglaube aus zweiter Hand, in: Gesammelte Schriften, Band 8. Frankfurt/M. 1972, S. 147–176, Zit. S. 154 f.

9 Ebda., S. 148.

10 Ebda., S. 149.

Popularisierte Astrologie

1 Vgl. das Editorial in: MERIDIAN, Fachzeitschrift für alle Gebiete der Astrologie, Heft 2/1987, S. 2.

2 Vgl. auch Reinhard Wiechoczek: Uranus lächelt über Hiroshima. Die horoskopierte Gesellschaft, München 1992, S. 182.

3 Vgl. Hansjörg Hemminger: Der Markt des Übersinnlichen. Hoffnung auf Lebenshilfe im New Age, EZW-Texte Impulse Nr. 31 / 1990.

4 Zur Theosophie s. neuerdings Hans-Jürgen Ruppert: Theosophie – Unterwegs zum okkulten Übermenschen, RAT Bd. 2, Konstanz 1993.

Seriöse Astrologie

1 Z. B. Peter Niehenke: Gutachten-Technik, in: MERIDIAN 6/1985–4/1986. Ebenso Thomas Schäfer: Die Kunst der Horoskopsynthese, Artikelreihe in MERIDIAN 4/1987–3/1989.

2 Vgl. die einprägsame Darstellung in: Harold Hackney/Sherilyn Nye: Beratungsstrategien, Beratungsziele. München/Basel 1979, S. 136.

3 Vgl. Heidi Greving: Astrologische Beratung auf der Grundlage ›Themenzentrierter Interaktion‹, in: MERIDIAN 4/1986, 5/1986.

4 Stellvertretend sei hier genannt: Markus Jehle: Therapeutische Aspekte astrologischer Beratung, in: MERIDIAN 5/1989.

5 Peter Orban: Astrologie als Therapie. Auf der Suche nach der Lüge. Ein Selbsterfahrungsbuch. München 1986.

6 Liz Greene hat zahlreiche astrologische Fachbücher geschrieben. Am bekanntesten sind wohl: Saturn. München 1981 (zuerst engl. 1976), sowie: Jenseits von Saturn, München o. J. (zuerst engl. 1989).

7 Howard Sasportas: Götter des Wandels. München 1991 (zuerst engl. 1989).

8 Ellinor Barz: Götter und Planeten. Zürich 1986.

9 Thomas Schäfer hat vor allem Märchen astrologisch und mit Hilfe der Jung'schen Psychologie gedeutet: Thomas Schäfer: Bildersprache Astrologie. Zürich 1990; Schäfer veranstaltet auch einschlägige Seminare und Workshops.

10 Das »Astrodrama« ist u.a. dargestellt in: Prudence Jones (Ed.): Creative Astrology. Experiential Understanding of the Horoscope. London 1991, S. 35–47. Zu den Astrodrama-Angeboten des Astrologie-Zentrums Berlin vgl. MERIDIAN 6/1992.

11 Darstellung nach: Hermann Meyer: Befreiung vom Schicksalszwang. Astropsychotherapie. Wettswil 1986, Zitat S. 196.

Astrologie und Esoterik

1 Vgl. den Sammelband Roger N. Walsh, Frances Vaughan (Hrsg.): Psychologie in der Wende. Methoden und Ziele der Transpersonalen Psychologie. Eine Einführung in die Psychologie des Neuen Bewußtseins. Bern/München/Wien 2. Aufl. 1985 (zuerst 1980).

2 Bruno und Louise Huber: Lebensuhr im Horoskop. Adliswil/Zürich 1980, S. 19f.

3 Louise Huber: Die Tierkreiszeichen. Reflexionen – Meditationen. Adliswil/Zürich 1980.

4 Vgl. Angaben in: Huber/Huber 1980, S. 334.

5 Vgl. Angaben in Gächter 1991.

6 Einen guten Überblick vom christlichen Standpunkt aus bietet: Reinhart Hummel: Reinkarnation. Weltbilder des Reinkarnationsglaubens und das Christentum. Mainz/Stuttgart 1988.

7 Man vergleiche beispielsweise die Aussagen in: Dorothée Koechlin de Bizemont: Karma-Astrologie. Das Horoskop als Spiegel vergangener Leben. München 1985, sowie: Irène Andrieu: Karma im Horoskop, München 1989.

8 Vgl. dazu Geddes MacGregor: Reinkarnation und Karma im Christentum, Bd. I München 1985, Bd. II München 1986, sowie John Hick: Death and Eternal Life, London 1985. Kritisch Werner Thiede: Indizien für Reinkarnation? Kritik esoterischer Argumente, in: EZW Materialdienst 6/1989, S. 161–174.

9 Vgl. etwa Thorwald Dethlefsen: Das Leben nach dem Leben. Gespräche mit Wiedergeborenen, München/Gütersloh/Wien 1974. Dethlefsen hat sich jedoch später von seinem frühen Ansatz distanziert. Dazu neuerdings Mathias Wendel/Ute York: Maskenball der Seele. Neue Wege der esoterischen Reinkarnations-Therapie, München 1993. Dort speziell zur Problematik von Astrologie, Esoterik und Reinkarnation, S. 206ff.

10 Thorwald Dethlefsen: Schicksal als Chance. Das Urwissen zur Vollkommenheit des Menschen. München 1979, S. 115.

11 Ebda., S. 127.

12 Baldur R. Ebertin: Reinkarnation und neues Bewußtsein. Freiburg/Brsg. 1987, S. 119.

13 Bernd A. Mertz/Paul Struck: Astrologie und Tarot. Interlaken 1981, S. 15–17.

Nichtklassische Schulen und Modelle der Astrologie

1 Vgl. beispielsweise die Findung eines »Lichterachsenbogens« und die ergebnislose Diskussion um diese Findung in der Zeitschrift MERIDIAN (Heft 6/1988 und Hefte 1–4/1989).

Astrologie in der wissenschaftlichen Kritik

1 Zu Recht thematisiert der Religionswissenschaftler Jürgen Ebach zum Abschluß eines Lexikonartikels die gesellschaftliche Funktion gegenwärtiger Astrologie, aber kann es das letzte Wort sein, in der Astrologie, soweit sie sich selbst als seriös versteht, grundsätzlich eine »intellektuelle Regression« zu sehen, die sich »als kongenial zu den intellektuellen Regressionen des politischen und ökonomischen Alltags« erweise? Vgl. Jürgen Ebach: Astrologie, in: Hubert Cancik/Burkhard Gladigow/Matthias Laubscher (Hrsg.): Handbuch religionswissenschaftlicher Grundbegriffe, Bd. II, Stuttgart/Berlin/Köln 1990, S. 82–90.

2 Paul Feyerabend: Erkenntnis für freie Menschen. Veränd. Ausgabe, Frankfurt/M. 2. Aufl. 1981, S. 183f.

3 Herbert Frhr. von Klöckler: Kursus der Astrologie. Band 2: Grundlagen der astrologischen Deutung. 2. Aufl. Leipzig 1932, S. 10.

4 Wiechoczek 1992, S. 125.

5 Friedrich-Wilhelm Haack: astrologie. München 4. Aufl. 1982, S. 20.

6 Wiechoczek 1992, S. 57ff.

7 Vgl. Klöckler 1932, S. 16 + 25ff.

8 Ebda., S. 11

9 Vgl. These 4 des »Grundsatzpapiers der unterzeichnenden Vereine zur Astrologie«, in: MERIDIAN 6/1983, S. 3f.

10 Wiechoczek 1992, S. 107.

11 Walter Lang: Die Astrologie im heutigen Weltbild. Heidelberg 1986, S. 68ff.

12 Theodor Landscheidt: Sun – Earth – Man. A Mesh of Cosmic Oscillations. London 1989.

13 Vgl. Lang 1986, S. 97ff.

14 Reinhard Lauth: Die Konstitution der Zeit im Bewußtsein. Hamburg 1981, S. VII.

15 Referiert nach: Julius T. Fraser: Die Zeit. Auf den Spuren eines vertrauten und doch fremden Phänomens. München 1991 (zuerst 1987), S. 62.

16 Vgl. Cheiro: Das Buch der Zahlen. Freiburg/Brsg. 7. Aufl. 1989.

17 Vgl. Ludwig Paneth: Zahlensymbolik im Unbewußtsein. Zürich 1952.

18 Herbert Frhr. von Klöckler: Kursus der Astrologie. Band 1: Lehrbuch der astrologischen Technik, 2. Aufl. Leipzig 1931, S. 166.

19 Ebda.

20 Vgl. z.B. Sigrid Strauß-Kloebe: Das kosmopsychische Phänomen. Geburtskonstellationen und Psychodynamik. Olten und Freiburg/Brsg. 1977, S. 186–192.

21 Zumal Thomas Ring spricht in seinen Werken gern vom »Meßkreis«.

22 Wiechoczek 1992, S. 6ff.

23 Haack 1982, S. 17f.

24 Ebda., S. 20.

25 Vgl. z.B. die Detailpositionen für einzelne Berliner Stadtteile in: A.M. Grimm/Georg Hoffmann: Die Geographischen Positionen Europas. Freiburg/Brsg. 1982 u.ö.

26 Wiechoczek 1992, S. 22, dort auch das folgende Zitat.

27 Das Argument des »falschen Weltbildes« läßt sich durchgängig finden bei: Siegfried Böhringer: Astrologie heute. Eine umstrittene Form von Daseins-Interpretation und ihre Bedeutung für die Grundsituation unserer Zeit. Stuttgart 1986, insbes. S. 20.

29 Ausführliche Erörterung der Frage nach dem astrologisch bedeutsamen »Geburtsaugenblick« und der Länge der perinatalen Phase in: Schubert-Weller 1989, S. 22–24.

30 Lyall Watson: Geheimes Wissen. Das Natürliche des Übernatürlichen. Frankfurt/M. 1976, S. 18ff.

31 Hans Oster: Die zwei Sonnen des Lebens. Konzeptionshoroskope. Essen 1989.

32 Ausführlich dazu: Jacob Chiva: Die Korrektur der Geburtszeit. Bad Oldesloe 1926.

33 Vgl. die Widerlegung in: Schubert-Weller 1989, S. 227–236.

34 Vgl. insgesamt: Michel Gauquelin: L'éredité planetaire. Paris 1955. Zur kritischen Würdigung der Forschungsarbeit Gauquelins s. Suitbert Ertel: Die Gauquelin-Planeteneffekte. Forschungsstand 1993, in: Grenzgebiete der Wissenschaft 42 (1993) 2, S. 99–114.

35 Vortrag von Franz Matz, »Astrologie und Konstitution« auf dem Kongreß »Zukunft für die Astrologie« der »Deutschen Astrologen-Union« 8.–10. Mai 1992 in Esslingen/Neckar.

36 Vgl. Darstellungen in Klöckler 1932, sowie: Reinhold Ebertin: Sterne helfen heilen. Geschichte und Praxis der Astro-Medizin. Freiburg/Brsg. 1981.

37 Vgl. Darstellung in: Harald Wiesendanger: Der Streit ums Horoskop. Astrologen im Dialog. Braunschweig 1990, S. 27–29, dort S. 29 auch das folgende Zitat.

38 Dies sind zumal Landscheidts Ansätze, vgl. Landscheidt 1989 insgesamt.

39 Wiechoczek 1992, S. 24.

40 Ebda., S. 40.

41 Watson 1976, S. 61.

42 Ebda., S. 58.

43 Rupert Sheldrake: Das schöpferische Universum. Die Theorie des morphogenetischen Feldes. München 1983 (zuerst engl. 1981), S. 112.

44 Vgl. ebda., S. 113f.

45 Z.B. Klaus Wessel: Zur Wahl des kommenden US-Präsidenten, in: MERIDIAN 2/1988, S. 47.

46 Vgl. IV. Umschlagseite von Sheldrake 1983. – Bücherverbrennungen in großem Umfang gab es in Europa zuletzt nach Antritt des Nationalsozialistischen Regimes in Deutschland im Mai 1933.

47 Arthur Koestler: Der Mensch – Irrläufer der Evolution. Die Kluft zwischen unserem Denken und Handeln – eine Anatomie menschlicher Vernunft und Unvernunft. München 1981 (zuerst engl. 1978), S. 239f., dort auch zahlreiche Beispiele.

48 Vgl. Lyall Watson: Der unbewußte Mensch. Frankfurt/M. 1979 (zuerst engl. ebf. 1979), S. 214ff.

49 Percy Seymour: Astrologie. Beweise der Wissenschaft. Frankfurt/M. 1992 (zuerst engl. 1988 bzw. 1990), S. 35.

50 Ebda., bes. S. 157–221, Zit. S. 162.

51 Peter Niehenke: Kritische Astrologie. Freiburg/Brsg. 1987.

52 Seymour 1992 (insgesamt); Watson 1976, S. 65ff. u.a.m.

53 Wiechoczek 1992, S. 54.

54 Ebda., S. 55.

55 Ebda.

56 Ich habe selbst an diesem Test teilgenommen und im Gespräch mit anderen teilnehmenden Astrologen, insbesondere mit Walter Böer, meine diesbezüglichen Bedenken formuliert.

57 Herbert Frhr. von Klöckler: Astrologie als Erfahrungswissenschaft. Leipzig 1927.
58 Berni Thomassen: Astrologie tussen bijgeloof en wetenschap (»Astrologie zwischen Aberglaube und Wissenschaft«). Een doctoraal werkstuk. (Enschede) 1985.
59 Ich habe selbst an dem Symposion teilgenommen.
60 Vgl. Klöckler 1932, S. 12
61 Vgl. die zusammenfassende Darstellung von Nicolaus Klein/Rüdiger Dahlke: Das senkrechte Weltbild. Symbolisches Denken in astrologischen Urprinzipien. München 1986.
62 Zit. n. Wiechoczek 1992, S. 103.
63 Ebda., S. 201, dort auch das folgende Zitat.
64 Zum Konstruktivismus bzw. Intuitionismus in Mathematik und mathematischer Logik gegenüber axiomatischem Vorgehen vgl. den leicht lesbaren Sammelband: Paul Lorenzen: Methodisches Denken. Frankfurt/M. 1965.
65 Feyerabend 1981, S. 200.
66 Ebda., S. 201 f.
67 Vgl. Fritjof Capra: Wendezeit. Bausteine für ein neues Weltbild. Bern, München, Wien 14. Aufl. 1987.
68 Vgl. auch die Angaben in: Gerhard Schmidtchen: Sekten und Psychokultur. Reichweite und Attraktivität von Jugendreligionen in der Bundesrepublik Deutschland. Freiburg, Basel, Wien 1987; sowie Michael Schneider: NEW AGE. Empirische Studien zur NEW AGE Bewegung. Glaubensspielräume, München 1991.
69 Diese Angaben für Heidelberg teilte mir Thomas Schäfer in einem persönlichen Gespräch 28.8.1991 mit.
70 Gerald Eberlein: Neue geistige Bewegungen – wie gehen wir damit um?, in : Bayerische Schule 6/1993, S. 18.
71 Hier beziehe ich mich auf die Angaben akademischer Titel bei den Mitgliedern des »Deutschen Astrologen-Verbands«.
72 Helmut Kreuzer (Hrsg.): Die zwei Kulturen. Literarische und naturwissenschaftliche Intelligenz. C.P. Snows These in der Diskussion. München 1987 (zuerst 1967).
73 Wiechoczek 1992, S. 201.
74 Vermehrt um den Vorwurf der Kriminalität findet sich dieses Verdikt vehement bei: Otto Prokop/Wolf Wimmer: Der moderne Okkultismus. Parapsychologie und Paramedizin. Magie und Wissenschaft im 20. Jahrhundert. Stuttgart, New York 1987.
75 So auf dem oben erwähnten Symposion der »Deutschen Astrologie-Tage« 1992, vgl. S. 154, Anm. 96.
76 Zahlreiche Belege in: Feyerabend 1981.
77 Zu diesem Begriff vgl. Ulrich Beck: Risikogesellschaft. Auf dem Weg in eine andere Moderne, Frankfurt/M. 1986.

Astrologie in der theologischen und kirchlichen Kritik

1 Artikel »Astrologie«, in: Theologische Realenzyklopädie (TRE), hrsg. v. Gerhard Krause und Gerhard Müller, Band IV. Berlin/New York 1979, S. 281–315.
2 Gerhard Voss: Astrologie christlich. Regensburg 1980.
3 Haack 1982, vgl. S. 183, Anm. 5.

4 Vgl. Böhringer 1986 (s. S. 184, Anm. 27), außerdem: Siegfried Böhringer: Astrologie. Kosmos und Schicksal. Mainz/Stuttgart 1990.

5 Christoph Schubert-Weller: Die Kirchen und die Astrologie, in: MERIDIAN 1–3/1988.

6 Ich bin selbst in diesen Arbeitskreis kooptiert worden und konnte dort 1990 und 1991 über Astrologie vortragen.

7 Lexikon für Theologie und Kirche, 2. völlig neu bearb. Aufl. unter dem Protektorat von Erzbischof Dr. Michael Buchberger, Regensburg, und Erzbischof Dr. Eugen Seiterich, Freiburg/Brsg., hrsg. v. Josef Höfer, Rom, und Karl Rahner, Innsbruck. I. Band, A-Baronius, Freiburg/Brsg. 1957, Stichw. »Astrologie«.

8 Evangelisches Kirchenlexikon. Kirchlich-theologisches Handwörterbuch. Hrsg. v. Heinz Brunotte und Otto Weber. Göttingen 1956, Band A-G, Stichw. »Astrologie«.

9 Ebda.

10 Haack 1982, S. 17f.

11 Böhringer 1986, S. 33.

12 Karl Jaspers/Rudolf Bultmann: Die Frage der Entmythologisierung. München 1981 (zuerst 1953), S. 85.

13 Wiechoczek 1992, S. 165ff.

14 Herbert Frhr. v. Klöckler: Kursus der Astrologie, Band 3: Solarhoroskop, Transite und aktuelle Konstellationen in ihrer Bedeutung für die astrologische Prognose. 6. Aufl. Freiburg/Brsg. 1984, S. 15.

15 Vgl. besonders: Dr. G. Lomer: Die Götter der Heimat. Grundzüge einer germanischen Astrologie. Bad Schmiedeberg und Leipzig 1927; ders.: Christus astrologisch gesehen. Warpke-Billerbeck 1955.

16 Etwa: Mutterrecht der Sterne. Band I. Eine astrologische Reise aus gynozentrischer Sicht. Sulzdorf 1985; Luisa Francia: Berühre Wega, kehr' zur Erde zurück. Trancen, Meditationen und Rituale mit Sternen. München 1982.

17 Walter Schmidt: Sehnsucht nach der Überwelt, in: Das missionarische Wort 3/1981, S. 143.

18 TRE Band IV, S. 313.

19 Vgl. Anm. 50.

20 Feyerabend 1981, S. 28, Anm. 3.

Astrologie und christlicher Glaube

1 Böhringer 1990, S. 137.

2 Vgl. ebda., S. 108.

3 Dietrich von Heymann: Wo ist der rote Faden? Leben zwischen Astrologie und Glauben. Wittnau 1988, S. 106f.

4 Ebda., S. 160.

5 Voss 1980, S. 125.

6 Ebda., S. 125f.

7 Ebda., S. 132.

8 Ebda., S. 128.

9 Alfons Rosenberg: Zeichen am Himmel. Das Weltbild der Astrologie. München 1984 (zuerst 1949), S. 145.

10 Ebda., S. 149.

11 Ebda., S. 156f.

12 Ebda., S. 157.

13 Ebda., S. 158.

14 Vgl. ebda.

15 Milan Kundera: Die Unsterblichkeit. Roman, München/Wien 1990, S. 330–332.

16 Gerhard Voss weist zu Recht darauf hin, daß der Bilderzyklus der im Mittelalter (13. Jahrhundert) verbreiteten Bible moralise den Schöpfer mit einem Zirkel zeigt, den in einem Kreis beschlossenen Kosmos umschreibend. AaO, S. 159, Anm. 89.

17 Voss, S. 110.

Literatur, Verlage, Zeitschriften

Die wichtigsten deutschsprachigen Verlage, die ausschließlich oder in erheblichem Umfang astrologische Literatur herausgeben, sind:

- EBERTIN-Verlag, Postfach 167, 79001 Freiburg/Brsg. (klassische Astrologie, Astrologie nach der EBERTIN-Schule, Tabellen)
- Verlag HEINRICH HUGENDUBEL, Goethestr. 47, 80336 München (klassische Astrologie)
- Verlag Hermann BAUER, Postfach 167, 79001 Freiburg/Brsg. (klassische Astrologie)
- EDITION ASTRODATA, Postfach, CH-8047 Zürich (klassische Astrologie)
- Astrologisch-Psychologisches Institut, Postfach, CH-8134 Adliswil (Astrologie der Huber-Schule)
- Ludwig Rudolph (Witte Verlag), Olenland 24–26, 22415 Hamburg (Astrologie der »Hamburger Schule«)

Die Bücher dieser Verlage sind ohne Schwierigkeiten über den Buchhandel erhältlich.

Die wichtigen deutschsprachigen astrologischen Fachzeitschriften sind die folgenden:

- MERIDIAN. Fachzeitschrift für alle Gebiete der Astrologie. Erscheint sechsmal jährlich im EBERTIN-Verlag, Freiburg/Brsg.
  Der Untertitel ist nicht ganz korrekt, da der MERIDIAN die Astrologie nichtklassischer astrologischer Schulen kaum zu Wort kommen läßt. Gleichwohl ist der MERIDIAN die größte und bestangesehene astrologische Fachzeitschrift im deutschsprachigen Raum, außerdem zugleich Verbandszeitschrift des »Deutschen Astrologen-Verbandes« (DAV) (s. u.)
- HAMBURGER HEFTE. Vierteljahresschrift für moderne astrologische Forschung. Mitteilungsblatt der Astrologischen Studiengesellschaft (Hamburger Schule) e. V. – Erscheint viermal jährlich im Ludwig Rudolph (Witte Verlag).
- ASTROLOGIE HEUTE. Zeitschrift für Astrologie, Psychologie und Esoterik. – Erscheint viermal jährlich bei ASTRODATA (Edition Astrodata), Zürich.
  ASTROLOGIE HEUTE bietet Sachartikel auf hohem Niveau, vorwiegend orientiert an Jungianischer Psychologie. Starkes Gewicht wird auf »Mundanastrologie« (Weltgeschehen im Licht der Astrologie, Staatenhoroskopie) gelegt. ASTROLOGIE HEUTE promotet zugleich die Aktivitäten von ASTRODATA.
- ASTROLOG. Zeitschrift für Astrologische Psychologie. – Erscheint sechsmal jährlich beim Astrologisch-Psychologischen Institut, Adliswil.
  ASTROLOG bietet auf hohem Niveau Sachartikel, orientiert an der Huber-Schule.
- ASTRO-VENUS. Horoskop, Prognose, Reportagen, Trends, Analysen. – Erscheint monatlich in der FMV Freizeit Medien Verlags und Vertriebs GmbH München und ist auch im Zeitschriftenhandel erhältlich.
  ASTRO-VENUS bietet populäre astrologische Darstellungen und sehr viel allgemeine Prognose, vermischt auch mit esoterisch und spirituell orientierten Artikeln. Es erscheinen aber auch astrologische Spezial- und Überblicksdarstellungen auf hohem Niveau. Eine »Fachzeitschrift« im strengen Sinn ist ASTRO-VENUS nicht.

Die nachfolgenden Literaturhinweise sind nur eine enge Auswahl. Sie soll zumal dem Anfänger den seriösen und zugleich kritischen Einstieg erleichtern.

a) Klassische Astrologie

– Herbert Frhr. v. Klöckler: Kursus der Astrologie, 3 Bände. Verlag Hermann Bauer, Freiburg/Brsg. 8. Aufl. 1992.
  Klöcklers »Kursus« bietet die technischen und inhaltlichen Grundlagen der »revidierten Klassik«. Erstmals in den zwanziger Jahren erschienen, ist Klöcklers »Kursus« noch immer eine der klarsten und kritischsten Einführungen zum Thema
– Nicolaus Klein/Rüdiger Dahlke: Das senkrechte Weltbild. Symbolisches Denken in astrologischen Urprinzipien. Heinrich Hugendubel Verlag, München 2. Aufl. 1988.
  Das »senkrechte Weltbild« führt zumal in das astrologisch-symbolische Denken und Deuten ein.
– Fritz Riemann: Lebenshilfe Astrologie. Gedanken und Erfahrungen. Verlag J. Pfeiffer, München 4. Aufl. 1979 (u.ö.)
  Der bekannte Psychoanalytiker hat mit diesem einfühlsamen Buch sein astrologisches und therapeutisches Vermächtnis vorgelegt.

b) Astrologie der »Hamburger Schule«

– Ruth Brumund/Udo Rudolph: Handbuch zur Astrologie Hamburger Schule. Ludwig Rudolph (Witte Verlag), Hamburg 1986.
  Eine praxisorientierte Einführung in Technik, Arbeitsweise und Deutung der »Hamburger Schule«.
– Hermann Sporner: Einführung in die Technik der »Hamburger Schule«, Ludwig Rudolph (Witte Verlag), Hamburg 1978.
  Sporners Buch konzentriert sich auf die Darstellung der durchaus schwierigen Technik der »Hamburger Schule«. Deutung und deutender Umgang mit den zahlreichen Konstellationen nach dem Modell der Hamburger Schule kommen dabei leider zu kurz. Gleichwohl ist das Buch als didaktisch gut gemachter Zugang zur »Hamburger« Technik empfehlenswert.

c) Astrologie und Wissenschaft

Zwischen aufgeregter apologetischer Abwehr der Astrologie und meist selektiv wahrnehmender affirmativer Erörterung des Faches gibt es kaum offene kritische und zugleich selbstkritische Darstellunge. Empfehlenswert ist wegen seiner Aufmerksamkeit für offen Fragen und Probleme

– Harald Wiesendanger: Der Streit ums Horoskop. Astrologen im Dialog. Aurum Verlag, Braunschweig 1990.

d) Astrologie und christlicher Glaube

– Siegfried Böhringer: Astrologie. Kosmos und Schicksal. Verlag M. Grünewald, Quell Verlag. Mainz/Stuttgart 1990.
  Böhringers Buch, das hier ja auch ausführlicher erwähnt wurde, faßt die gegenwärtige Diskussion um das Verhältnis von Astrologie und Christentum mit Stand vom Anfang der Neunziger Jahre zusammen.

Astrologische Fachverbände in Deutschland

Neben zahlreichen regionalen bzw. lokalen Arbeitsgruppen gibt es gegenwärtig in Deutschland fünf überregional organisierte Verbände. Auf die Nennung der lokalen bzw. regionalen Gruppen muß hier verzichtet werden. Die fünf Verbände sind:

- Deutscher Astrologen-Verband (DAV)
  Küfergasse 12, 66117 Saarbrücken, Tel. 0681/52160
  Der DAV ist der größte und älteste (gegr. 1947) Astrologenverband in Deutschland. Er vertritt die revidierte klassische Astrologie bei gleichzeitiger interdisziplinärer Offenheit. Über den DAV kann man eine Liste der »Ausbildungszentren« des DAV erhalten. Diese »Zentren« werden selbständig von einzelnen Mitgliedern des DAV geführt und müssen, um die Anerkennung als »DAV-Ausbildungszentrum« zu erhalten, nach bestimmten Qualitätskriterien arbeiten. – Der DAV bietet seinen Mitgliedern eine verbandsinterne Prüfung an. Diese Prüfung, die keineswegs einfach ist, bescheinigt professionsreife Astrologiekenntnisse.
- Astrologische Studiengesellschaft (Hamburger Schule) (ASHS)
  Olenland 24, 22415 Hamburg, Tel. 040/5204367
  Die ASHS vertritt die »Hamburger Schule« und organisiert, vorwiegend im norddeutschen Raum, Ausbildung, Weiterbildung usw.
- Kosmobiosophische Gesellschaft (KBSG)
  Schlieffenstr. 85, 42329 Wuppertal, Tel. 0202/783310
  Die KBSG ist ein klassiknaher Astrologie-Verband, der sich auf die Erforschung einzelner Punkte im Horoskop spezialisiert hat. In verschiedenen Städten Deutschlands werden Arbeitsgruppen bzw. Ausbildungsveranstaltungen organisiert.
- Kosmobiologische Akademie Aalen (KAA)
  Am Schattwald 37, 70569 Stuttgart, Tel. 0711/681435
  Die KAA hat ihren Namen von den jährlichen Arbeitstagungen, die Reinhold Ebertin, Begründer der »Ebertin-Schule« und einer der bekanntesten deutschen Astrologen (1901–1988), nach dem Zweiten Weltkrieg an seinem Wohnort Aalen in Württemberg organisierte. Die KAA vertritt auch das Ebertin-System, das als sekundäre Rückentwicklung von der »Hamburger Schule« zur Klassik begriffen werden kann. Besonderes Augenmerk wird auf biologische bzw. medizinische Fragen und deren astrologische Entsprechungen gelegt.
- Deutsche Astrologen-Union (D-A-U)
  Langer Weg 77, 73732 Esslingen, Tel. 0711/3702038
  Die D-A-U versteht sich als schulübergreifend und hat nach ihrer Gründung 1989 – sie ist vergleichsweise jung – versucht, Astrologen aller gängigen Schulrichtungen zu gewinnen (»Union«). Ein gewisser Schwerpunkt wird jedoch auf die Ausübung der »Hamburger Schule« gelegt. Die D-A-U gibt im Selbstverlag vierteljährlich eine Mitgliederzeitschrift, »ASTROLOGIE STANDPUNKT«, heraus.

Zum Autor

Christoph Schubert-Weller, geb. am 20. Mai 1950 in Münster/Westfalen, Studium in Philosophie, Linguistik und Germanistik (M. A.), Zweitstudium in Erziehungswissenschaften (Dipl.-Päd.), Promotion über ein Thema der historischen Jugendforschung an der Universität Tübingen im Januar 1993. – Ausbildung in Astrologie seit 1976 (geprüfter Astrologe DAV). Arbeiten im Bereich historischer und aktueller Jugendforschung. Aufsätze, Monographien, Rundfunksendungen zu astrologischen Themen. Astrologe in eigener Beratungspraxis.